绩效考核量化实操全案

冯涛 著

中国水利水电出版社

·北京·

内 容 提 要

本书讲述了绩效考核的方法及实战应用。绩效考核"3×3"体系的逻辑有三个重点：三个要素、三个层次指标和指标的量化。绩效合同的三个要素，即绩效指标、绩效权重和目标值，只要把这三要素设计好就可以。绩效指标的三个层次，即企业层面的绩效指标、部门层面的绩效指标和个人层面的绩效指标。在进行绩效体系设计时，必须明确这三个层次的指标。有些管理者不知道如何对指标进行考核，主要是不知道如何对指标进行量化。如果没有对指标进行量化，就很难对指标进行合理地打分，以至于在打分时产生分歧。如果能有效地对指标进行量化，那么在对指标打分的时候就变成了简单的计算，既不会产生歧义，也会使绩效考核变得越来越简单。

管理大师彼得·德鲁克说："管理就是要可衡量，能量化的尽量量化。"所以我们在绩效考核时要遵循一个原则："不能量化的就不要考核，只要是考核的指标就尽量做到量化。"本书内容通俗易懂，实操性强，特别适合绩效考核从业人员、人力资源管理实务入门者、企业管理者及各高校人力资源管理专业的学生使用。

图书在版编目 (CIP) 数据

绩效考核量化实操全案 / 冯涛著 . — 北京：中国水利水电出版社，2022.11（2023.12重印）
ISBN 978-7-5226-0972-0

Ⅰ . ①绩… Ⅱ . ①冯… Ⅲ . ①企业绩效—企业管理 Ⅳ . ① F272.5

中国版本图书馆 CIP 数据核字 (2022) 第 165833 号

书　　名	绩效考核量化实操全案 JIXIAO KAOHE LIANGHUA SHICAO QUAN'AN
作　　者	冯　涛　著
出版发行	中国水利水电出版社 （北京市海淀区玉渊潭南路 1 号 D 座　100038） 网址：www.waterpub.com.cn E-mail: zhiboshangshu@163.com 电话：（010）62572966-2205/2266/2201（营销中心）
经　　售	北京科水图书销售有限公司 电话：（010）68545874、63202643 全国各地新华书店和相关出版物销售网点
排　　版	北京智博尚书文化传媒有限公司
印　　刷	三河市龙大印装有限公司
规　　格	170mm×240mm　16 开本　15.75 印张　231 千字
版　　次	2022 年 11 月第 1 版　2023 年 12 月第 2 次印刷
印　　数	5001—7000 册
定　　价	79.80 元

凡购买我社图书，如有缺页、倒页、脱页的，本社营销中心负责调换
版权所有·侵权必究

前言 PREFACE

不少企业都会进行绩效考核，但是笔者发现只要一进行绩效考核，员工就有一堆怨言，问题出在哪儿？是员工太矫情？还是新生代员工不好管理？其实都不是，是因为企业的绩效考核体系不合理。

绩效考核首要的原则就是要合理。许多企业的绩效考核体系明显不太合理，老板拍脑门，靠自己的命令强势下达指标，这种做法是错误的。

绩效考核的另一个重要原则是员工自己要能控制指标。许多企业考核员工的指标都是员工自己不能控制的，或者说关联度相差很远的，如许多企业考核职能部门的指标里面有企业利润这一项指标，这种做法也是错误的。

如此种种，企业在绩效考核上犯的错误不可谓不多。

本书结合笔者服务过的150多家企业，教会读者如何通过绩效考核的方式提升企业业绩、提高企业利润。

第一章介绍绩效管理的基本理念，如员工可控原则、员工认同原则、指标量化原则等。

第二章至第三章介绍绩效指标的提取方法与提取工具。许多企业提取绩效指标是靠老板拍脑门，甚至有些指标还是前后矛盾的。这两章将教会读者如何根据企业战略提取绩效指标。

第四章介绍目标的合理设定。设定目标看似简单，但在许多企业中目标的设定方式很不科学，老板想把目标定得高一点，员工想把目标定得低一点，双方讨价还价，最后二一添作五，取个折中值，这种做法是不可取的。

第五章介绍绩效的辅导执行。绩效管理的目的是要实现企业的目标，所以应该辅导员工完成企业的绩效目标，教会员工方法，而不是考核完就没事了。

第六章介绍绩效管理的配套制度，也就是谁考核谁？考核周期是多久？员工互评是好还是不好？应该按月考核还是按年考核？这些都是本章将要解决的问题。

第七章介绍绩效的结果应用。绩效考核除了影响绩效工资，还可能影响哪些因素呢？本章将为读者答疑解惑。

绩效管理体系的建立看似简单，但实际上绩效管理是企业管理中最难的内容之一。绝大多数企业的绩效管理都有许许多多、各种各样的奇葩问题，本书将告诉读者如何规避这些问题。

为了让广大读者更好地理解本书内容以及更好地为企业设计有效、合理的绩效管理体系，笔者每年都会定期举办薪酬绩效训练营，手把手教大家设计绩效管理体系。欢迎读者扫描封面上的二维码，获得笔者亲自指导。

冯　涛

2022 年 8 月

目录 CONTENTS

绪言 1

第1章 绩效管理的基本理念

1.1 绩效如何量化——无量化不考核 8
    1.1.1 辣度怎样量化 8
    1.1.2 指标不量化的坏处 9
    1.1.3 指标量化的方法 10

1.2 绩效如何让员工认可——员工不认可的绩效无法执行 14
    1.2.1 员工为什么反对绩效考核 14
    1.2.2 绩效管理的目的 17
    1.2.3 企业管理中新员工和老员工绩效得分的现状 18
    1.2.4 绩效得分是算出来的，不是打出来的 19
    1.2.5 绩效管理的误区 20

第2章 绩效指标的提取（上）

2.1 绩效指标提取的5个步骤 26
2.2 平衡计分卡与战略地图 28
    2.2.1 平衡计分卡简析 28
    2.2.2 企业级的平衡计分卡 31
    2.2.3 部门级的平衡计分卡 34
    2.2.4 战略地图和平衡计分卡的关系 40

第3章 绩效指标的提取（下）

- 3.1 基于关键成功要素的提炼 ·············· 54
- 3.2 基于战略自上而下的分解 ·············· 57
- 3.3 基于岗位职责自下而上的提炼 ·········· 60
- 3.4 基于流程的横向分割 ·················· 62
- 3.5 过程指标还是结果指标 ················ 71
  - 3.5.1 过程指标和结果指标的分析 ········ 71
  - 3.5.2 如何把一个结果指标分成若干个过程指标 ··· 73
  - 3.5.3 过程与结果的关系，概率不是必然 ·· 74
  - 3.5.4 一个过程指标：制造期效率或运营效率 ··· 76
- 3.6 常用指标的详细描述 ·················· 78
  - 3.6.1 员工离职率的五种算法 ············ 78
  - 3.6.2 薪酬满意度的误区 ················ 83
  - 3.6.3 态度和能力指标 ·················· 86

第4章 目标的合理设定

- 4.1 胆大包天还是得寸进尺 ················ 90
- 4.2 目标是固定值还是范围 ················ 94
- 4.3 大幅波动还是小幅波动 ················ 95
- 4.4 一个总目标还是若干个分目标 ·········· 96
- 4.5 由企业定目标还是由员工自己定目标 ···· 102
- 4.6 鞭打"快牛"还是鞭打"慢牛" ········ 103
- 4.7 计划准确率 ·························· 107
- 4.8 对领导拍脑门的看法 ·················· 109

目录

第5章 绩效的辅导执行

5.1 绩效执行过程中的角色分工 ………………………………… 114
- 5.1.1 如何确保绩效顺利达成 …………………………………… 115
- 5.1.2 执行的技巧 ………………………………………………… 116
- 5.1.3 损失规避原则 ……………………………………………… 118
- 5.1.4 0和100的分歧 …………………………………………… 119
- 5.1.5 绩效成功实施的关键要素 ………………………………… 122
- 5.1.6 公开承诺 …………………………………………………… 124
- 5.1.7 从小处做起 ………………………………………………… 125

5.2 如何完成招聘指标 …………………………………………… 128
- 5.2.1 校招、社招双向发力助德胜皮业完成招聘任务 ………… 128
- 5.2.2 三项举措让幸福药业再也不用为销售人员发愁 ………… 131
- 5.2.3 简单的行为帮助京腾塑胶摆脱了用工荒 ………………… 135
- 5.2.4 一项措施使广州海新离职率降低一半 …………………… 137

5.3 在实际操作中碰到的问题 …………………………………… 139
- 5.3.1 如何避免中层管理者在传达政策、制度的时候走样 …… 139
- 5.3.2 如何避免中层管理者对下属员工的偏袒 ………………… 140
- 5.3.3 如何跟中层管理者沟通，以确保执行效果 ……………… 140

5.4 绩效指标的调整 ……………………………………………… 143
- 5.4.1 绩效指标的过程调整 ……………………………………… 143
- 5.4.2 滴滴和易到绩效指标的调整 ……………………………… 149
- 5.4.3 何时调整绩效指标 ………………………………………… 152

第6章 绩效管理的配套制度

6.1 绩效指标库概述 ……………………………………………… 158
- 6.1.1 绩效指标库的作用 ………………………………………… 158
- 6.1.2 绩效指标库构成要素详解 ………………………………… 159
- 6.1.3 绩效指标库的调整 ………………………………………… 162

6.2 绩效评价 ……………………………………………………… 163
- 6.2.1 谁来进行绩效评价 ………………………………………… 163
- 6.2.2 绩效评价的方法 …………………………………………… 168

6.3 绩效考核周期 170
6.3.1 绩效考核周期的相关因素 170
6.3.2 不同层次员工的考核周期如何设计更合理 172
6.3.3 年考和月考的关系 173

6.4 强制分布 175
6.4.1 强制分布的合理性问题 175
6.4.2 强制分布的比例问题 176

6.5 绩效管理制度与流程 178
6.5.1 绩效管理的流程 178
6.5.2 详细分析某企业的绩效管理制度 179
6.5.3 各层级绩效指标多少个合适 184
6.5.4 不考核的指标员工不作为怎么办 185
6.5.5 谁来制定员工的绩效考核指标 187

第7章 绩效结果应用

7.1 绩效结果应用在哪里 190
7.2 绩效申诉与改进 193
7.2.1 绩效申诉如何处理 194
7.2.2 绩效改进 195
7.2.3 京东绩效指标的改进 197
7.2.4 如何找到问题的根源——知道问题的根源才能
解决问题 198

7.3 绩效与薪酬管理的结合 203
7.3.1 绩效管理与薪酬分配体系怎样结合才能更公平 203
7.3.2 绩效结果与薪酬涨跌的结合 204
7.3.3 结果公平和机会公平 211

7.4 向行业挑战——整个行业的做法都是错的 214
7.4.1 混凝土行业绩效工资的误区 214

/ 目 录 /

7.4.2　号外：出租车如何交接班 …………………………… 217
7.4.3　汽车4S店绩效工资的误区 …………………………… 218

附录A　绩效评价相关表格 ………………………………… 222
附录B　态度、能力指标类相关表格 ……………………… 224
附录C　申诉类相关表格 …………………………………… 232
附录D　书中自有黄金屋 …………………………………… 233
后记　小改善，大变化 …………………………………… 239

绪言
INTRODUCTION

  由于新冠疫情的原因，我的许多课程也受到了很大的影响，因为线下课程必须集中授课，而集中授课会增加疫情传播的概率，所以稳妥的方式是把课程延期，甚至取消课程。但我发现一个现象，这两年尽管我授课的次数少了，但请我做咨询辅导的企业却多了，忙得我是分身乏术。

  仔细一想，其实不难理解。当宏观经济上行的时候，企业都忙着抓销售、跑业务，产品只要生产出来就能挣到钱，这时候，大家根本想不到要去提升企业管理的水平。而当宏观经济下行的时候，企业间的差异就出现了。有的企业利润依然在增长，有的企业利润增长速度在放缓，还有的企业甚至被市场淘汰了。这就是股神巴菲特所说的："只有潮水退去，才知道谁在裸泳。"

  在经济形势不好的时候，许多企业老板就会意识到企业管理的重要性，于是就想通过企业管理来提高利润而不是通过野蛮增长获取行业红利。这大概就是企业管理咨询行业在经济下行期比较忙碌的原因。在经济下行期还有能力请外援的企业还算是比较幸运的企业，有些企业在意识到企业管理的重要性时已是在生存边缘挣扎了。

  2020年底我服务于一家混凝土生产企业，在2021年新冠疫情的影响下，该企业也受到了很大的冲击。整个混凝土行业不仅因新冠疫情耽误了部分工期，甚至因水泥、砂石等原材料大幅涨价，但混凝土没涨，导致整个行业都在亏损。在整个行业亏损的大背景下，因为我调整了企业的管理体系，提升了员工工作效率，使得这家企业的利润没有受到太大的影响。2020年该企业的收入和利润分别是 7 亿元和 0.68 亿元，2021 年该企业的收入增长到了 8 亿元，利润略有下滑，约为 0.6 亿元。由于整个行业都处于严重的亏损中，所以我认为这个业绩还是很不错的。

给这家企业服务时，我为企业的所有员工（包括高管）都设计了考核指标。其实在设计指标的时候，我的期望值并不高，因为这家企业的管理水平偏低，我怕他们无法完成我定的指标。但到 2021 年年底我再去辅导时发现，这家企业业绩的完成情况远远超出了我的预期。在这家企业的考核指标中，有三个指标给我留下了深刻印象：

第一个指标是考核综合办公室的一个关于食堂满意度的指标。我给综合办公室主任设计了一个权重占比不高的小指标——员工对食堂的满意度，每月由员工匿名对食堂的综合表现打分。这个指标完成得特别好，直接的影响是员工对企业食堂的满意度大幅度提升了。企业总经理跟我说："我们食堂现在做得可好了，早餐有油条、麻团以及包子，众多主食任选，我现在每天都在食堂吃早餐。"这就是我一直强调的"小改善，大变化"。

第二个指标是一系列的运营类指标，如单方维修保养成本、容积率（罐车装的比例）等。这些指标在定目标的时候有些是没有历史数据的，通过一年的绩效运作后，我们就有了当年的运营数据。这是管理提升的一个很大的进步。我曾给许多企业做过辅导，发现管理者对企业的运营数据不太重视，没有历史数据。如果没有历史数据，我就没法定目标。例如，企业要获得单方维修保养成本这个指标，需要有每月的产量数据（这个数据大多数企业都有）、维修保养所花费的成本（这个数据很多企业没有，尤其是每个月的数据）。如果没有详细的数据，我们永远不知道单方维修保养成本设置为多少是合理的，我们永远不知道这些数据每个月的变化是怎样的。所以，从无到有也是绩效管理的一个很大的进步。

第三个指标是得到了有效提升的指标。例如，单方油耗，以前的管理指标考核的是单方油费，我认为这是错误的，它违背了绩效完全可控的原则。油费＝使用量 × 油价。油价是员工不可控的指标，而油耗才是员工相对可控的

/ 绪　言 /

指标。所以考核油耗比考核油费更合理。油费的另一个问题是掩盖了真实的运营状况，如果今年用油较多，但油价便宜，指标看起来还不错，但实际上油耗有可能很高。企业进行了油耗的考核之后，这一指标比历史同期下降了2%。2%尽管看起来不高，但如果能持续下降的话，也能节省一笔很大的费用。

在经济普遍增长尤其是快速增长的时候，可能每个企业都能挣钱，差别无非是挣多挣少而已，这时候可能看不出哪家企业好。甚至，我们认为好的企业的表现还不如一般企业，如万科和恒大。但当宏观经济整体下滑时，巴菲特的"裸泳论"就发挥作用了。这时候好的企业和一般企业的优劣就高下立判了。恒大在经济整体向好的时候在蒙眼裸奔，一副势不可挡的架势，但当经济收紧，才发现"离悬崖就剩两米"了，而这时已经刹不住车了。

所以，我们做管理提升的就是让企业在经济形势不好时依然能挣到钱，在经济形势较好时能挣到更多的钱。

绩效管理说起来很简单，最终的绩效计划就是设计一张表，这张表也叫作绩效合同。绩效合同由三个要素构成：绩效指标、指标权重、目标值，只要把这三要素设计好，我们的绩效计划就能实现了。说起来容易做起来难，因为很少有企业能真正把绩效做好。

本书主要尝试解决以下几方面的问题：第一个问题，绩效指标从哪里来；第二个问题，指标权重如何设计；第三个问题，目标值定为多少算合理。

1. 绩效指标从哪里来

绩效指标从哪里来，这个问题是三个问题中最复杂的一个。

从企业管理架构来看，绩效指标分为三个层次：企业层面的绩效指标、部门层面的绩效指标、个人层面的绩效指标。

企业层面的绩效指标一般是考核董事长或者总经理的，当然企业层面的绩效指标也会影响到企业的所有员工。企业层面的绩效指标来自企业的战略分解，首先根据企业的使命、愿景、价值观制定企业的战略；接着根据企业的战略制定企业的长期目标、中期目标和年度目标；然后再根据企业的年度目标制定企业的年度计划；最后根据企业的年度计划制定企业层面的绩效指标。

具体来说，企业层面的绩效指标的分解有两种方法：第一种，基于企业关键成功要素的分解；第二种，根据企业战略地图的分解。

部门层面的绩效指标来源有两个：第一个与企业层面的绩效指标一样，来自于企业的战略分解；第二个来自于部门职责。

员工层面的绩效指标来源有三个：第一个是来自于部门绩效指标的分解；第二个是来自于岗位说明书；第三个是来自于流程的分割。

部门层面的绩效指标的分解延续了企业层面的绩效指标的分解，即把企业层面的绩效指标分解到部门，然后把部门的绩效指标分解到个人。员工层面的绩效指标可以根据每个员工的岗位说明书进行提炼，即根据岗位说明书中的职责和任职资格进行提炼；其中的第三个来源是对流程进行分割，使每个岗位只负责自己岗位的核心指标。总的来说，员工层面绩效指标的提取相对丰富一些。

所以，不能简单地说绩效指标从哪里来，不同层级的考核指标的来源是不一样的。一般来说，指标以基于企业战略的自上而下的分解为主，其他来源仅是作为战略的补充。

2. 指标权重如何设计

指标权重的设计是三个问题中最简单的，哪个指标相对来说重要一些，这个指标的权重就相应高一些；哪个指标相对而言不太重要，其权重就相应低一些。在指标权重的设计里应该注意，权重的总分是所有权重值的总和，不能超也不能少，这样对所有人才是公平的。

3. 目标值定为多少合理

目标值的确定看似简单，但实际上是三个问题中最难确定的。目标值的确定必须有一定的经验和技巧，否则制定起来会有一定的难度，毕竟员工有把目标尽量定低的倾向。

绪　言

绩效指标的量化是绩效管理过程中最重要的步骤。许多企业的绩效管理做得不好，主要原因是没有对指标进行量化。要知道"无量化不考核"。

现在绩效管理的研究者们对考核的量化主要有两种观点：一种观点是既然无法量化就不要量化，不量化的考核，对管理者来说管理权限更大，所以赋予了管理者更大的责任和权利，有利于绩效管理；另一种观点认为若是有没法量化的指标，就不要进行考核了。这种观点的坏处是，这项指标没有体现在绩效考核表中，员工的关注度会减弱。

其实两种观点的原因是一样的，因为没有量化，所以领导打分尺度的随意性就比较大，这就会产生三种结果：第一种结果是领导是个老好人，再加上领导也不知道如何打分，于是给所有人打差不多的分，并且是以高分为主；第二种结果是领导法度分明，丁是丁卯是卯，但下属对打分的结果会有不同意见，导致领导和下属因考核而产生矛盾；第三种结果是领导的打分符合客观事实，下属对打分结果也认可（这是最理想的结果）。但第三种结果可能只是理想而已，实际上考核结果更多的是前两种。所以我认为不量化考核是有问题的。

经过多年的摸索与实践，我得出的结论是要把考核指标尽量量化。对于定性的指标，我们可以采取量化定义的方法去量化。管理工作中的绝大多数绩效指标其实都是可以量化的，能量化就能考核。

例如，人们说一个人胖，那么怎样算胖呢？每个人的标准都是不一样的，从科学上，可以用许多种方法来定义胖，如检测体内脂肪含量，当然人们更习惯用体重指数这个指标来判断一个人是否肥胖，也就是用体重除以身高的平方，用这个指标来判断人是否肥胖是非常简单又有效的。

工作中的考核也一样能量化，例如，企业常用的一个考核指标是"按时完成某项工作"，这里面有一个困扰，如果仅仅考核时间点，这个可以定量，也比较容易，但如果员工的工作是按时完成了，但完成的质量很差又怎么算呢？给分吧，肯定不合理；不给分吧，质量又属于定性指标，很难量化。像这样的指标，我在操作中一般会定义什么叫作完成，只要符合要求就算完成，否则就算没完成。

以上就是量化绩效的整个逻辑。本书就是要通过量化考核的方式，指导人力资源管理者分别制定企业层面、部门层面、员工层面三个层面的量化指标，并通过绩效指标、指标权重、目标值设定三个维度，综合设计企业的绩效管理体系，让企业的绩效管理体系落到实处，让人力管理人员不再为考核而犯难，避免员工因打分产生分歧、产生矛盾。总体而言，绩效管理就是上手容易做好难。就像炒股一样，只要有个账户、有点钱就能买卖股票，但真正在股市中赚钱的人少之又少。绩效也是如此，绝大多数企业都会进行绩效考核，但真正能通过绩效考核提升业绩的企业却少之又少。

　　希望本书能帮助读者提升对绩效管理的认识，让读者在阅读或学习本书后，能有一点点的收获，哪怕只是某个理念的认知或者某个绩效指标的提取，我也很满足了。

第 1 章

绩效管理的基本理念

1.1 绩效如何量化——无量化不考核
1.2 绩效如何让员工认可——员工不认可的绩效无法执行

1.1 绩效如何量化——无量化不考核

1.1.1 辣度怎样量化

每年我都要去全国各地讲课，我喜欢企业管理咨询这个职业，也喜欢品尝全国各地的美食。有一次在苏州我与朋友一起吃火锅，大家点了一个当地最辣的锅底，我觉得那个辣度刚刚好。

后来我去湖南长沙为企业做咨询。大家都知道全国各地的辣以湖南为首，所以出去吃饭时我也有心理准备。在吃湖南当地菜时，我特意跟服务员说要微辣的。但当菜端上桌后我就傻眼了，一盘菜里一大半是辣椒，有红辣椒、绿辣椒、黄辣椒，各色辣椒放在一个盘子里煞是漂亮，五颜六色的辣椒中点缀着一点肉丝。我提醒服务员说："我点的是微辣。"结果服务员头也不抬地说："这就是微辣。"没办法，我只好向服务员要了一大碗凉白开，在水中涮一遍菜后再吃，最后还是被辣得满身是汗。

吃一堑、长一智，下次再去吃饭时，我对服务员说："给我们来份微微辣的。"结果吃的又是凉白开涮菜。

后来我跟长沙当地的朋友聊起这件事，他们笑着说："你要吃的这个辣度在我们这里叫作免辣。"之后再去长沙吃饭，我都会跟服务员说："要免辣的。"我认为这个辣度正适合我的口味。

在苏州我可以吃当地最辣的火锅，但到了长沙我只能吃免辣的，不是我的口味发生了变化，而是这两个地方对辣度的定义不一样。

1.1.2 指标不量化的坏处

绩效管理一共有四个步骤：绩效计划、绩效执行、绩效评价以及结果的应用。指标量化是第一步绩效计划时应该考虑的事情，如果指标不量化，在第三步绩效评价时就会出现问题。指标不量化一般会产生两种不容易解决的问题：一个问题是会引起考核者和被考核者对打分的歧义；另一个问题是两个不同的打分者对同样的结果会产生打分的差异。

某次我在一家企业做咨询时发现了一个问题。该企业部门经理的考核采取的是总经理和副总经理双重考核的方式，即总经理给该部门经理打一个分，副总经理也给部门经理打一个分，然后用总经理和副总经理二者的加权平均分作为该部门经理的最终得分。在年底的考核时，对于同一个部门经理，总经理给该部门经理的打分是 90 分，而副总经理的打分是 120 分，两者差异如此之大，肯定是有问题的。这就是指标没有量化导致的，因为指标没有量化，两个管理者对于同一项工作结果的认知是不同的，所以两人给出的分数也不一样。

绩效指标必须量化。绩效指标量化以后，在进行绩效考核的时候，大家就不用为应该打多少分而纠结了，只要根据绩效打分结果计算得分就可以了。

绩效考核的成绩是算出来的，而不是打分打出来的。

尽管绩效指标的量化很重要，但依然有一些企业没有对绩效指标进行量化，主要有两个原因：

一个原因是绩效指标的量化会带来领导层不希望看到的结果。绩效指标如果不量化，在月底或者年底的时候，领导就可以根据员工的实际情况对绩效打分结果进行调整。领导认为某人干得好，可以给他打稍高的分，领导认为某人的工作有问题，可以给他打稍低的分，最后再统一权衡并做出调整。如果所有的绩效指标都量化了，那么领导对员工的考核成绩就没有了调整的空间，自己的管理权限也就降低了。

现代企业管理的精髓是制度管理，通过制度化，尽量降低人为因素在管理中的作用，这是企业管理制胜的关键。只要有人为因素存在，就很难保证企业管理的公平性。所以，现代企业管理应该尽量降低人为因素，增加制度的权重。绩效指标的量化就能增加制度的作用，降低人为因素。绩效指标的计划阶段如果设计得合理，评价的结果一般是可以反映企业管理的实际情况的，员工表现得好得分就会高一些，员工表现得差得分自然就会低一些。

另一个原因是对某些定性的绩效指标没有办法进行量化。所以，我们要学习绩效指标量化的方法。

1.1.3 指标量化的方法

1. 定义量化的标准

有些定性的指标需要确定标准，例如，《中华人民共和国道路交通安全法》就明确规定了酒后驾驶和醉酒驾驶的标准。酒后驾驶和醉酒驾驶从字面意义上来看，是一个很难量化的标准，但是如果不量化这种指标，在执法层面上就很难对其进行认定。其实对这种指标的量化比较简单，直接进行量化的定义就可以了：驾驶人员每100毫升血液中酒精含量大于或等于20毫克，且小于80毫克的为酒后驾驶，驾驶人员每100毫升血液中酒精含量大于等于80毫克的为醉酒驾驶。如果不确定一个标准，对于血液中酒精含量相同的人，可能有的已烂醉如泥，有的却还处于清醒状态。那么两人醉酒的程度不一样，是不是要采取不同的执法态度呢？那肯定不行，如果那样的话，就难免有人为因素在里面。

在企业中，有些指标适合采用这种直接定义量化标准的方法。假设我们本月的核心任务是完成某些分析报告，分析报告的完成质量就属于定性的指标，这种指标就可以直接定义量化的标准，如已通过总经理办公会、已在某种刊物上发表等。

2. 分级量化

分级量化是指有些指标可以根据事物的不同程度把指标分成若干级别的分类方法。例如风力等级和雨量等级的分类方法，风力等级是按照风的行进速度把风分成若干级，雨量等级是按照单位时间内雨量的大小把降雨分成若干等级。

企业中有许多指标都可以采取这种分级量化的方法进行量化。例如阿里巴巴考核价值观时，就把每个价值观的内容分成了5大类，其中包括本章后面将会提到的态度和能力指标，也就是说把每个内容都分成了5级，采取5级量化的方式进行考核。

3. 设定公式进行量化

中小学在评定三好学生的时候，考核的是德智体三项标准，但学生的体质是好还是坏，这个定性的指标一直很难进行考核，现在专家们给出了一个标准，就是用公式进行量化。这个公式很简单，采取的是体重（公斤）除以身高（米）的平方。所得的值如果在合理范围内的算作100分，超过合理值一定范围的叫超重，超过合理值更大范围的叫肥胖，当然，低于合理值一定范围的叫偏瘦，低于合理值更大范围的叫营养不良。

我们现在判断一个人是否肥胖时都会采用这个指标，这个指标就叫作BMI（body mass index，体重指数）。这种定性的指标就是通过一个标准的公式以及分类的标准进行量化的。

企业中的某些指标也可以采取这种方法，比如某些安全的等级标准、养殖业中对于产品质量的标准等。

4. 标准转化

麦当劳和肯德基之所以成功，就是因为其对标准化的追求做到了极致，他们连一个汉堡包内放多少克汉堡酱、放多少克生菜都规定了标准，甚至连给客人多少张餐巾纸也都是有标准的。

麦当劳是根据顾客购买的产品数量而非人数来确定餐巾纸数量的，然而数量相同的情况下，产品的类型、大小以及油腻程度往往也是不同的，这些变量给量化带来了更大的难度。麦当劳的做法是把每一个产品都定义成不同的标准单位，如把一根鸡翅、一杯可乐、一个面包等产品定义成一个标准单位，而把一块原味鸡、一个汉堡等体积较大或者较油腻的产品定义成两个标准单位，最后确定给餐巾纸的标准是每两个标准单位给顾客一张餐巾纸。

如果顾客一共购买了5个或6个标准单位的产品，就给顾客3张餐巾纸，如果顾客购买了9个或10个标准单位的产品，就给顾客5张餐巾纸。

企业的某些指标就可以采用这种标准进行转化，例如一些企业实行了积分制的管理，员工完成不同的工作就会给予相应的积分，然后使用一定的积分去换购礼品，这些都是标准转化法。

5．QQTC工具的应用

大家在收到从京东购买的产品时，肯定都见过产品包装的胶带上写着醒目的四个红字"多快好省"，这是京东的广告语，也是京东的考核维度。当然"多快好省"不是京东第一家企业最先提出来的，也不是只有京东才考核"多快好省"，但京东是把"多快好省"做得最出色的一家企业。

其实现在有许多企业都采取了"多快好省"的考核方法，这个考核方法标准的称谓是"数量质量时间成本"（quantity quality time cost，QQTC）法。QQTC法或者"多快好省"法，是一个非常好的提取指标的方法，任何工作都可以从"多快好省"这四个维度提取指标。以京东为例，"多"就是"数量"，是指京东的产品种类多、数量多；"快"就是"时间"，是指京东的产品配送速度快、用时少；"好"就是"质量"，是指京东的产品质量好、有保障；"省"就是"成本"，是指京东的产品价格便宜。

我们对任何一项工作都可以从"多快好省"这四个维度提取指标。

例如，可以根据招聘经理岗位说明书上的工作职责，通过"多快好省"

第1章 绩效管理的基本理念

四个维度提取指标。具体见表1-1。

表1-1 岗位说明书中的工作职责

序 号	职 责	多（Q）	快（T）	好（Q）	省（C）
1	编制年度人员招聘计划		按时间要求完成年度人员招聘计划	总经理办公会通过	人均招聘成本
2	开发招聘渠道	拓展3家招聘渠道	6月30日前完成招聘渠道的选择	新拓展3家A级猎头	招聘渠道开拓成本降低5%
3	建立和完善招聘体系	招聘体系内容完整性	按时间要求建立企业的招聘体系	招聘体系获得总经理办公会通过	招聘体系的耗费时间
4	发布招聘广告	发布1000条招聘广告广告受众达3万人次	5月20日前完成广告的发布	收到1000份简历	单位简历成本
5	进行招聘、甄选工作	人员招聘数量完成率	年底前完成招聘工作	新员工转正率	单位员工招聘成本
6	建立后备人才选拔方案	制定两种人才选拔方案	三季度前制定后备人才选拔方案	获得总经理办公会通过	人才选拔方案实施成本

在用"多快好省"法提取和量化指标的时候，"多快省"三项指标的量化相对容易一些，而"好"（也就是"质量"）这项指标的量化相对难一些。

在提取和量化"质量"这项指标的时候常使用以下两种方法：第一种方法是自己定义"质量"的标准，比如表1-1中提到的总经理办公会通过，对于设计方案、计划等工作的质量好坏，很明显是一个典型的定性指标，我们对这种定性指标可以采取自己的质量判断标准，这里我们的逻辑是只要总经理办公会通过就说明质量是好的，否则说明质量不合格。第二种方法是寻找可以替代这项工作的指标，例如发布招聘广告的质量可用收到的简历数量来替代，收到的简历越多，说明招聘广告做得越好；进行招聘和甄选工作可用新员工转正率来替代，新员工转正率越高，说明招聘的质量越好，当然这里也可以用"用人单位对新员工的满意度"这个指标来替代；招聘渠道的质量可用招聘渠道的资质、猎头的排名等指标来替代。

> **总结：**
> - 绩效考核必须量化，不量化的绩效就是走形式。
> - 绩效量化的标准是任何人打分的结果都一样。

1.2 绩效如何让员工认可——员工不认可的绩效无法执行

1.2.1 员工为什么反对绩效考核

经常有企业领导给我打电话，说他们的企业在进行绩效考核时，得不到员工的认同，希望我能去给他们企业的员工做思想工作，让员工对绩效管理不那么抵触，能够高兴地接受绩效考核。我在咨询的过程中也很少看到有哪家企业的员工主动拥护绩效管理的，原因很简单，人的天性使然，谁都不愿意被约束。人的天性决定了人都渴望拥有自由，这个自由既包括身体的自由，也包括思想的自由，不愿意被约束。绩效管理实际上是对员工的一种约束，让员工按照企业设定的内容去操作，这实际上违背了人的天性，所以人们从心理上对这种约束有一种本能上的抗拒，这是不可避免的。

但在企业的实际运作中，员工对绩效管理的抵触更多的是因为企业绩效管理的失误（或者是错误），而不是因为员工的天性。

不少企业是这么进行绩效管理的。假设在进行绩效管理之前，员工的月工资是10000元，在大锅饭的体制下，员工无论干多干少，都拿这么多钱。现在企业实施了绩效管理，把10000元钱分成两部分，一部分是基本工资（假设是6000元），另一部分是绩效工资（4000元），然后进行考核。

考核的话，员工可能会有三种表现：一种表现是员工工作会更加努力，业绩不错；另一种表现是员工会消极怠工，表现一般；还有一种表现是员工跟以前一样，没有明显的变化。

第1章　绩效管理的基本理念

作为企业的管理者，这时应该明确一件事情，就是这三种表现的员工，哪一种员工应该与实行绩效管理之前的10000元相对应，是表现好的，还是表现差的，还是表现一般的？不少企业是这么处理的，就是实行绩效管理之后，考核时表现最好的员工能获得4000元，也就是总收入10000元，其他人则根据实际情况酌情扣除。企业这样处理，员工当然不满意。

合理的做法应该是表现一般的与之前的表现做对照，获得10000元，而表现好的最终拿到的应该超过10000元，表现差的拿到的要低于10000元。其实，企业的总成本没有增加，因为表现好的员工多拿的那部分薪酬来自表现差的员工少拿的那部分。

有的人也许会问，如果员工都表现积极，企业的成本是不是就会提升了呢？如果员工都表现积极，从表象上看，企业付出的员工成本确实增加了，但这不正是企业所需要的吗？员工的积极性提升了，企业的业绩是不是也会提升呢！这样企业多付出一点成本又算什么呢？

即使企业认同了这种观点，即表现一般的员工获得10000元，但在具体操作时如果做不好，效果也会大打折扣。

假设企业认同表现一般的员工获得10000元，表现优秀的员工获得12000元，表现较差的员工只能获得8000元，企业可能会有两种做法：一种做法是表现好的考核成绩得100分，获得12000元，表现一般的得80分，获得10000元，表现差的得60分，获得8000元；另一种做法是表现好的考核成绩得120分，获得12000元，表现一般的得100分，获得10000元，表现差的得80分，只能获得8000元。这两种方式对于企业来说，付出的成本是一致的，员工的收益也是一致的，只是在考核成绩的表现上有所差异，但很明显，第二种方式比第一种方式更能让员工接受。因为员工可能会认为第一种方式只是在扣钱，而第二种方式却是有奖有罚，更公平一些。

我还见过一些企业老板，是典型的罚款型老板。什么叫罚款型老板呢？就是做错一件事情，罚50元；再做错一件事情，罚100元；等等。错得越多扣得就越多。一个老板还这么跟我说，我知道罚款不对，但是对他们不罚不行。

在绩效管理中，罚款型老板的典型表现是在给员工制定的考核指标中这么描述：犯错误的次数不能超过3次，超过1次扣××分或者罚××钱。

我们分析一下，哪些人可能错得比较多，哪些人又可能错得比较少？错得少的有两种人：一种是认真负责的人，这种人犯错误的概率确实会低一些，但也依然有犯错误的可能；另一种是干活少的人，如果什么活都不干，那肯定是不会犯错误的。因为犯错误的次数等于做事情的次数乘以犯错误的概率。第一种人是从概率上降低犯错误的次数，第二种人是通过少做事情来降低犯错误的次数，少做事情肯定比降低概率更容易一些，所以时间一长，大家都不愿意多做事情。

多一事不如少一事，对于那些可做可不做的事情，我们尽量不要做；对于那些可以是我做的任务也可以不是我做的任务，我们尽量不要接，因为做好了没有奖励，做错了却有惩罚。长此以往，谁还会主动接任务？这样企业必然就形成了一种大家都尽量少做的企业文化，大家都尽量保守，这样的企业未来的发展情形就可想而知了。

我也见过一个聪明的老板，他跟罚款型老板恰恰相反，他采取的是奖励的方法——做好了奖，做错了不罚。如果采取这种做法的话，员工就会发现，如果事情做好了，企业会奖励我，即使做错了，也没关系，这样大家就愿意多做事情，尽量跟老板多争取一些任务，毕竟做的越多，奖励的就越多，而做错了也不处罚，相当于允许大家犯错误，这样大家就愿意试错。多次尝试之后，经常会做出许多其他企业从来没有尝试过的做法，做出了许多创新、甚至发明，这样的企业慢慢就变成了创新进取型的企业。这种企业，员工对于绩效考核明显不会抵触，反而会更欢迎，因为他们知道，做得更好，获得的回报就更多，既然这样，为什么不多做一些呢。

在这种企业里，也有一些人是不高兴的，就是那些表现较差的员工，因为他们不愿意多付出，所以收入相对其他同事来说就会低一些，因为收入低，所以会有些怨言，怨言如果多了，甚至可能会离职。我们绩效管理的目的就是要让这些人不满意，他们不满意的结果无非有两种：一种是离开，一种是改变。

我认为他们无论是离开还是改变，对企业来说都是好事情。学华为学的就是这种狼性文化，让努力的人获得更多的回报。

1.2.2 绩效管理的目的

不少员工认为，所谓的绩效管理就是为了扣员工工资，这种认知明显是错误的。假设企业老板给某个员工制定的绩效目标是完成利润1000万元，结果到年底一核算，发现他只完成了100万元，按照考核目标应该进行惩罚。但是罚员工能罚多少，罚几万元了不得了吧？如果企业进行绩效管理的目的是扣员工工资的话，老板会为扣了员工几万元的工资而高兴吗？肯定不会的，老板扣员工几万元钱肯定不解气啊，毕竟他损失的是1000万元，扣区区几万元怎么能够解气呢？所以，企业进行绩效管理的目的不是为了扣员工工资。

既然企业进行绩效管理的目的不是为了扣员工工资，那为什么员工会产生这种想法呢？有以下两个原因：

第一个原因是员工的水平低，认知不够，他们从来没有接触过绩效管理，只是道听途说地以为绩效管理就是降工资。对于这种员工，我们应该通过沟通让他们知道绩效管理的本质是什么。只要他们有了正确的认知，就能真正理解绩效管理了。

第二个原因是企业在制定绩效管理制度时进行了错误的绩效设计（这个原因的可能性更高）。假设企业在设计绩效管理体系之前，某员工的薪酬是固定的5000元，企业现在进行绩效考核，实行了新的薪酬体系，5000元工资分解成3000元的基本工资和2000元的绩效工资。其中，3000元每月会固定发放，2000元则会根据员工的绩效成绩发放，如果该员工干得好，绩效成绩得100分，可以拿2000元，如果员工干得不好，就会相应地扣绩效工资。这样的绩效考核，其本质就是扣工资。这不是员工认知的问题，而是绩效管理体系设计错了。

有的领导认为，绩效管理的目的就是为了激励员工，这种看法有一定的道理，但不全面。绩效管理的真正目的是实现企业的目标，帮助企业实现想要达到的目的。企业首先要确定自己要实现的目标，然后把目标分解到各个部门，再分解到每个岗位、每位员工。

1.2.3 企业管理中新员工和老员工绩效得分的现状

与薪酬管理一样，在绩效管理上也存在着让新老员工困惑的问题。试想一下，你们企业月末或者年底在对员工进行绩效考核的时候，一般是新员工的得分高还是老员工的得分高？

有不少管理者在绩效考核打分时，是明显偏袒老员工的，具体的表现就是最后从考核成绩来看，老员工明显高于新员工。他们的理由是，老员工来企业的时间长、经验丰富、能力强，新员工刚来不久，能力差，许多东西还要熟悉，如果新员工得分过高，明显不太合理，也无法让人信服。同样的问题也存在于另一个情景，即一个工作量重的员工和一个工作量轻的员工，到底哪个员工的得分更高呢？许多人的答案是工作量重的员工得分更高。

老员工和新员工相比，一般有两种情况，一种是能力一致，另一种是能力有所不同。如果能力一致的话，企业给两个员工的薪酬应该是一样的，如果能力不一致，两个员工的薪酬也应该有所差异。在第一种"能力一致、薪酬一致"的情况下，给两个员工制定的目标应该是一样的，否则就不合理；而在第二种"能力不同，薪酬也不一样"的情况下，给两个员工制定的目标也应该不一样。既然目标不一样，考核结果就可能有较大的差异。

先来分析老员工和新员工的能力不一样时应该如何处理。假设销售部门有两个员工，一个是资历比较深的老员工，另一个是刚来的新员工，您作为他们俩的领导，一般会怎么给他们安排任务呢？假设给老员工定的目标是200万元，最后他完成了180万元，我们应该给他打多少分呢？一般情况下会给他打90分；而另一个新员工由于能力较弱，所以给他定的目标只有100万元，结果他完成了120万元，一般情况下会给他打120分。这种结果就是新员工比老员工得分高，这种结果合理吗？肯定是合理的。问题来了，老员工能力强、任务重，得分比新员工还少，到底合理不合理呢？应该怎么解决呢？

其实还有一个问题想问大家，就是能力强的老员工和能力弱的新员工，给他们的薪酬是否一样呢？按道理应该是不一样的，能力强的老员工的薪酬应该高一些，能力弱的新员工的薪酬应该低一些。如果你们企业新老员工薪酬是一样的，说明你们薪酬设计得有问题。

假设老员工的绩效工资是2万元，那么90分对应的绩效工资就是1.8万元。新员工的绩效工资是1万元，那么120分对应的绩效工资就是1.2万元。我们再看一下结果，完成180万元的任务对应1.8万元的薪酬，完成120万元的任务对应1.2万元的薪酬，是不是相当合理？

当然，如果老员工和新员工能力一致的话，他们俩的薪酬也应该是一致的，企业给他们制定的目标也应该一样，这种情况相对来说就简单得多。

我们再来看工作量重的员工和工作量轻的员工，到底哪个员工的得分更高？这其实跟第一个问题的答案一样，还是要看工作后的结果和工作前的目标，通过计算得出答案，该哪个高就哪个高，该哪个低就哪个低。万一结果是工作量重的员工比工作量轻的员工得分低，是否就不合理呢？答案还是如此：一要看双方的薪酬孰高孰低，二要看领导安排任务的情况。薪酬高，工作的任务固然就要多一些；薪酬低，工作的任务固然就可以少一些，这再合理不过。当然有的领导可能会给两个人定的薪酬是一样的，如果是这样的话，就说明领导的管理能力有问题，而不是绩效管理有问题。

1.2.4 绩效得分是算出来的，不是打出来的

到这里读者基本上已经明白了，绩效考核得分不是打出来的，而是算出来的。之所以许多企业采取打分的方法，是因为前面的环节做得不好，只能通过打分来体现不同员工之间的差异，但这种方式肯定是不公平的，也是不能服众的。

真正合理的绩效应该是在期初给员工设定目标，并且尽可能采取量化的

方式，期末根据员工的实际结果进行计算，该得多少分就是多少分，而不是根据每个人的表现进行调整。

要做到合理地考核，需要两个配套方案的合理性：

第一个是薪酬体系合理，每个人的能力、资历、阅历不同，薪酬也应该是不一样的，不能采取大锅饭的方式。这就要求企业要制定一套合理的薪酬体系。

第二个是任务分配的合理，每个领导在给下属定任务时，要根据他们的能力和薪酬水平安排不同的任务，不能说两个人的能力不同、薪酬不同，却还设定相同的任务。这就要求企业的每个领导有正确的目标管理和绩效指标认知。

1.2.5 绩效管理的误区

我曾经在自己的微信公众号中针对多名HR（human resources，人力资源）进行过统计，我让他们对人力资源的六大模块按难易程度进行排序，70%的HR认为绩效管理是人力资源管理六大模块中最难的，但又是相当重要的。由此可见，绩效管理在人力资源管理中的重要程度。

大家之所以认为绩效管理比较难，是因为企业在进行绩效管理时经常会犯以下几种错误。

1. 只考核基层，不考核中高层

我见过不少企业在做绩效考核的时候都是只考核基层，而不考核中高层，这是典型的"挑柿子拣软的捏"。这些企业由于不懂绩效管理的真正逻辑，一开始都想试点，但在管理层试点难度太大，所以就在员工层面进行试点。这种做法其实违背了绩效管理的宗旨，绩效管理的核心目的是实现企业的目标，而企业目标的实现是靠自上而下的分解，不能仅仅靠基层员工，所以仅仅考核基层员工无法支撑企业目标的达成。

如果仅仅在员工层面实施绩效考核，由于中高层没有绩效考核指标，他们就没有压力，没有压力在实施绩效考核的过程中就会流于形式，最终导致绩效管理的破产。

2. 只做绩效考核，不做绩效管理

绩效考核只是绩效管理的一个环节，完整的绩效管理至少由四个环节构成：绩效计划、绩效执行、绩效考核和结果应用。绩效考核也被称作绩效评价，更直白地说绩效考核就是绩效打分，绩效计划是确定绩效考核考什么内容，怎么打分，如果缺少了第一个环节绩效计划，直接实施第三个环节绩效考核，那么管理层在进行绩效打分的时候就会没有规矩，只能根据自己的主观意愿来打分，这样打分必然有失偏颇。

3. 为了考核而考核，指标制定随意

不少企业只是为了考核而考核，在制定考核指标时随意性比较大，制定的考核指标也多是根据自己的主观判断甚至是喜好来进行，这样的考核指标就没有企业战略的指导意义，不能有效地支撑企业战略，对企业战略目标的达成也没有任何帮助。

4. 高层不参与制定目标

有一年我给一家企业的子公司做绩效咨询时，正好赶上他们在设计企业战略。一般来说，企业的战略应该由企业的一把手亲自抓，由他带着大家一起制定目标、一起进行分解、一起讨论战略实施路径。但这家企业的战略交给了运营管理部的两名员工去制定，由这两名员工去规划企业未来五年、十年所能达成的目标，由他们俩去制定企业的战略实施路径。这就是拿企业战略当儿戏，严重的形式主义！企业战略、企业目标的制定必须是一把手工程，必须由一把手带领大家一起分析、一起讨论，企业未来的好坏很大程度上取决于一把手的战略思维。试想一下，假设二十年前万科没有王石的目标指引，海尔没有张瑞敏的目标指引，这些企业会是什么样的结果？

5. 打分标准不一致

大家在进行绩效考核时，经常会对打分的标准产生歧义。假设对某图书的考核目标是截至2022年年底要出版发行，但由于某些原因，2023年1月新书才出版发行，那这种情况应该怎么打分呢？编辑可能认为，就晚了一个月，不至于扣多少分，假设2022年12月31日前出版发行应该算100分的话，现在只晚了一个月，又没耽误多少事情，所以怎么着也应该给98分或者99分吧。而我则觉得，明明说好了该书会12月31日前出版发行的，现在都过了一个月了，时间太长了，最多给80分。于是考核者和被考核者双方对晚了一个月这种结果应该打多少分就会存在明显的差异。所以我们应该在做绩效计划的时候提前定好打分标准，如晚一天扣一分、早一天加一分，这样就不会为应该打多少分产生歧义了。

6. 指标无法量化

大家在考核时最大的烦恼莫过于指标量化了，如果指标无法量化，也容易产生打分歧义的问题。例如态度指标，什么样的态度算好，什么样的态度算不好，很难统一。假如您给下属就态度这项指标打分，您觉着下属工作马马虎虎，偶尔还会迟到，属于典型的态度不端正，所以应该扣些分，而该员工觉着尽管自己偶尔会有错，但领导交办的绝大多数工作都能按时完成，尽管偶尔迟到，但别人迟到的次数更多，这怎么能算态度不端正，这明明应该是优秀员工啊！

如果指标无法量化，考核者和被考核者对最终结果的打分就会不一致。管理大师彼得·德鲁克认为"管理就是要可衡量，能量化的尽量量化"。没错，企业在进行绩效考核时一定要以量化指标为主，能量化的尽量量化，如果想让大家对考核指标没有歧义，就一定要做到"不能量化的就不要考核，只要考核的指标就尽量做到量化"。其实，任何指标都是可以量化的，当然，为了量化我们可能需要舍弃一些东西。

/ **第1章** 绩效管理的基本理念 /

总结：

- 绩效考核必须提前定规则。
- 绩效管理的目的不是扣工资，表现为扣工资的绩效管理都是错误的。

思　　考

1. 绩效管理的目的是什么？

2. 企业在进行绩效管理时常犯哪些错误？

第 2 章

绩效指标的提取（上）

2.1 绩效指标提取的 5 个步骤

2.2 平衡计分卡与战略地图

2.1 绩效指标提取的 5 个步骤

有一个叫儿玉泰介的马拉松选手,以前默默无名。有一次他参加马拉松比赛得了冠军,并且从那以后只要他参加马拉松比赛,他就永远是冠军。大家都很奇怪他为什么总能得冠军,许多人好奇地去问他成功的秘诀,但他一直不说。直到退役以后,他写了一本回忆录,在回忆录里才把这个秘密公开了。

儿玉泰介说,我第一次参加马拉松比赛,没有跑完全程,很丢人。因为我一直有一个梦想,就是要拿冠军,所以开始跑的时候我就一直把终点当成我此次比赛的目标,但跑到一半路程的时候,我却非常疲劳,我就想,累成这个样子,才跑了一半的距离,看来再怎么努力也不可能跑到终点了,于是就放弃了这次比赛。回来后,我仔细分析原因,主要是目标太远了,不可能一下子达成。

后来儿玉泰介就有了现在的经验,再参加比赛的时候,他会提前开车循着比赛路线转一圈,找一下中间的标志性建筑。例如,大约在 4 公里的地方有一个教堂,就标记 4 公里教堂,在 10 公里的地方有一个商场,就标记 10 公里商场,在 15 公里的地方有一棵大树,就标记 15 公里大树……这样,他把整个比赛的路线分解成若干个小的目标,提前把时间平分到每公里,保证每公里的用时是一致的。

比赛时,当他到达第一个小目标的时候,他会看一下实际用时和计划用时的差异。如果他计划用时 10 分钟,结果实际用时 10 分 15 秒,说明跑得慢了,在接下来的阶段他会稍微快一点,把失去的时间赶回来。如果他实际用时 9 分 50 秒,说明跑得快了,在接下来的阶段他会根据自己身体的状况进行调整。

第 2 章　绩效指标的提取（上）

如果身体状况允许，他会继续按照既定速度执行，如果身体不允许，就可以稍微慢一点。所以，他成功的秘诀就是把一个大的目标分解成若干个小的目标，并且每完成一个小目标就要检验一下，看看是否按照计划在执行。

前中国首富王健林也曾说过类似的话：先制定一个小目标，赚他一个亿再说。许多人调侃说，他的小目标都是一个亿，可见我们之间的差距。其实王健林说的也是目标分解的问题，王健林的原话是这样说的："如果你想当首富，首先你得先制定一个小目标，赚他一个亿再说。"这么看，这句话就没毛病，因为你的目标是首富，首富的小目标真得先赚一个亿啊！

管理大师彼得·德鲁克在《管理的实践》一书中也这么说："当管理者确定了组织目标后，必须对其进行有效分解，转变成各个部门以及个人的分目标。"

绩效指标的提取大概有五个步骤：

第一步，制定目标。企业首先应该根据企业的战略制定企业的长期目标，作为企业努力的方向。一家企业只有确立明确的战略目标才能成功，否则都是撞大运。所有成功的企业，都有明确的企业目标，会根据企业目标制定企业战略，并且把战略和目标进行分解。

第二步，目标分解。有了企业目标以后，还需要把企业的长期目标分解成短期目标，并把目标分解到每个部门、分解到每个人身上，只有这样才能保证目标的达成。所以目标分解有两次：第一次是时间纵向维度的分解，就是把长期目标分解到年，把年的目标分解到月，把月的目标分解到天；第二次是部门横向维度的分解，就是把企业的目标分解到部门，把部门的目标分解到员工。

第三步，制定计划。根据企业目标制定企业的行动计划、部门的行动计划、每一个员工的行动计划。目标只有分解成计划，才能得到有效地实施，否则目标就是务虚的、就是口号，很难落地。

第四步，制定预算。根据计划制定企业的预算。要想实现计划，就必须有相关的资源来支撑，这些就是预算。目标和计划制定得再好，预算达不到也不可能实现，所以预算必须到位，如果预算问题不能解决，就必须调整企业的目标或者计划。

第五步，提取指标。根据计划和预算提取绩效指标。绩效考核更多的是过程监控，在计划执行的过程中监控目标的实现。所以绩效考核指标主要是根据分解后的计划和预算提取，计划是什么，就考核什么指标，指标完成了，计划自然就达成了，计划达成了，目标自然也就实现了。

2.2 平衡计分卡与战略地图

2.2.1 平衡计分卡简析

平衡计分卡这个经典的工具来自于罗伯特·卡普兰和大卫·诺顿，这里只简单地给大家作一个描述，如果希望了解更多有关平衡计分卡的理论和知识，建议阅读罗伯特·卡普兰和大卫·诺顿的经典著作《平衡计分卡：化战略为行动》和《战略地图：化无形资产为有形成果》。这两位大师的著作在我国一共出版了5本，这些著作都是经典，建议大家有时间可以一本一本慢慢研究，但一开始能看懂这两本就足够了。

平衡计分卡和战略地图有多么经典呢？一起来看一个数据：全球500强企业中，至少有70%的企业使用了平衡计分卡。

平衡计分卡和战略地图是从4个维度来描述企业战略的，这4个维度分别是财务维度、客户维度、内部运营维度和学习成长维度。

1. 财务维度

首先，企业要有良好的发展，企业的战略一定要从财务维度来思考问题。也就是说从财务指标来看，企业要求的是什么？是最大的销售收入，更多的利润，还是更低的成本？有些人可能会说，这些都是企业所需要的，任何指标企业都想要。但你要知道，企业的资源和能力是有限的，如资金、时间、人才等，这些都是有限的，这些有限的资源和能力决定了企业不可能面面俱到，什么都做好,所以在一定时间内只要做好其中的一项或者两项就可以了。

在财务层面应该选择企业最擅长的、战略性的要求去实现,如果现在追求的是与竞争对手相比的市场份额,这时候就应该侧重市场收入,而不是利润和成本;如果现在追求的是企业的盈利能力,这时候在财务层面追求的就是利润;如果企业的战略是低成本战略,那我们在财务层面追求的就是成本……

2. 客户维度

不同的战略决定不同的方向,不同的方向决定不同的绩效考核,反映在员工的薪酬体系设计中也会有不同的要求。如果企业追求的是销售额,在业务人员的绩效指标或者提成计算中,就应该以销售额为提取基数;如果企业追求的是利润,在业务人员的绩效指标或者提成计算中,就应该以利润为提取基数。如果以销售额为提成的计算基数,业务人员就会努力促成业务,尽量多签合同,如果以利润为提成的计算基数,业务人员内心就会有所取舍,对一些利润薄、投入大的合同就不会尽力。这样就可以达到以绩效引导员工的努力方向的目标。

财务层面的战略思考清楚以后,还要思考客户层面对企业有哪些需求。如果财务层面的战略是高利润、高价格策略,那么客户层面针对的就是高端客户;如果财务层面的战略是低成本策略,那么客户层面针对的可能就是中低端客户。高端客户的要求是高标准的服务、快速的响应速度以及高质量的产品,而中低端客户的要求是低廉的价格或者高性价比。两种客户的需求是迥然不同的,企业在客户层面考虑的问题以及提取的指标也是不同的。故而,企业应该学会对客户进行细分、对客户进行选择和定位。因为任何企业都不可能"讨好"所有的客户,所以必须做好对自己的定位。

我给一家销售不同品牌、不同车型的汽车销售企业的员工做培训时,发现他们的员工认为所有买车的人都是他们的客户。实际上不是这样的。买宝马的顾客和买捷达的顾客一般来说不是同一种人;即使同样是买宝马的人,买7系和3系的,也有着明显的区别。

3. 内部运营维度

那么要达到客户的要求，企业在运营层面需要思考什么问题呢？如果定位的是高端客户，在运营层面企业需要考虑的是如何设计、生产高质量的产品，如何保证快速的响应速度，如何提供高质量的服务；如果定位的是低端客户，在运营层面企业需要考虑的就是如何降低产品的成本，比如可能只需提供一般质量、大众化的产品，而不提供定制服务，在服务终端也尽量少提供增值服务等。

4. 学习成长维度

为了保持良好竞争优势的持续性，在企业层面要让这种竞争优势保持下去，就需要学习与成长。对于不同的战略定位，企业采取的策略一定也是不同的，如果定位的是高端客户，在员工层面就要获得高质量的员工，在薪酬策略上就应该采取领先策略，定位高分位；如果定位的是低端客户，在员工层面就要获得性价比高的员工，甚至是价格低廉的员工，在薪酬策略上应该采取跟随策略甚至是落后策略。

平衡计分卡的四个维度保持了四个层面的平衡：长期指标和短期指标的平衡，财务指标和非财务指标的平衡，内部指标和外部指标的平衡，滞后指标和领先指标的平衡。在四个层面的指标中，学习与成长指标属于长期指标，其他三个指标是短期指标，财务层面的指标是财务指标，除了财务之外的其他三个指标是非财务的指标，客户层面的指标是外部指标，其他三个层面的指标是内部指标。

前三个层面的平衡都比较容易理解，但理解第四个层面的指标就稍微有些难度，也就是滞后指标和领先指标的平衡。在四个层面的指标中，只有财务指标是滞后指标，其他三个层面的指标都是领先指标，也就是说只有其他三个层面的指标完成以后，财务指标才能有所体现。换句话说，财务指标取决于其他三个层面的绩效指标的好坏，其他三个层面的绩效指标表现好，财务指标一般情况下表现会好；其他三个层面的绩效指标有问题，财务指标大概率也不会有好的表现。

2.2.2　企业级的平衡计分卡

企业级的平衡计分卡是指在企业层面制定的平衡计分卡。一般我们使用的平衡计分卡大多是在企业层面制定的，因为从企业层面制定平衡计分卡可以完整地体现平衡计分卡的逻辑关系，四个维度的衔接比较紧密，一气呵成。一些人说平衡计分卡必须有四个维度，这种理解是狭隘的。罗伯特·卡普兰在《平衡计分卡：化战略为行动》一书里特意强调过：各个企业可以根据自己的特殊情况对平衡计分卡进行调整，可以多一两个维度，也可以少一两个维度，这些调整都是可以的。

企业级的平衡计分卡可以从企业的战略层面开始思考，首先思考股东要求我们做什么，然后思考我们怎样去服务客户，接着思考内部运营层面怎么满足客户的需求，最后通过学习和成长维度去实现各个层面的持续发展。

> **案例　　　　　　美孚石油的平衡计分卡**

美孚石油想用平衡计分卡的方式给自己的企业制定绩效考核体系，最终确定了两个发展方向，一个是企业收入的增长，另一个是通过降低成本来实现利润的增长。

1. 财务层面的指标

在企业收入的增长方面，可从两个方向突破：一个是油品的增长，另一个是非油品的增长。于是提取了相应的绩效考核指标，油品的增长指标考核销售量增幅与行业比较，以及高端产品销售量占比两个指标。至于选择高端产品销售量占比，而不是考核总的营业额的原因，主要跟企业的定位有关。非油品类的增长，主要考核非油品类收入和利润两个指标。在降低成本方面，确定了两个定位，一个是成为行业内成本领先的管理者，另一个是最大化利用现有资产，从中提取两个指标，分别考核成本和现金流。

2. 客户层面的指标

在制定客户层面指标的时候，首先要考虑企业的客户定位。通过调研发现，经常加油的客户可以分成五大类：行路型、忠实型、快速型、家庭主妇型以及价格敏感型。

行路型客户：经常在路上行驶，他们收入较高，用信用卡结账，常在便利店购买商品，对价格不敏感，每年行程为4~8万公里。

忠实型客户：主要是中高收入群体或者商务类客户，用信用卡或者充值卡结账，主要购买中高档汽油，顺便购买商品，对价格极度不敏感，对品牌有较高的忠诚度。

快速型客户：大多数为25岁以下的男性和女性，长时间在路上行驶。较依赖于便利店的食品。

家庭主妇型客户：她们白天需要接送孩子，更多的时候是在路边随意选一家加油站购买汽油。

价格敏感型客户：如出租车司机，一般对加油站和品牌没有忠诚度，更关注油品的价格，多消费中低档汽油。

前三类客户有许多共同特征：多消费中高档汽油，用信用卡或充值卡结账，经常购买商品，对价格不敏感，时间观念强，会提出额外的需求，如洗车等服务。这类客户主要开中高档汽车，以消费中高档汽油为主，所以要求加油站提供中高档汽油，且中高档汽油占比要高，不允许断货，并能满足客户最快的加油诉求。

客户多用信用卡或充值卡结账，所以每家加油站最少设置两台POS机，以保障客户能够快速结账。并在柜台前摆放充值卡优惠返现活动的介绍材料，每位顾客结账前收银员都可介绍一下优惠活动，通过促销充值卡的方式优化现金流。

由于这类客户对价格不敏感，所以汽油品类不需要打折。

这类客户经常会购买商品，所以根据客户的诉求，要准备充足的商品，

第 2 章 绩效指标的提取（上）

以满足消费者的购物偏好。为了保证客户良好的购物体验，要求便利店内提供友好的服务。

这类客户有洗车的偏好，有条件的加油站要尽量提供洗车服务。

这类客户还有赶时间的诉求，所以要提供自助加油系统，避免等待，加快购买速度。

为了提升这类客户的满意度，要求提供干净的卫生间以及满意的加油站外观。

根据以上要求，在客户层面主要考核两个指标：神秘客户评分、目标客户市场份额。

3. 运营层面的指标

为了提供更好的产品和服务，要求研发新的产品，考核指标为新产品占销售额的比例。为了给客户提供更好的服务，应定期对加油站的服务质量进行排名，并奖励排名靠前的加油站、惩戒排名靠后的加油站。为了降低成本，需考核库存量与销售量比例、订单处理准确度等指标，为了保证客户满意，需考核停机时间、断货率等指标。

4. 学习成长层面的指标

在学习成长层面，为了塑造良好的工作氛围，提升员工的能力和技艺，主要考核员工满意度指标，通过员工满意度指标来提升客户服务满意度；定期举办相应的培训和竞赛，通过培训、竞赛提升员工的能力和技艺水平。

美孚石油平衡计分卡的具体指标见表 2-1。

表 2-1　美孚石油平衡计分卡的具体指标

层　面	战　略　目　标	衡　量　指　标
财务层面	F_1：提升资本回报率 F_2：提升现有资产利用率 F_3：提升利润率 F_4：成为业内成本管理领先者 F_5：良性增长	资本回报率 现金流 行业内净利润排名 单位成本 销售量增幅与行业比较 高档汽油销售量占比 非汽油类产品收入和利润

续表

层　　面	战略目标	衡量指标
客户层面	C_1：持续为目标客户提供愉悦的消费体验 C_2：建立与经销商双赢的合作关系	目标客户市场份额 神秘客户评分 经销商利润增幅 经销商满意度
运营层面	I_1：促进产品和服务创新 I_2：打造最佳经销商团队 I_3：提升炼油水平 I_4：提升存货管理水平 I_5：成为行业内成本管理领先者 I_6：及时、按规格送货 I_7：加强环保、健康、安全管理	新产品的投资回报率 新产品的接受度 经销商服务质量排名 产量差额 停机时间 存货量 断货率 动态成本与竞争对手的比较 订单处理准确率 环境事故次数 因事故损失的工作日
学习成长层面	L_1：营造良好的工作氛围 L_2：提升战略性能力 L_3：及时掌握战略性信息	员工满意度 个人计分卡达标率 战略性能力准确度 战略性信息系统准确度

2.2.3　部门级的平衡计分卡

部门级的平衡计分卡就是在部门层面根据平衡计分卡的逻辑设计评价指标，当然对于财务、客户、运营和学习成长四个维度来说，部门级的平衡计分卡不一定能全部覆盖这四个维度，尤其是财务层面，既然企业层面的平衡计分卡可以增加或者减少一两个维度，那部门层面也是可以增加或者减少一两个维度的。对于某些职能部门，有些企业不考核财务层面的指标，那么直接去掉财务层面的指标，考核其他三个维度也是可以的。

对于职能部门来说，财务层面的指标不一定必须是财务数据方面的指标，也可以是企业对我们的要求，人力资源部门的财务层面的要求是人力资源效率和人力资源有效性，如果从这个角度思考问题，如何设计部门层面的平衡计分卡就豁然开朗了。

在客户层面，大多数部门都是有自己的客户的，对于职能部门来说，更多的是内部客户。确认哪些部门是哪些部门的内部客户的原则是，那些离终端客户较近的部门是离终端客户较远的部门的内部客户。一般业务部门是职能部门的内部客户，销售部门对于其他部门来说是内部客户，研发部门对于人力资源部门来说是内部客户，生产部门对于采购部门来说也是内部客户。从某种程度上也可以说，研发、生产、采购等部门是为销售部门服务的，人力资源、财务等部门是为其他业务部门服务的。

| 案例 | 人力资源部的平衡计分卡 |

人力资源部的平衡计分卡如图 2-1 所示。

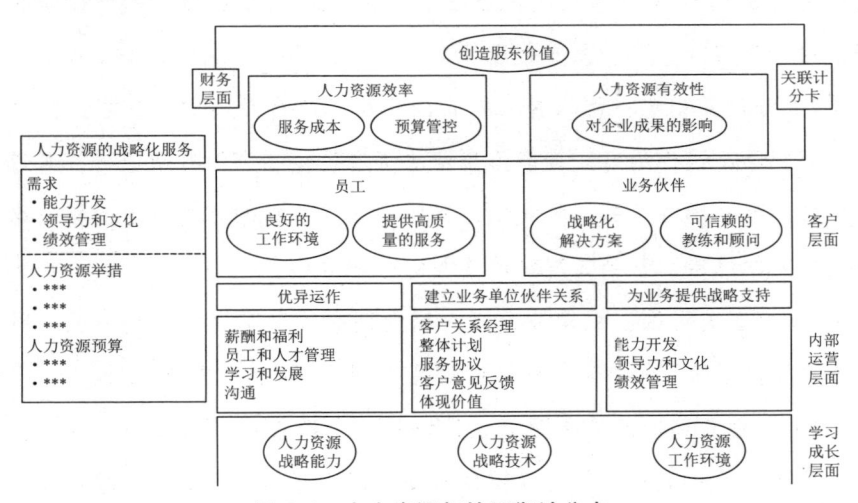

图 2-1　人力资源部的平衡计分卡

在财务层面，主要从人力资源效率和人力资源有效性两个方向思考问题。人力资源效率包括人力资源的服务成本和预算管控，人力资源有效性是指对企业成果的影响。

在客户层面，主要从为员工提供服务和成为其他部门的业务伙伴两个方向思考问题。为员工提供服务，不仅需要提供良好的工作环境，还需要提供高质量的服务。作为业务伙伴，不仅需要提供战略化解决方案，还需要人力资源部门成为可信赖的教练和顾问。从价值含量的角度看，成为其他部门的业务伙伴的职责的含金量要远远大于为员工提供服务的职责的含金量。

在内部运营层面，需要实现三个方面的运作：一是优异运作，既需要提供适当的薪酬和福利，帮助员工成长并实现人才管理，还需要随时与员工进行沟通；二是建立业务单位伙伴关系，并为其提供相关的服务，重视客户（员工和老板）的意见反馈，并体现出人力资源的价值；三是为业务提供战略支持，增强领导力，建立有效的企业文化，并做好相应的绩效管理。

在学习成长层面，需要实现三个方面的目标：人力资源战略能力的提升、人力资源战略技术提高以及人力资源工作环境的改善。

1. 为财务部门提取指标

为财务部门提取指标是许多企业很难处理的一件事情，一个称职的财务部门，除了日常的记账、制作报表等工作之外，还应该完成如下工作。

（1）分产品记账：记录并分析企业的每一个产品的财务信息，如收入、毛利、净利等，这样的好处是能为企业决策者提供相应的判断依据，知道哪种产品的利润高，哪种产品的利润低，哪种产品是亏损的。决策者能根据这些信息制定企业的战略、营销方案以及资源的分配策略。

（2）分客户记账：记录并分析一定周期中每个客户的盈利情况，以便未来对客户作出取舍。有些客户看似收入很高，但实际上可能是微利甚至亏损的。

（3）分销售部门或人员记账：记录每一个销售部门以及每一名销售人员的盈利情况（不一定考核），以便分析每个部门甚至每个员工的净业绩。

（4）分订单记账：必须知道每一个订单的真实盈利情况，对每一个订单都要进行详细地分析。并以此倒推前面三种的记账结果。

我在为山东德胜皮业做咨询的时候，就发现了这个问题。德胜皮业最大的客户是一家家居企业，这家企业每年都会从德胜皮业采购上亿元的产品。我在咨询的过程中发现，大家对这家家居企业的意见是很大的，因为他们采购的价格不是很高，但是对产品的要求却很高。于是，我习惯性地问了第一个问

第2章 绩效指标的提取（上）

题，我们每年从这家企业大约能挣多少钱？结果没有一个人能回答这个问题。于是我又问了第二个问题，我们为这个大客户服务是挣钱还是赔钱呢？依然没有人能回答这个问题。我从侧面了解到，皮革行业的龙头企业，每年的销售额大概是德胜皮业的五倍，但龙头企业与这家家居企业没有任何业务关系，因为他们知道从这种客户身上获取的利润很薄，供应商其实是得不偿失的。

一般情况下如果我们企业的绝大部分产品主要销往一家企业，而这家企业对我们所生产的这类产品的采购却来自许多厂家，这就说明我们与客户之间的关系不平等，我们处于被动的地位，对方处于强势主动的地位，所以我们与对方的谈判也很难有话语权。这种大企业的策略一般是，让这种劣势企业不至于倒闭，但也不会有很高的利润。这就是德胜皮业当时面临的窘况。

我们必须知道每年从这家企业盈利的真实情况，才能作出正确的决策。

所以，我对财务提出了以上四项工作，即分产品记账、分客户记账、分销售部门或人员记账和分订单记账，要求从新的考核周期起，必须做到上述的四种分类记账，厘清财务数据，明晰盈利状况。

2. 部门绩效和部门经理绩效的区别

一般情况下，我们认为部门绩效就是部门经理的绩效，而部门经理的绩效也就是部门的绩效，因为部门经理对整个部门负责，所以二者应该是等同的。那么真相到底是什么呢，二者是一样还是不一样呢？

部门绩效的作用是什么？部门经理绩效的作用又是什么？部门绩效的作用是确定部门业绩的好坏，如果部门业绩好，部门内所有人都应该跟着受益；如果部门业绩不好，部门内所有人都应该跟着受影响。部门经理绩效的作用，主要是影响着部门经理的个人业绩，影响着部门经理绩效工资的多少、部门经理的晋升晋级。如果考虑部门经理的个人绩效工资，那么就应该考核部门经理的业绩绩效，部门经理的业绩绩效可以等同于部门的业绩绩效。如果考虑到部门经理的晋升晋级，除了考核部门经理的业绩绩效，还应该考核该部门经理的周边绩效，即态度和能力，而部门经理的态度和能力不能等同于部门的态度和能力，该部门经理态度的好坏、能力的高低，不能影响对该部门员工的考核。

所以，我们一般认为，部门经理的业绩绩效等于部门的业绩绩效，但对于部门经理来说，不能仅仅考核业绩绩效，还需要考核态度和能力；而对于部门来说，不能也不应该考核部门的态度和能力。

3. 员工级考核指标的提取

员工级的平衡计分卡也是罗伯特·卡普兰先生所提倡的，他提倡平衡计分卡最好落实到员工层面，为每一个员工都设计一个平衡计分卡，这样的平衡计分卡相对来说是比较全面的。

如果因企业的原因导致在员工层面很难应用平衡计分卡，也可以换一种考核方式，即关键任务法（也叫关键结果法），就是看员工考核周期的关键任务是哪些，就考核哪些指标。

如果招聘经理这个月的关键任务是在选定的学校内召开校园招聘会，我们考核的指标就提取出"完成指定院校的校园招聘会"；如果培训经理这个月的关键任务是完成平衡计分卡的培训工作，我们考核的指标就提取出"完成平衡计分卡的培训"。当然，如果想考核校园招聘会的质量，可以考核"收到的简历数"等指标；如果想考核平衡计分卡培训的质量，可以考核"培训满意度""参训人员考试成绩"等指标。

某员工的关键绩效考核表见表 2-2。

表 2-2　某员工的关键绩效考核表

单位	部门	考核者	被考核者	考核周期	考核者签字	被考核者签字及日期
	研发部					
重点工作		考核目标	评分标准	子权重	权重	评分	实际值
日常技术支持		腾邦系统技术支持（研发产品投诉率）	腾邦呼叫中心系统因技术问题出现故障，故障时间超过 30 分钟。若因我方技术原因造成故障，每小时扣 25 分	50%	25%		

第 2 章 绩效指标的提取（上）

续表

单位	部门	考核者	被考核者	考核周期	考核者签字	被考核者签字及日期
	研发部					
重点工作		考核目标	评分标准	子权重	权重	评分	实际值
日常技术支持		网赢后台技术支持（研发产品投诉率）	网赢后台因技术问题出现故障，故障时间超过30分钟。若因我方技术原因造成故障，每1小时扣25分	50%			
项目管理规范		项目质量	项目提供设计说明、使用和维护说明，缺少一项扣20分，优秀120分	50%	20%		
			项目源代码要及时上传到SVN服务器，且代码编写、注解符合《B06-C01编码规范》的规定，合格100分，优秀120分	50%			
招聘		面试求职者	认真做好招聘面试工作，每月面试超过5人得110分，超过9人得120分	100%	15%		
深航PROS接口		项目计划完成率	根据PROS接口开发计划，3月1日前完成以下功能，每缺少一项扣20%： （1）完成FDCP方式导入航班数据的功能； （2）完成分析PROS结果文件转换eterm指令功能； （3）完成导入PROS数据时，根据数据量分别生成多个文件的功能； （4）完善多个eterm配置多线程上载eterm指令的功能；	100%	40%		

续表

单位	部门	考核者	被考核者	考核周期	考核者签字	被考核者签字及日期
	研发部					
重点工作		考核目标	评分标准	子权重	权重	评分	实际值
			（5）完善数据转换准确性及日志完备性				
最终得分		0
结果确认	考核者	
	被考核者	

2.2.4 战略地图和平衡计分卡的关系

战略地图是罗伯特·卡普兰在平衡计分卡的基础上研发出来的，是用来描述企业战略的一种工具。平衡计分卡只是说明了可以从财务、客户、运营和学习成长四个维度来分解指标，但对这四者之间的逻辑关系说明得不够。而战略地图就详细地说明了这四个维度之间的逻辑关系，如何根据企业战略提取财务层面的指标，如何根据财务指标制定客户指标，如何根据财务指标和客户指标制定内部运营层面的指标，以及为了保持这种持续性的优势，如何制定学习成长层面的指标。所以平衡计分卡是绩效衡量的工具，而战略地图是战略描述的工具。

案例　　　　　　　　万科的战略地图

万科的战略地图如图2-2所示。

1. 财务层面

万科的战略目标是通过做大业务规模，提高盈利能力的方式实现股东价

第 2 章 绩效指标的提取（上）

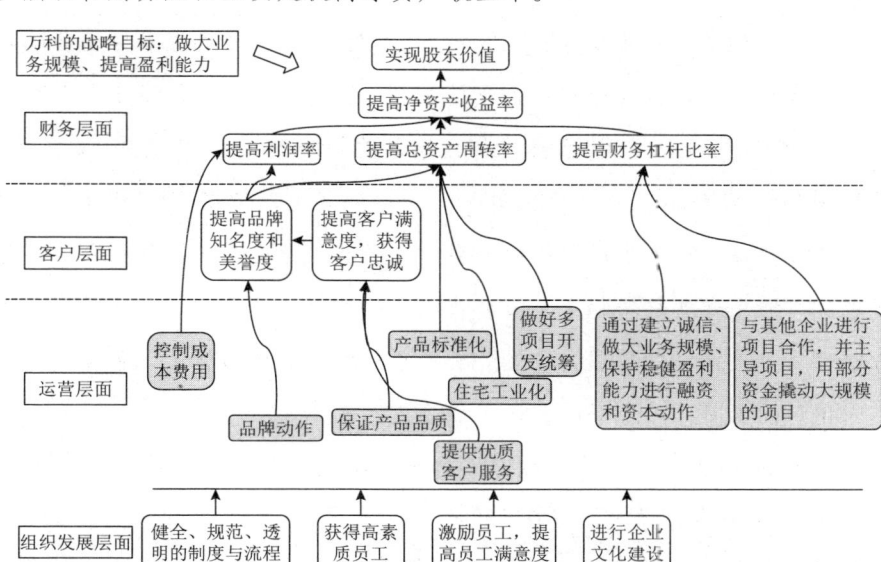

值。所以在财务层面主要是提高净资产收益率。

图 2-2 万科的战略地图

净资产收益率（return on equity，ROE）反映一个企业所有者权益所获报酬的水平，是衡量企业盈利能力的一个重要指标。净资产收益率的计算方法是税后净利润除以净资产。10% 的净资产收益率可以理解成 1 元钱的净资产能带来 1 角钱的收益。一家企业的净资产收益率越高，说明企业给股东创造的价值越多。企业的净资产收益率一般在 10% 以上，如果净资产收益率能达到 15% 以上，就是比较优秀的企业。如果净资产收益率能达到 30%，基本上就是企业中的"战斗机"。

2016—2020 年，万科的净资产收益率分别是 19.68%、22.8%、23.24%、22.47%、20.13%，相对比较稳健，也相当优秀。

通过杜邦分析，提高净资产收益率可以通过提高销售净利润率、提高总资产周转率、提高财务杠杆比率三种手段实现。提高销售净利润率就是用同样的投入挣更多的钱，说得再简单点，就是销售同样的产品，要想挣得更多，要么提高价格，要么降低成本。净资产收益率高的典型行业是高端白酒、医药、奢侈品。

销售净利润率又称销售净利率，是净利润占销售收入的百分比，用以衡量企业在一定时期的销售收入获取的能力。计算方法是净利润除以销售收入。对于销售净利率可以这样理解：企业投入1元钱的销售收入能带来的净利润有多少。经营中往往可以发现，企业在扩大销售的同时，由于销售费用、财务费用、管理费用的大幅增加，企业净利润并不一定会同比例地增长，甚至会呈现一定的负增长。盲目扩大生产和销售的规模未必会为企业带来正的收益。因此，分析者应关注在企业每增加1元钱销售收入的同时，净利润的增减程度，由此来考察销售收入增长的效益。通过分析销售净利率的增减变化，可以促使企业在扩大销售的同时，改进经营管理，提高盈利水平。

由于有品牌溢价，所以万科的产品利润率比一般的企业要高一些，毛利率一般在35%左右，净利润率在15%左右。

要提高总资产周转率，就得让总资产周转的次数更多、周转速度更快，所以需要快速的运营能力和销售能力，如沃尔玛就是通过薄利多销实现快速周转的。

总资产周转率是企业在一定时期内销售收入净额与平均资产总额之比，衡量的是总资产规模与销售水平之间配比情况的指标，是考察企业运营能力的一项重要指标。总资产周转率等于销售收入除以平均资产总额。通过该项指标的对比分析，可以反映企业本年度以及以前年度总资产的运营效率和变化，发现企业与同类企业在资产利用上的差距，促进企业挖掘潜力、积极创收、提高产品市场占有率、提高资产利用效率。一般情况下，该项指标的数值越高，就表明企业的总资产周转速度越快，销售能力越强，资产利用效率越高。

万科属于快速周转的企业，总资产周转率在0.23次，或者说大约5年的时间企业的总资产就能周转一次。

提高财务杠杆比率就是用同样的钱来运作更大的盘子，也就是要以增加负债的方式来运作，当然要负债就需要资产足够多、信用足够好，最好还是无息负债。财务杠杆比率较高的典型行业是房地产和金融。

杠杆比率也叫权益乘数，是指资产总额相当于股东权益的倍数，权益乘

第 2 章 绩效指标的提取（上）

数反映了企业财务杠杆的大小，权益乘数越大，说明股东投入的资本在资产中所占的比重越小，财务杠杆越大。权益乘数等于总资产除以股东权益，权益乘数越大，表明所有者投入企业的资本占全部资产的比重越小，企业负债的程度越高；反之，权益乘数越小，就表明所有者投入企业的资本占全部资产的比重越大，企业的负债程度越低，债权人权益受保护的程度越高。

权益乘数较大，表明企业负债较多，一般会导致企业财务杠杆率较高，财务风险较大；反之，权益乘数较小的话，表明股东投入到企业中的资本是非常高的，占全部资产的比重也是比较大的，这种情况下，企业的负债程度一般较低，债权人的权益比较容易受到保护，但是股东的报酬率相对降低。所以，在企业管理中就必须寻求一个最优资本结构，从而实现企业价值最大化。

万科属于高杠杆运作的企业，五年的杠杆比率一般在五六倍之间。也就是说，万科是通过大幅提高负债率来提升净资产收益率的，所以风险较大，同时也对企业的风险管控能力提出了更高的要求。

相对于竞争对手来说，企业如果要做到高净利润率，就要求企业的产品有较强的竞争力、有较高的品牌溢价，最好是能做到垄断或者寡头垄断的程度。例如，飞天茅台酒的毛利率高达 91%，净利率高达 54%。再如，我曾服务的一家生产军工级电容的生产企业的毛利率高达 82%，净利率高达 50%。

高运转对企业的要求是快速周转、效率高。周转速度越快，对企业的运营管理能力要求就越高。

高杠杆模式对企业的要求是风险控制能力，对企业的上下游有强大的谈判优势，能够占用上下游资金，还要有强大的融资能力和较低的融资成本。

综合来看，万科作为房地产的龙头企业，在提高销售净利润率、提高总资产周转率、提高财务杠杆比率三方面做得都比较好。

2. 客户层面与运营层面

要提高销售净利润率的一种方式是，将同样的产品卖出更高的价格。但消费者也不是傻子，购买同样的产品，凭什么要多花钱买？所以我们需要进行品牌运作，提高品牌知名度和美誉度，提升品牌溢价。提升了品牌知名度和美誉度，相应就能提升客户的满意度，获得客户忠诚，而要做到这一点，就需要保证产品品质，并为客户提供优异的服务。当然要提高销售净利润率的另一种方式是，降低成本和费用。所以在提高销售净利润率方面，万科是通过提升品牌溢价和降低成本费用两种方式来实现的。

要提高总资产的周转率，最有效的方式就是让产品标准化。制造业的产品标准化程度比较高，许多企业也受益于制造业的标准化，但房地产企业如何做到产品标准化呢？万科通过多年摸索，终于做到了产品标准化、流程标准化、合约标准化、操作规范标准化以及工作成果标准化，不仅降低了作业成本，还提升了工作效率，可谓一举两得。与产品标准化相配套的是住宅工业化，保证效率的提高。万科在提高总资产周转率方面的另一个措施是做好多项目的开发统筹，通过优化开发统筹工作保障资源利用的最大化。

要提高财务杠杆比例，首先得是大企业，现在国内的银行都比较相信大企业，愿意给大企业提供贷款，小企业要贷款则比较困难，既然如此，企业做大资产规模就很有必要了。要想获得充足的贷款还需要诚信和稳健经营，这也是万科在运营过程中的关键指标。除了从银行获得贷款之外，其他方式的融资包括资本运作也是万科的选择之一。

自身的资源毕竟有限，于是万科也尝试用其他的方式，例如与其他企业合作。万科拥有的优势是品牌、管理、运营体系，其他企业尤其是中小企业由于缺乏品牌优势、缺少管理优势、没有良好的运营体系，如果能拿到土地或者有资金，最好的选择是与万科合作，以项目企业的方式发挥自身优势，从而实现利润的最大化。

3. 学习成长层面（组织发展层面）

为了保障企业长期稳定的优势，在内部学习成长层面，首先需要制定健全、规范、透明的制度与流程；其次需要拥有高素质的员工；再次需要有较高的员工满意度；最后还需要进行相应的企业文化建设。万科就是通过这四个方面的学习与成长，来保证企业战略目标的顺利实现。

我们知道，万科的企业文化较好，员工能力素质较高，但员工的收入却不是行业中最高的（全面薪酬高）。正是由于万科的产品力强，运营效率高，尤其是企业风控好，经验稳健，以至于万科在房地产业面临巨大危机的环境下，依然能做到稳健经营，龙头不倒。

案例　　　胜利国际集团的战略地图

胜利国际集团是一家以房地产和家具贸易为主营业务的房地产企业，集团负责企业的战略管理及企业运营，其下有四家子公司：

（1）房地产子公司，主要负责房地产业务的运营。

（2）家具博览城，主要负责商业地产项目的运营，该商业地产的主营业务是家具的生产与贸易。

（3）家具贸易，主要负责家具的贴牌生产及家具贸易。

（4）物业管理子公司，主要负责企业地产项目的物业管理。

集团以及下属四家子公司的定位和业务完全不同，所以我们必须对集团以及四家子公司进行战略的描述，于是就有了五个战略地图，如图2-3~图2-7所示。

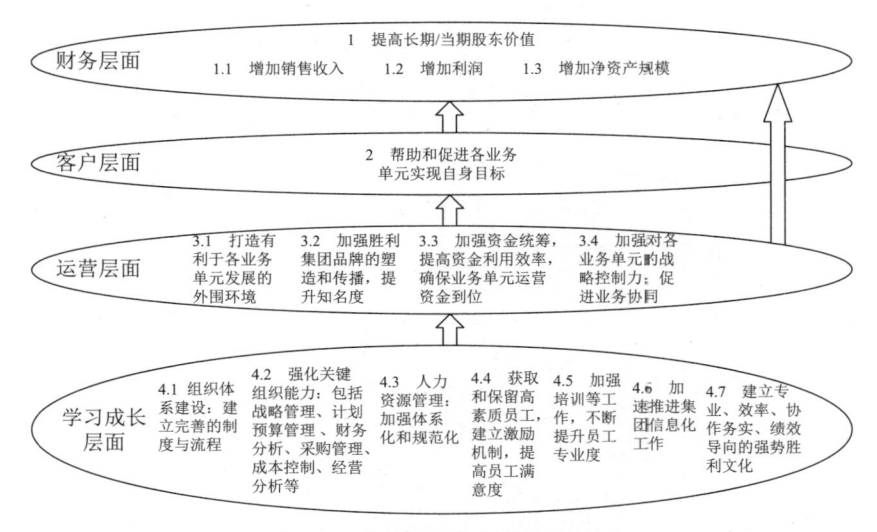

财务层面
1 提高长期/当期股东价值
1.1 增加销售收入　1.2 增加利润　1.3 增加净资产规模

客户层面
2 帮助和促进各业务单元实现自身目标

运营层面
3.1 打造有利于各业务单元发展的外围环境　3.2 加强胜利集团品牌的塑造和传播，提升知名度　3.3 加强资金统筹，提高资金利用效率，确保业务单元运营资金到位　3.4 加强对各业务单元的战略控制力，促进业务协同

学习成长层面
4.1 组织体系建设：建立完善的制度与流程　4.2 强化关键组织能力：包括战略管理、计划预算管理、财务分析、采购管理、成本控制、经营分析等　4.3 人力资源管理：加强体系化和规范化　4.4 获取和保留高素质员工，建立激励机制，提高员工满意度　4.5 加强培训等工作，不断提升员工专业度　4.6 加速推进集团信息化工作　4.7 建立专业、效率、协作务实、绩效导向的强势胜利文化

图2-3　胜利国际集团的战略地图

图 2-4 房地产子公司的战略地图

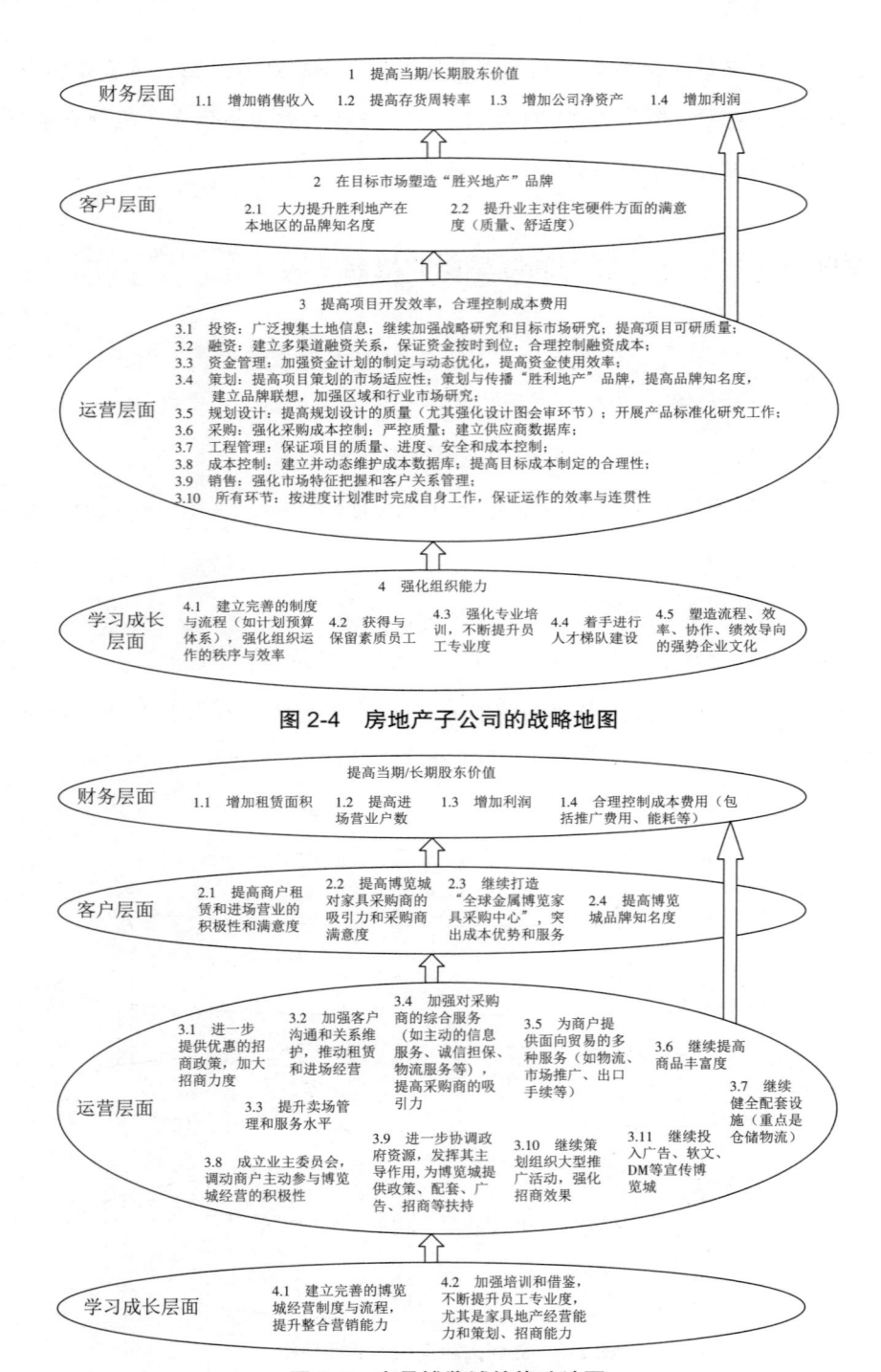

财务层面
1 提高当期/长期股东价值
1.1 增加销售收入　1.2 提高存货周转率　1.3 增加公司净资产　1.4 增加利润

客户层面
2 在目标市场塑造"胜兴地产"品牌
2.1 大力提升胜利地产在本地区的品牌知名度
2.2 提升业主对住宅硬件方面的满意度（质量、舒适度）

运营层面
3 提高项目开发效率，合理控制成本费用
3.1 投资：广泛搜集土地信息；继续加强战略研究和目标市场研究；提高项目可研质量；
3.2 融资：建立多渠道融资关系，保证资金按时到位；合理控制融资成本；
3.3 资金管理：加强资金计划的制定与动态优化，提高资金使用效率；
3.4 策划：提高项目策划的市场适应性；策划与传播"胜利地产"品牌，提高品牌知名度，建立品牌联想，加强区域和行业市场研究；
3.5 规划设计：提高规划设计的质量（尤其强化设计图会审环节）；开展产品标准化研究工作；
3.6 采购：强化采购成本控制；严控质量；建立供应商数据库；
3.7 工程管理：保证项目的质量、进度、安全和成本控制；
3.8 成本控制：建立并动态维护成本数据库；提高目标成本制定的合理性；
3.9 销售：强化市场特征把握和客户关系管理；
3.10 所有环节：按进度计划准时完成自身工作，保证运作的效率与连贯性

学习成长层面
4 强化组织能力
4.1 建立完善的制度与流程（如计划预算体系），强化组织运作的秩序与效率
4.2 获得与保留素质员工
4.3 强化专业培训，不断提升员工专业度
4.4 着手进行人才梯队建设
4.5 塑造流程、效率、协作、绩效导向的强势企业文化

图 2-4　房地产子公司的战略地图

图 2-5 家具博览城的战略地图

财务层面
提高当期/长期股东价值
1.1 增加租赁面积　1.2 提高进场营业户数　1.3 增加利润　1.4 合理控制成本费用（包括推广费用、能耗等）

客户层面
2.1 提高商户租赁和进场营业的积极性和满意度
2.2 提高博览城对家具采购商的吸引力和采购商满意度
2.3 继续打造"全球金属博览家具采购中心"，突出成本优势和服务
2.4 提高博览城品牌知名度

运营层面
3.1 进一步提供优惠的招商政策，加大招商力度
3.2 加强客户沟通和关系维护，推动租赁和进场经营
3.3 提升卖场管理和服务水平
3.4 加强对采购商的综合服务（如主动的信息服务、诚信担保、物流服务等），提高采购商的吸引力
3.5 为商户提供面向贸易的多种服务（如物流、市场推广、出口手续等）
3.6 继续提高商品丰富度
3.7 继续健全配套设施（重点是仓储物流）
3.8 成立业主委员会，调动商户主动参与博览城经营的积极性
3.9 进一步协调政府资源，发挥其主导作用，为博览城提供政策、配套、广告、招商等扶持
3.10 继续策划组织大型推广活动，强化招商效果
3.11 继续投入广告、软文、DM等宣传博览城

学习成长层面
4.1 建立完善的博览城经营制度与流程，提升整合营销能力
4.2 加强培训和借鉴，不断提升员工专业度，尤其是家具地产经营能力和策划、招商能力

图 2-5　家具博览城的战略地图

第2章 绩效指标的提取（上）

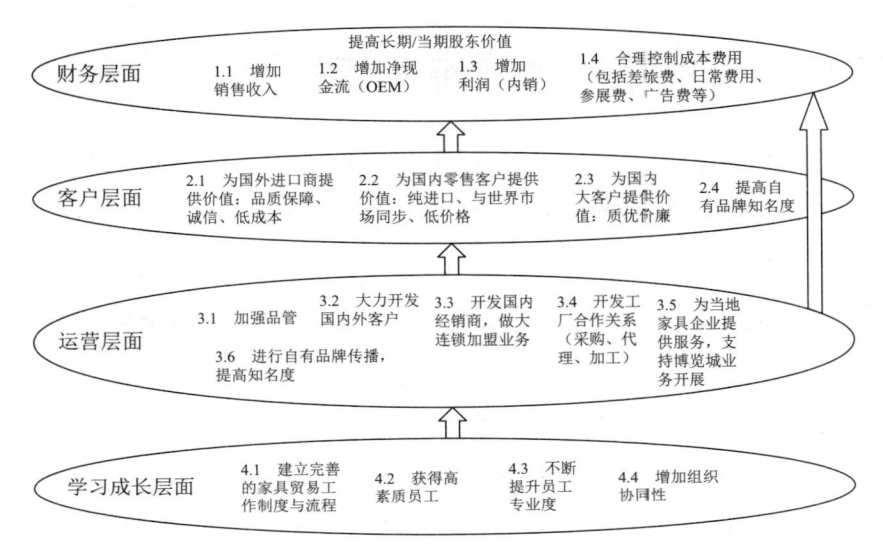

财务层面
提高长期/当期股东价值
- 1.1 增加销售收入
- 1.2 增加净现金流（OEM）
- 1.3 增加利润（内销）
- 1.4 合理控制成本费用（包括差旅费、日常费用、参展费、广告费等）

客户层面
- 2.1 为国外进口商提供价值：品质保障、诚信、低成本
- 2.2 为国内零售客户提供价值：纯进口、与世界市场同步、低价格
- 2.3 为国为大客户提供价值：质优价廉
- 2.4 提高自有品牌知名度

运营层面
- 3.1 加强品管
- 3.2 大力开发国内外客户
- 3.3 开发国内经销商，做大连锁加盟业务
- 3.4 开发工厂合作关系（采购、代理、加工）
- 3.5 为当地家具企业提供服务，支持博览城业务开展
- 3.6 进行自有品牌传播，提高知名度

学习成长层面
- 4.1 建立完善的家具贸易工作制度与流程
- 4.2 获得高素质员工
- 4.3 不断提升员工专业度
- 4.4 增加组织协同性

注：家具贸易业务的三种形式为出口OEM+自有品牌、进口产品代理开专卖店+发展连锁加盟、国内大客户招投标（家具从客户所在地采购）。

图2-6 家具贸易的战略地图

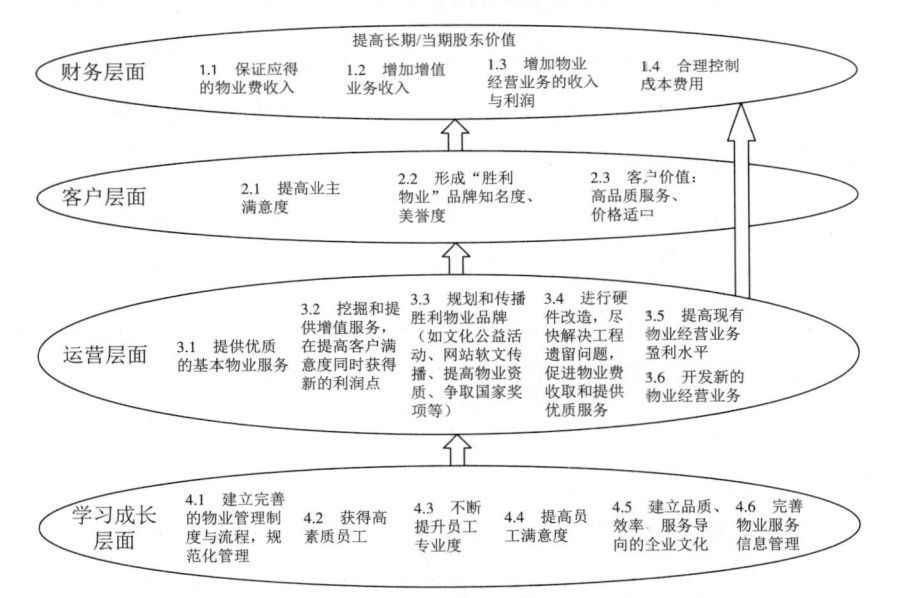

财务层面
提高长期/当期股东价值
- 1.1 保证应得的物业费收入
- 1.2 增加增值业务收入
- 1.3 增加物业经营业务的收入与利润
- 1.4 合理控制成本费用

客户层面
- 2.1 提高业主满意度
- 2.2 形成"胜利物业"品牌知名度、美誉度
- 2.3 客户价值：高品质服务、价格适口

运营层面
- 3.1 提供优质的基本物业服务
- 3.2 挖掘和提供增值服务，在提高客户满意度同时获得新的利润点
- 3.3 规划和传播胜利物业品牌（如文化公益活动、网站软文传播、提高物业资质、争取国家奖项等）
- 3.4 进行硬件改造，尽快解决工程遗留问题，促进物业费收取和提供优质服务
- 3.5 提高现有物业经营业务盈利水平
- 3.6 开发新的物业经营业务

学习成长层面
- 4.1 建立完善的物业管理制度与流程，规范化管理
- 4.2 获得高素质员工
- 4.3 不断提升员工专业度
- 4.4 提高员工满意度
- 4.5 建立品质、效率、服务导向的企业文化
- 4.6 完善物业服务信息管理

图2-7 物业管理子公司的战略地图

案例　　　　　　　　个人的战略地图

战略地图不仅可以用到企业层面，还可以用到部门层面，甚至个人层面。

记得那是2015年北京的第一场雪，我一个人踏着泥泞的人行道，推开了肯德基的店门。在北京生活过的人都知道，北京冬天下第一场雪的时候，大多地面温度较高，走的人一多，地上的雪混合着泥就成了黑乎乎的泥浆。人走过以后，鞋底上就会黏上一层厚厚的泥浆。为避免顾客脚上的黑色泥浆把地面弄脏，肯德基就在店门口铺了一层硬纸板。

吃完饭以后，我一抬头就发现店门口湿漉漉的硬纸板上有一个被人踩出来的图案，很像一幅不规则的地图。我突然灵机一动："我经常给企业画战略地图，为什么不用战略地图也给自己做一个规划呢？"我当时没有带背包，也没有带纸笔，就临时跟肯德基的一位经理要了一张纸和一支笔。肯德基店里好像也很少准备纸笔，那位经理在办公室里帮我找到了一支铅笔，然后又从柜台上拿了一张垫餐盘的纸。我把吃剩的残渣倒入垃圾桶后，就在餐盘纸的背面用铅笔描绘了我个人的战略地图。

首先是财务层面，我对财务层面的理解只有一个，就是要提高收入，也就是我一直讲的收入增长战略。收入等于单价乘以时间，所以要想提高收入有两个方法，一个是提高单价，另一个是增加工作时间。没错，你真没看错，我确定是增加工作时间，因为当时讲课和咨询还没有现在这么忙，没有忙到365天团团转的地步，所以是可以增加工作时间的（2017年以后我的时间就不可能再增加了）。

其次是客户层面，为了更好地给自己规划，我仔细分析了我的客户。具体来说，我的客户主要是两种人，一类是企业老板，另一类是企业的HR。这两类客户的需求是不同的：企业老板之所以要学习薪酬和绩效，主要的目的是想把学到的知识应用到企业中去，使企业的薪酬和绩效管理体系更加完善。HR学习薪酬和绩效的目的有两个，一个目的是跟企业老板一样（企业老板让

第2章 绩效指标的提取（上）

HR 设计企业的薪酬绩效体系，HR 不会，所以想学会后回企业应用）；另一个目的是想提升自己的能力。

我为这两类客户开发的课程以及提供的产品是有区别的。对 HR 来说，我的目的是教会他们设计薪酬绩效体系；对于老板来说，我应该帮助老板设计能够落地的薪酬绩效体系，并帮助他们培养相应的管理人员。但总体来说，客户层面的核心要求是客户满意，毕竟像我这个职业，要想发展得好，必须靠口碑相传，口碑不好怎么混得下去呢？

接着是运营层面，这也是个人（或企业）规划中最关键的地方。在运营层面我主要考虑以下几个方面。

1. 产品

好的产品是成功的关键，就像前面分析的，我这个职业必须靠口碑相传，要想口碑好，产品必须好，价格倒是其次。所以我的策略是打造精品，保证客户满意度。由于老板和 HR 的诉求不同，能力和认知也不同，所以必须对二者研发不同的产品。

在产品的形式上，除了实操的训练营之外，结合 HR 能力提升的需求，我计划在未来合适的时机开展如何做咨询的新授课内容，包括如何做咨询和跟我一起为企业做咨询；针对企业的落地需求，我必须坚持到企业内部做出落地咨询的方案。

这样，薪酬训练营、绩效训练营、管理咨询课堂演练、企业现场学习管理咨询、薪酬绩效版权课程、为企业做咨询，一整套完整的产品体系就应运而生。这套产品体系还有一个好处，就是通过培训提升个人的知名度和认同度，增加后续产品尤其是咨询产品的成功概率，而通过咨询产品的落地，反过来又能丰富培训产品的案例，这样就实现了产品的不断迭代升级，最终形成良性循环。

2. 营销

酒香也怕巷子深，何况我也不知道我家的酒到底香不香，所以必须进行产品的营销以提升个人的知名度。

尽管我一直没有从事过市场营销的工作，但我大学学的是市场营销专业，读MBA时也学过市场营销，之后给企业做咨询时也接触过市场营销，所以对于营销的工作我也是略知一二的。

首先，我建立了一个个人公众号，公众号名称是冯涛，在公众号里面我会发表一些与人力资源相关的文章，以提高个人的知名度。

其次，我制定了推广的方式，如果听众的数量达到一定程度，可以免费开展公益论坛，当然这个标准只在第一年有效，由于业务的快速发展，后来我就很少进行论坛交流了。第一年我跟智联招聘、58同城合作，在全国各地讲了十几场免费的公开课，每场公开课都有300~700人听课，初步达到了我想要的推广效果。

第三，我还建立了自己的销售渠道。为了进一步拓展我的知名度，我举办了一次的渠道会（也是至今我举办过的唯一一次渠道会）。为了吸引人来听课，我当时的条件是，只要到现场听课的人，都可以领取100元的现金。作为一个无名小卒的讲师，第一次办渠道会就来了100多人，毫无疑问金钱起了巨大的推动作用。

第四，出版书籍。我一共写了4本关于薪酬和绩效方面的书籍，在京东、当当等平台上全面发售，目前读者好评率为100%。

3. 保障

我刚出来讲课的时候，对讲师这个群体的认知度不够，曾把自己的讲义交给了一个合作不错的讲师（当时他的知名度比我高），但没想到他直接用我的讲义去讲课，一个字都不修改，只是把我的讲义的PPT的绿色调改成了蓝色调。这件事情对我的打击很大，从此以后，我学会了提前做预防，我把自己的核心课程都注册了版权，这样既保护了我的知识产权，也有利于我的核心学员听版权课程。

4. 团队

不管如何规划，企业的成功一定是一个团队的成功，而不是某一个人的成功。所以我计划打造一个团队，团队主要有两个职能，一个职能是销售推广，另一个职能是落地实施，所以严格来说应该是打造两个不同职能的团队。

第2章 绩效指标的提取（上）

其实，我的战略地图中最精彩的一面应该是学习成长层面。

为了快速地学习成长，我给自己的第一个规划就是要获得博士学位，并且这个博士必须系出名门。我当时给自己定位的读博院校是北京大学（毕竟MBA我是在光华管理学院读的，对北京大学有感情，所以排第一）、清华大学、中国人民大学劳动人事学院或者中国社会科学院四者之一，除此之外的基本上不考虑。当然这个也可以认为是运营层面，但我认为放到学习成长层面更贴切一些。值得欣慰的是，我如愿以偿进入了中国社会科学院读产业经济学博士，离我的目标更近了一步。

第二个规划是学习一些演讲技能类的课程，希望这类课程能显著提升我讲课的质量，于是到大理学习埃里克森学院玛丽莲·阿特金森老师的教练技术，后来因为工作繁忙，我只学了一半。

第三个规划是学习心理学方面的知识，毕竟薪酬绩效管理很大程度上是心理学的范畴。在本书中，您也能看到许多关于心理学方面的知识和案例。

第四个规划是要不断地读书，阅读各种人力资源相关的书籍以及自我修炼方面的书籍，尤其是历史、社会科学、人类发展史、哲学等书籍。我现在每年都要读50本以上的书籍。截至目前，我看过爱德·胡维兹的《高效演讲》、芭芭拉·明托的《金字塔原理》、罗伯特·卡普兰的《平衡计分卡：化战略为行动》和《战略地图：化无形资产为有形成果》、尤瓦尔·赫拉利的《人类简史》和《时间简史》等。国内的吴晓波、林毅夫、张维迎、吴军等人都是我的偶像，他们的书籍大多数我都看过，王石、董明珠等企业家的人物传记和书籍我也看过，还有毛泽东、邓小平等伟人的著作我也一一学习过，本书有一个案例就是根据《毛泽东选集》中的文章改编的。本书的最后，我会列出一些与个人修养和企业管理相关的书籍，供感兴趣的读者学习参考。

值得庆贺的是，经过两年多的时间，我根据战略地图制定的大多数规划已经实现或者正在实现。当然，我每年也会对自己的战略地图进行调整，在原有的基础上进行修修补补，但是大方向还是沿着2015年的那一张餐盘纸上的战略地图进行的。

总结：

- 平衡计分卡和战略地图适合所有的企业，也适合所有的部门和员工。
- 世界 500 强企业中有 70% 的企业都在使用平衡计分卡。

第 3 章

绩效指标的提取（下）

3.1 基于关键成功要素的提炼

3.2 基于战略自上而下的分解

3.3 基于岗位职责自下而上的提炼

3.4 基于流程的横向分割

3.5 过程指标还是结果指标

3.6 常用指标的详细描述

3.1 基于关键成功要素的提炼

麦当劳是全球最大的餐饮连锁企业，其定位是提供一种质量稳定、价格便宜并受人喜欢的方便性食品，所以要求环境整洁、价格便宜。要满足上述要求，必须具备以下五个方面的关键成功要素（critical success factors，CSF），然后根据关键成功要素提炼需要的关键业绩指标（key performance indicator，KPI）。

第一，店址要选在交通便利、居家密集的地方。

这个关键成功要素支撑的是方便。快餐店要成功，必须要有较高的客流量，并且交通要便利。根据这两个要求可以提取出以下三个指标：规定时间内确定店址、新店的市场份额、与预测对比的客流量。规定时间内确定店址的目的是追求效率，可以有效地保证我快速开店；新店的市场份额考核的是新店的质量，好的地址可以有效地增加企业业绩；与预测对比的客流量可以反映我们选址的准确程度。

第二，通过长期合作建立稳定可靠的原料基地，以保证餐厅可以有充足稳定的原料来源。

这个关键成功要素支撑的是价格便宜和质量稳定。根据这个关键成功要素，我们可以提取以下两个关键业绩指标：一个是每千份订单的不合格率，这个指标可用来考核原材料的质量，保证产品品质；另一个是一年以上供应商的流失率，这个指标可用来保障我们长期合作供应商的稳定性。一般来说，长期合作供应商有利于保障产品的稳定性，所以如果想保障企业产品的稳定，

第3章 绩效指标的提取（下）

就可以用这个指标来进行考核。

第三，在产品开发上，要不断地推出对顾客有吸引力的产品。

这个关键成功要素支撑的是人们的喜爱。我们经常会看到麦当劳定期或不定期地推出新产品，这些新产品一般会持续一个多月，并且许多产品都是短期推出，在促销期结束后就永远下架，不再上市了，这就是为了让顾客有新鲜感和危机感。我儿子只要看到广告里有新产品的推出，就会跟我提出去麦当劳的要求，其理由就是又推出新产品了。

根据这个关键成功要素可以提取出以下两个指标：一个是新产品所占份额，另一个是市场新趋势的调查次数。在制定新产品所占份额这个指标的时候，需要注意什么叫新产品？也就是推出多长时间的产品算新产品，是一年以内推出的，还是几个月以内推出的，新产品的销售份额越高说明我们推出的新产品越受欢迎，反之则说明推出的新产品顾客不喜欢。市场新趋势的调查次数对产品开发这个关键成功要素来说是一个过程指标，通过多次调研市场的新趋势总结出顾客的消费偏好，根据顾客的消费偏好有针对性地设计新产品，这样可以获得更高的成功率。所以我们根据关键成功要素提取的指标可以是结果指标，也可以是过程指标。

第四，通过拥有保证产品制作和客户服务的管理系统来控制质量（产品质量或者服务质量）。

连锁快餐店的产品质量至关重要，而产品的标准化又是连锁企业的重中之重，要想保证产品的标准化，就需要企业拥有标准化的管理系统（又一次提到了标准化）。

根据这个关键成功要素可以提取三个指标：审计不合格数量、顾客满意度排名、顾客投诉量。这三个指标可以认为是从不同角度来考核产品质量和客户服务的好坏。审计不合格的数量多，顾客的满意度低，顾客投诉量高，说明我们的管理肯定有漏洞，要么是产品质量有问题，要么客户服务不合格。如果想进一步拆分的话，可以把顾客满意度指标继续拆分成由于产品质量导致的顾客不满意、由服务质量导致的顾客不满意等指标，这样会更有指向性。

第五，通过选择满足企业要求的特邀经销商来保障服务品质。

餐饮企业服务的重要性毋庸赘述，要保证有良好的服务，就必须拥有优秀的员工，所以根据这个关键成功要素可以提取出两个结果指标：神秘顾客评分以及顾客投诉量，以及两个过程指标：员工满意度和员工流失率。神秘顾客评分的高低和顾客投诉量可以很好地评价经销商服务的好坏，神秘顾客评分越高、顾客投诉量越少，说明我们的服务也越好；反之，说明我们的服务还存在一定的问题。

而要做到服务好，就需要做到员工的满意度高、员工的流失率低。较低的员工流失率以及较高的员工满意度能有效地支撑企业得到良好的顾客满意度。反之，一个员工流失率高或者员工满意度低的企业，是不可能有良好的顾客满意度的。

关键成功要素和关键业绩指标见表 3-1。

表 3-1　关键成功要素和关键业绩指标

序号	关键成功要素	关键业绩指标
1	店址挑选：交通便利，居家密集	规定时间内确定店址； 新店的市场份额； 与预测对比的客流量
2	资源：通过长期合作建立稳定可靠的原料基地	每千份订单的不合格率； 一年以上供应商的流失率
3	产品开发：不断推出对顾客有吸引力的产品	新产品所占份额及收入情况； 市场新趋势的调查次数
4	质量控制：拥有保证产品制作和客户服务的管理系统	审计不合格数量； 顾客满意度排名； 顾客投诉量
5	服务：选择满足企业要求的特邀经销商（产品和服务）	员工满意度； 员工流失率； 神秘顾客评分； 顾客投诉量

从表 3-1 中可以看出，关键业绩指标的提取与关键成功要素的提炼是紧密相关的，不同的关键成功要素对应着不同的关键业绩指标，所以我们要先学会提炼关键成功要素，再学会提取关键业绩指标，而不是简单地一步到位。

/ 第3章 绩效指标的提取（下）/

3.2 基于战略自上而下的分解

我服务的一家企业当年的年度目标有两个：一个是要把销售额提升到20亿元，另一个是要通过减少废品数量的方式来降低废品率。这两个目标是企业层面的战略目标，如果不进行分解，就很难实现，所以我们应该把这个目标量化，并进行分解。

第一步，制定企业层面的KPI。

根据该企业的年度目标，首先提取企业层面的KPI。我们提取了三个企业层面的KPI：销售额20亿元、市场份额维持30%、废品次品率降低5%。

第三个KPI是根据第二个年度目标"通过减少废品数量的方式来降低废品率"来提炼的，相对好理解。前两个KPI"销售额20亿元""市场份额维持30%"则需要解释一下，有的企业只设定一个目标，如只考核销售额，或者只考核市场份额，也是可以的。但对于一个有进取心的企业来说，从销售额和市场份额两个方面的指标来考核，更加完整。

如果企业只设定销售额指标，可能会存在这样的一种情况：年底结算的时候，销售额指标完成了，假设完成了21亿元（去年完成了20亿元），超额完成5%，但如果完成指标的主要原因是行业发展超出了我们的预期，整个行业的增长率达到了10%，如果从市场占有率的角度考虑，企业的实际占有率还降低了。这样的结果，如果奖励企业管理层，好像也不太合理。

如果只考核市场份额，假设我们预定30%，但由于某种原因，例如行业整体下滑，尽管我们的市场占有率有所增加，但实际上今年的实际业绩比去年还降低了，甚至出现了亏损，这种情况是否应该奖励企业管理层呢？好像也值得商榷。所以在定指标时，这两个指标可以综合考虑。

第二步，把企业的KPI分解到部门。

假设企业一共有三个部门：销售部、生产部、人力资源部。销售部负责销售任务的完成，所以销售额20亿元、市场占有率30%肯定应该由销售部负责，这两个指标可以原封不动地放到销售部门。如果要想保持企业的长期优势，还可以考虑给销售部门增加一个指标——销售满意度80%，当然这个指标没有也是可以的。

生产部门在战略指标的分解上主要有三个职责：一是完成生产任务；二是提高质量，降低废品率；三是降低成本。对于任何一家企业，不可能要求其面面俱到，所以要根据企业的实际情况，找到企业的关键问题，也就是说，找到短期内见效快、效果好的改善方式。对于这家企业来说，其产品废品率高主要是原材料质量、加工流程和工艺三方面原因导致的，所以我们为生产部门提取了以下四个指标：

（1）采购缺陷率降低5%，从采购源头保证产品原材料合格。

（2）单板加工合格率95%，从制造流程上保证产品合格。

（3）废品次品率降低5%，这是一个结果指标。

（4）工艺改进，从工艺流程上保证产品合格。

从这里可以看出，在保证废品次品率这个指标上，我们是从三个过程指标和一个结果指标来保证KPI的完成的。

作为职能部门的人力资源部应该有哪些指标呢？第一个指标，保证人员的充足，所以制定了如下的KPI：销售人员及时满足率100%，这是支撑"销售额20亿元""市场份额维持30%"两个指标的；第二个指标，骨干员工流失率降低2%；第三个指标，在生产部推行QCC（quality control circle，品管圈）活动；第四个指标，生产人员技能合格率95%，这个指标支撑"单板加工合格率95%"。

第三步，把部门的指标分解到个人。

"销售人员及时满足率100%"这个指标与负责招聘的员工相关，所以这个指标可以直接分配给负责招聘的人员。"骨干员工流失率降低2%"这个指标既与负责招聘的人员有关系，又与员工的直接领导有关系，甚至跟培训人员也有一定关系，所以每个部门都可以制定相应的考核指标，招聘部门的指标是

第3章　绩效指标的提取（下）

"新招聘员工的适合性"，培训岗位的指标是"企业文化培训的覆盖率"等。

"在生产部推行QCC活动"分解到负责培训的岗位，可以分解成以下几个指标："全年进行3次QCC培训""在3月建立QCC活动领导小组""4月初在生产部推行全员QCC活动"等；"生产人员技能合格率95%"这一个指标分解到负责培训的岗位，可以分解出"3月底前开发出相关培训课程""4月开展针对性培训""培训覆盖率为95%""生产人员技能合格率为95%"，这是两个过程指标以及两个结果指标。

如此，通过企业指标到部门指标再到个人指标的形式，就把企业的指标分解到了每个部门，然后把部门的指标再分解到每一个人，做到每一个人身上都负责与自己职责相应的指标，且只考核与自己职责相关的指标。

从这里可以看出，一个企业层面的指标如果想分解到各个部门有以下三种方法：

第一种是某个指标只跟某一个部门相关，这样的指标处理起来最简单，直接把这个指标分配到这个部门就可以，20亿元的销售额直接分配到销售部门，其他部门不用分摊。

第二种是某个指标由几个部门来承担，这样的指标要根据各个部门的能力和资源进行合理分配，如果该企业下面直接管辖几个销售大区，这几个销售大区应该分解这20亿元的销售额，只要这几个销售大区所背的指标等于这20亿元就可以了。

第三种是某个指标尽管应该由某个部门或者某几个部门负责，但其他部门对这个指标有所支撑和支持，例如，"废品次品率降低5%"就是生产和人力两个部门相互作用的结果。实际上，大多数指标都属于这种指标，我们在设计指标的时候应该分清各自的作用。

分解后的企业指标体系见表3-2。

表 3-2　分解后的企业指标体系

企业指标	销售额 20亿元	市场占有率 30%	废品次品率降低 5%	其他
部门指标 / 销售部	销售额 20亿元	市场占有率 30%		客户满意度 80%
部门指标 / 生产部			采购缺陷率降低 5%；单板加工合格率为 95%；废品、次品数量减少 5%；工艺改进	
部门指标 / 人力资源部	销售人员及时满足率 100%	在生产部推行全员 QCC 活动	生产人员技能合格率为 95%	骨干员工流失率降低 2%
岗位指标 / 招聘	销售人员及时满足率 100%			新招聘员工的适合性
岗位指标 / 培训		全年进行 3 次 QCC 培训；在 3 月份建立 QCC 活动领导小组；4 月初在生产部推行全员 QCC 活动	3 月底前开发出相关培训课程；4 月份开展针对性培训；培训覆盖率为 95%；生产人员技能合格率为 95%	企业文化培训的覆盖率

3.3　基于岗位职责自下而上的提炼

除了来自部门绩效指标的分解之外，员工层面绩效指标的第二种来源，是基于岗位职责自下而下的提炼。毕竟，岗位说明书是企业员工工作的指引，岗位说明书规定了员工要做哪些任务，员工就会按照岗位说明书上面的要求去完成。具体来说，就是根据岗位说明书上的岗位职责一条条地梳理，看清岗位说明书上的要求，提取出相应的指标。

第3章 绩效指标的提取（下）

举一个例子，人力资源经理的职责在岗位说明书上写的是负责企业的招聘工作，我们就可以思考，本月（或者本季度、本年度）在招聘工作上我们要做哪些事情，如发布招聘启事、负责面试、办理员工录取等相关工作，这些都可以作为本月工作的考核重点先列出来。比如培训经理的工作职责可以这样描述的：

（1）根据企业的发展逐步完善企业培训体系。

（2）研究并拟定企业培训计划。

（3）负责定期对企业员工进行培训。

（4）负责培训课件的制作及完善。

（5）负责培训的组织及培训效果的评估，辅助对接外训工作。

（6）负责培训档案库的建立。

（7）根据培训计划，审核企业培训预算。

（8）参与企业管理，引入新的管理理念及措施。

（9）完成上级交办的其他任务。

我们可以对每一项工作职责都提取出若干的绩效考核指标，具体见表3-3。

表3-3 从工作职责提取的绩效考核指标

序 号	工 作 职 责	绩效考核指标提取
1	根据企业的发展逐步完善企业培训体系	培训体系搭建的及时性，培训体系搭建的完整程度等
2	研究并拟定企业培训计划	培训计划拟定的及时性，培训计划的有效性等
3	负责定期对企业员工进行培训	培训计划达成率，本月完成几次绩效管理的培训，员工培训的参与度等
4	负责培训课件的制作及完善	培训课件的完成率或完成时间，6月30日前完成绩效培训的课件，单课设计时长等
5	负责培训的组织及培训效果的评估，辅助对接外训工作	员工培训满意度，员工考试成绩等
6	负责培训档案库的建立	3月31日前完成培训档案的建立，培训档案的完备程度等
7	根据培训计划，审核企业培训预算	培训预算的准确性（不能超出培训预算），人均培训预算，培训预算达成率等

续表

序 号	工作职责	绩效考核指标提取
8	参与企业管理，引入新的培训模式	了解两种新的培训模式，12月31日前引入行动式学习等
9	完成上级交办的其他任务	3月6日前完成培训总结报告，咨询3家有质量的培训企业，收集市场上薪酬绩效领域的3名专家的资料等

3.4 基于流程的横向分割

  当某一个指标与其他几个部门都有关系时应该如何处理呢？因为这个指标的完成与其他部门有着密不可分的联系，要想完成相关部门就必须协同作战，才能做到万无一失。有些工作很可能因为某一个部门、某一个员工甚至某一个环节的失误导致整个工作的失败，这种情况又该如何考核呢？

  这种情况发生的主要原因是该指标制定得过于笼统、过于宏观，具体来说，就是只定了一个最终的结果指标，这样的考核必然没有任何效果。

  第3.2节案例中的"销售额20亿元""废品次品率减少到5%"两个指标，就是典型的结果指标。销售额的完成，除了取决于销售部门，还取决于市场部门、生产部门、研发部门，甚至人力资源、财务等职能部门也有一定的作用。

  废品次品率的降低，除了与生产部门相关，还跟采购部门、研发部门、甚至人力资源、财务等职能部门也有一定的关系，如果只考核这种结果指标，肯定会造成互相扯皮、互相推诿的后果。所以，在处理这种指标的时候，要把这种结果指标分解成若干个过程指标，而不能仅仅只考核一个结果指标。

  那结果指标要不要考核呢？也是要考核的。我们在把结果指标分解给部门的时候，首先应该分析这些部门在这个结果指标中应该担负什么样的责任，如果该部门要承担主要的、直接的责任，就可以考核结果指标，如果该部门要承担次要或间接的责任，就应该考核分解指标。

第3章　绩效指标的提取（下）

案例　某制造企业如何根据工作流程解决岗位之间的互相扯皮

有家企业发现"送货及时性"这个指标有问题。看到这个指标，我们首先想到的就是配送部门，可是当我们跟配送部门沟通的时候，配送部门说，这个跟我们没有一点关系，因为生产部门根本没生产出来。然后我们继续找生产部门，生产部门说，这个跟我们也没有关系，是生产所需的原材料没有采购回来，所以你应该找采购部门。然后我们又去找采购部门，采购部门说采购订单早下了，但是企业财务不付款，所以对方不发货。然后我们又找财务部，财务部则说，付款申请单早放在总经理桌上了，他一直不签字，这怎么能埋怨财务部门呢？

为什么会出现这种情况呢？出现这种情况的主要原因是"送货及时性"这个指标跟若干个流程相关联，其中任何一个环节都不能出错，任一环节出了问题都有可能导致这个指标完不成。我们要想解决这个问题，就应该把这个指标按照工作流程进行详细的分解，每个人只负责与自己岗位职责相关的考核指标。员工只要完成了自己的考核指标，企业就应该给予奖励，否则就应该给予惩罚。

"送货及时性"跟三个流程息息相关，分别是配送流程、生产流程、采购流程，所以我们可以首先把"送货及时性"分解成三个指标——"采购及时""生产及时""配送及时"，只有这三个指标都按时按质完成，货物才能按时送达。

"采购及时"作为整个流程的过程指标，作为采购部门的结果指标，由采购经理直接负责，这个指标就是"采购及时率"。而要保证"采购及时率"的完成，还需要有若干的支撑要素，如"资金支付的及时""采购质量的稳定"，这些可以保证采购及时完成。考虑到长期因素，还应该加上"采购周期"这个要素。这样就从长期和短期保证了采购的及时完成。"采购质量的稳定"与采购经理相关，所以可用来考核采购经理，短期指标可以为"物料合格率"，也可以继续细分成"A级物料合格率""B级物料合格率"等细分指标；长期指标可以用"供应商绩效管理"这种指标。"采购周期"可以用"平均采购周期"来考核。

财务部门"资金支付及时"的考核，可以使用"资金计划合理"这种过程指标，也可以使用"资金按时支付的比率"这种结果指标，我个人更倾向于"资金计划合理"这种指标。

"生产及时"是整个流程的过程指标，又是生产部门的结果指标，由生产经理负责，可以用指标"生产计划达成率"来考核。要保证"生产计划达成率"这项指标的顺利达标，至少又需要四个支撑要素：生产计划变更、产品质量稳定、工艺稳定性、工人的数量和质量等。生产计划变更这个要素应该与生产计划部门相关，可以考核"生产计划变更的及时性"；产品质量与制造部门相关，主要考核"质量合格率"；工艺稳定应该考核研发部，主要考核"工艺稳定性"，工人的数量和质量与人力资源相关，数量可以用"到岗率"来考核，质量可以用"培训时间"来考核。

"配送及时"是整个流程的过程指标，又是配送部门的结果指标，由配送经理直接负责，可以考核"配送不及时到货的数量/次数/比率"。这个指标具体也可以分解成两个相关的过程指标：一个是"运输时间"，具体考核指标是"物流配送不及时的数量"；另一个是"运输安全"，具体考核指标是"物流配送中因运输问题损失的金额数/数量"。

这样，就把一个"送货及时性"的指标分解成了"采购及时""生产及时""配送及时"3个大的指标和11个支撑指标，只要这3个大指标和11个支撑指标完成得好，"送货及时性"这个最终指标就能有效地完成。

在这里，有两点需要注意：

第一，像这种与其他部门关联性很强的指标不能仅仅考核一个结果指标，应该把这个结果指标按照战略和流程进行分解，根据各个部门的工作职责分解到与这个结果指标有关联的各个部门，如果需要进一步分解，可以继续分解到相关的岗位。

第二，各个部门或岗位只负责与自己职责相关的指标，与自己职责无关的绩效指标不作为该部门或岗位奖惩的依据，哪怕最终的结果指标没有完成也与该部门或岗位无关。

第3章　绩效指标的提取（下）

例如，由于制造部门的失误，生产出了一批不合格的产品，导致最后配送没有及时完成，我们应该只惩罚生产部门。

其他部门又根据这种情况分成两类：一类是已经顺利完成自己绩效的部门，如财务部、计划部等，财务部资金支付合理，生产计划部生产计划合理，计划变更合理，所以这些部门应该拿全部绩效，这些部门不需要承担因制造部门失误造成的整体绩效不好的后果；另一类如配送部门，由于受前面流程的影响，导致本部门的工作无法按时完成。

对于第二类情况，也有两种方法解决：一种方法是在制定指标的时候，分清是否属于自己责任范围内，就像在考虑运输安全这个要素的时候，我们定的指标是"物流配送中因运输问题损失的金额数"，而不仅仅是"损失的金额数"，由于其他部门的失误导致的损失不应该惩罚物流配送部门；第二种方法是根据实际情况调整绩效考核指标。假设企业一开始给配送部门制定的绩效考核指标是"不及时到货数量不能超过3次"，但考虑到这次生产质量不合格的问题已经发生了，肯定会影响到货的及时性，假设影响的次数大约是2次，把以前定的指标改成"不及时到货数量不能超过5次"也是可以的。

以上两种方法中，我个人更倾向于第一种解决方法，就是在设计考核指标的时候，尽量分清是否是由于自己的责任（包括主观因素也包括某些客观因素）造成的，如果与自己的责任有关，则应纳入考核指标。如果在设计的时候，实在考虑不到或者当时没有考虑周全，我们才采取第二种方法，就是在发生问题之后再进行调整。

某制造企业的绩效考核指标体系如图3-1所示。

图 3-1 某制造企业的绩效考核指标体系

一级因素	责任人	指标	一级因素	责任人	指标	一级因素	责任人	指标
采购及时	采购经理	采购及时率	生产及时	生产经理	生产计划达成率	配送及时	物流经理	配送不及时的货数量
资金支付	财务	资金计划合理	生产计划变更	计划	变列及时	运输时间	物流	物流配送不及时的台天次数
采购质量	采购	A/B级物料合格率；供应商绩效管理	产品质量	制造	质量合格率	运输安全	物流	物流配送中因运输问题损失的金额数
			工艺	研发	工艺稳定性			
采购周期	采购	平均采购周期	工人	HR	到岗率；培训时间			

案例　　某企业的绩效指标分解表

表 3-4 是我为某文旅行业的龙头企业服务时设计的绩效指标库，其中有结果指标，也有过程指标。

表 3-4　某文旅行业龙头企业的绩效指标库

目标/关键经营活动					绩 效 指 标	
目标/经营活动的编号				目标/关键经营活动	绩效指标编号	绩效指标
1级	2级	3级	4级			
1. 财务层面						
	1.1			提高销售额	1.1	销售收入
		1.1.1		增加入园量	1.1.1	入园量
		1.1.2		增加购票比例	1.1.2	购票率
		1.1.3		提高客单价	1.1.3	客单价
		1.1.4		引导二次消费	1.1.4	二次消费额
			1.1.4.1	提升二次消费比例	1.1.4.1	二次消费人数占比

第3章 绩效指标的提取（下）

续表

目标/关键经营活动					绩效指标	
目标/经营活动的编号				目标/关键经营活动	绩效指标编号	绩效指标
1级	2级	3级	4级			
			1.1.4.2	提高二次销售客单价	1.1.4.2	二次销售客单价
			1.1.4.3	提升商品收入	1.1.4.3	商品销售额
			1.1.4.4	餐饮收入	1.1.4.4	餐饮销售额
			1.1.4.5	提升电瓶车/代步车收入	1.1.4.5	电瓶车/代步车销售额
		1.1.5		提高运载率	1.1.5	运载率
	1.2			提升净利润	1.2	销售利润
		1.2.1		提升二次销售净利润	1.2.1	销售利润
	1.3			控制成本和费用	1.3	成本费用率
		1.3.1		控制商品成本	1.3.1	商品采购成本率
				控制运营成本	1.3.2	运营成本率
				控制人工成本	1.3.3	人工成本
				降低商品报损率	1.3.4	商品报损率
				控制项目建安成本	1.3.5	项目建安成本控制率
		1.3.2		控制餐饮成本	1.3.2	餐饮原料采购成本
			1.3.2.1	降低餐饮成本率	1.3.2.1	餐饮成本率
		1.3.3		提高人均效率	1.3.3	人均利润
2. 客户层面							
	2.1	2.1.1		提升品牌在辐射范围内的知名度	2.1.1	千人知晓率
		2.1.2		提升品牌在辐射范围内的美誉度	2.1.2	品牌美誉度
	2.2			提升客户满意度		
		2.2.1		提升外部客户满意度	2.2.1	游客满意度得分
			2.2.1.1	降低客户投诉	2.2.1.1A	游客投诉数量
					2.2.1.1B	游客有效投诉率
			2.2.1.2	降低意外伤害结案	2.2.1.2	意外伤害一年结案率
			2.2.1.3	降低接待差错	2.2.1.3A	接待投诉率

续表

目标 / 关键经营活动					绩 效 指 标	
目标 / 经营活动的编号				目标 / 关键经营活动	绩效指标编号	绩效指标
1级	2级	3级	4级			
					2.3.1.3B	接待差错率
		2.2.2		提升内部客户满意度	2.2.2	内部客户满意度
	2.3			获得忠诚客户	2.3A	重游率（视需要时考核）
					2.3B	公园年卡销售量
	2.4			增加客户的游玩时间	2.4	游客人均游玩时间
	2.5			提高客户参与度	2.5A	互动节目数量
					2.5B	演出场次
	2.6	2.6.1		双赢的合作伙伴关系	2.6.1	分销渠道销售量占该地区旅游人数比例
		2.6.2		做好政府及相关利益者关系协调及维护	2.6.2	报批政府文件处理的及时有效性
		2.6.3		打造长期合作伙伴	2.6.3	一年以上优质合作伙伴主动流失率
		2.6.4		按时结算农民工工资	2.6.4	农民工工资按时清算
3. 运营层面							
	3.1			在辐射范围内推广品牌	3.1	千人知晓率
		3.1.1		按时完成活动策划	3.1.1	活动策划的完成度
		3.1.2		降低获客成本	3.1.2	获客成本
	3.2			保证产品品质		
		3.2.1		打造有竞争力的产品	3.2.1	演艺产品客户满意度排名
					3.2.2	演艺产品体验人次
		3.2.2		保证产品品质		
			3.2.2.1	保证设计质量	3.2.2.1	设计成果完成质量/设计造成无效成本额
			3.2.2.2	保证采购质量	3.2.2.2A	采购合格率
					3.2.2.2B	供应商符合标准

/ **第3章** 绩效指标的提取（下）/

续表

目标 / 关键经营活动					绩效指标	
目标 / 经营活动的编号				目标 / 关键经营活动	绩效指标编号	绩效指标
1级	2级	3级	4级			
			3.2.2.3	保证库存质量	3.2.2.3	库存管理导致的物品过期率
	3.2.3			不断推出新产品	3.2.3.A	新产品占比
					3.2.3.B	新品销售占比
3.3				降低成本		
	3.3.1			降低订货配送成本	3.3.1.A	订货准确率
					3.3.1.B	到货及时率
					3.3.1.C	配送准确率
	3.3.2			降低库存成本	3.3.2.A	盘点差错率
					3.3.2.B	出入库记账准确率
					3.3.2.C	成本核减率
					3.3.2.D	库存销售比 / 库存周转率
	3.3.3			降低报表成本	3.3.3.A	报表及时准确性
					3.3.3.B	预算管理
					3.3.3.C	资金管理
	3.3.4			降低动物运营成本	3.3.4.A	动物死亡率
					3.3.4.B	动物繁殖率
					3.3.4.C	按防疫计划完成
3.4				为顾客提供快乐的消费体验	3.4	客户满意度得分
	3.4.1			降低收银差错	3.4.1	收银差错率
	3.4.2			提高设备开机率	3.4.2	开机率
			3.4.2.1	设备及时维修	3.4.2.1	维修及时性
	3.4.3			新增动物补充及交换	3.4.3	动物补充完备性
3.5				服务流程标准化	3.5	完成服务流程手册
3.6	3.6.1			按项目计划节点完成	3.6.1	项目计划节点完成率

续表

目标 / 关键经营活动					绩 效 指 标	
目标 / 经营活动的编号				目标 / 关键经营活动	绩效指标编号	绩效指标
1级	2级	3级	4级			
		3.6.2		档案管理	3.6.2	资料、档案合规及时性
	3.7			寻找更多的分销商，并帮助他们提升收入	3.7	分销渠道销售收入
	3.8			加强营销推广	3.8	签约客户贡献率
	3.9			安全运营	3.9	安全环保事故次数
		3.9.1		降低安全事故	3.9.1	安全事故次数
			3.9.1.1	按要求保养设备	3.9.1.1	按要求保养
			3.9.1.2	按要求进行巡检	3.9.1.2	按要求巡检
		3.9.2		降低环保事故	3.9.2	环保事故次数
			3.9.2.1	按环境卫生标准手册操作	3.9.2.1	按环境卫生标准手册操作
4. 学习成长层面						
	4.1			提升关键性能力		
		4.1.1		演艺项目设计能力提升	4.1.1	演艺项目数量
		4.1.2		营销策划能力提升	4.1.2	入园量增长率
		4.1.3		客户服务能力提升	4.1.3	顾客满意度提升
		4.1.4		运营管理能力	4.1.4A	人均服务客户数
					4.1.4B	员工效能（销售额 / 员工总工时）
		4.1.5		创新能力	4.1.5A	员工提建议数量
					4.1.5B	合理化建议采纳数量
	4.2			提升员工满意度	4.2.A	员工满意度
					4.2.B	员工离职率
					4.2.C	企业文化活动的次数
	4.3			加强培训，挺高员工专业能力		
		4.3.1			4.3.1	完成公园事业部 / 部门培训体系
		4.3.2			4.3.2	培训计划执行率

续表

目标/关键经营活动					绩效指标	
目标/经营活动的编号				目标/关键经营活动	绩效指标编号	绩效指标
1级	2级	3级	4级			
	4.4			进行人才梯队建设	4.4	完成人才梯队建设方案
		4.4.1			4.4.1	后备干部充足率
		4.4.2			4.4.2	专业人才培养
		4.4.3			4.4.3	招聘完成率
	4.5			文化建设	4.5	形成快乐氛围、积极向上、主动成长的企业文化
		4.5.1		提升员工对企业文化的认知	4.5.1	员工对企业文化的认知度
		4.5.2		提升员工对企业文化的认同	4.5.2	员工对企业文化的认同度
		4.5.3		定期举办企业文化活动	4.5.3	举办企业文化活动的次数

3.5 过程指标还是结果指标

3.5.1 过程指标和结果指标的分析

考核的过程中，究竟应该考核过程指标还是结果指标呢？大多数人都认为应该考核结果指标。考核结果指标固然没有错，但你会发现，如果每个人都考核结果指标好像不太现实，并且结果指标和过程指标有时候确实不那么容易分清楚。一个指标对某个岗位的员工来说可能是过程指标，但对另一个岗位的人来说就是结果指标，所以对某些人应该考核结果指标，对另外一些人又应该考核过程指标。

1. 超长期的结果指标要进行过程分解

北京在2008年成功举办了奥运会，这是一个结果指标。成功申办奥运会这个结果在2001年就完成了，那是不是从2001年到2008年这七年的时间都不用过问任何事情，直接考核相关责任人2008年的绩效结果就可以了呢？肯定不行。对于这么长时间的一个考核指标，我们要按时间分解成若干个时间节点，每个关键时间节点都要追踪当时的完成情况，2001年完成什么，2002年完成什么，等等。

再举一个例子，我们教育孩子，给他定的目标是要考上北京大学，这是一个结果指标。我们能不能对孩子说，不管你中间怎么做，我只要结果，若干年后你必须考上北京大学，否则就不要来见我？这肯定也不行。这个结果指标我们也要分解，要想考上北京大学，就要上一所比较好的高中。要考上好的高中，就必须上好的初中。而要上好的初中，就必须上好的小学。你会发现，这一个结果指标分解后会有很多个过程指标。在小学也好，中学也好，除了小升初、中考、高考等大考之外，还有期末考试、期中考核、单元测试、家庭作业，这些对于考上北京大学这个结果指标来说，都是过程指标。

2. 重要的指标要进行过程监控

任何一个重要的指标都不能放任不管，必须有过程的监控。俗话说，看结果考过程。就是说，我们对于一件事情，看结果是没错的，但是还必须考核相应的过程。

绩效管理其实跟农业生产类似，种庄稼，春天要耕地、播种，夏天要浇水、除虫、施肥，到了秋天才能有好的收成。丰收是我们期望的结果，但是要想有好的收成，就必须按部就班地把耕地、播种、浇水、除虫、施肥等过程完成得一丝不苟，缺少任何一个环节，都很难保证有一个好的收成。所以，要想保证得到好的结果，必须对每一个环节都进行过程监控，并纳入绩效考核。

3. 过程和结果是相对的

过程和结果有时候是分不清的、是相对的。孩子考上大学是过程还是结果呢？从某个阶段来说是结果，但从整个人生来看，仅仅是一个小小的过程。工作中也一样，从年度规划来看，我们的结果指标可能是收入、利润这些财务指标，其他指标都是为财务指标服务的，我们当年要招聘300人也是为财务指标服务的，所以从企业的角度来思考问题，招聘300人肯定是一个过程指标，而对于人力资源部来说，招聘300人就变成了一个结果指标。

在企业的运营中，应该考核过程指标还是结果指标，与被考核人的层级也有关系，对于高层，如董事长、总经理，这些人应该考核结果指标，如收入指标、利润指标等；而对于基层，应该以考核过程指标为主，如考核是否遵守操作流程，是否按标准完成作业等；至于中层，介于高层和基层两者之间，过程指标和结果指标必须相结合。

3.5.2 如何把一个结果指标分成若干个过程指标

根据前面介绍的方法提炼出的指标，有一些结果指标可能是年度指标，只需要每年考核一次，时间比较长，怎么办呢？这就需要把一项结果指标分解成多个过程指标，通过每阶段考核过程指标来促进结果指标的完成。

例如，人力资源部有个指标，要求12月底招聘10名员工正式入职。如果这个指标特别重要，而我们一年都不对招聘经理进行考核的话，很可能到年底想起来的时候已经晚了。所以我们必须将这种指标分解到每个月，考核其过程。

通过倒推法，12月考核的指标是：试用期满后，有10名合格员工签合同。假设员工的试用期是两个月，那么10月份试用期员工就必须到岗，如果试用期员工转正的比率不是100%，那么10月入职的员工当中就应该增加一些预备员工。假设会淘汰两人，那么10月份就应该到岗12人，这就是10月份的考核指标，人数少了，质量不能得到保障，试用期入职时间晚了，就不能按时完成指标。

一般情况下，也不会面试一个就成功一个，考虑到面试成功率，根据企业历史数据，假设面试的录取比率是 3∶1，那么就需要在 9 月份至少面试 36 人。

假设通知两个人来面试，最后却只能来一个人，那么之前至少需要通知 72 个人来面试。

查看简历也需要时间，假设筛选的比例是 5∶1，那么 8 月就至少需要查看 360 份简历。当然筛选简历这个工作也可以分解成几个月，不一定非要在一个月内完成，我们可以把这项指标分成几个月的考核任务。

为了收集这些简历，我们还需提前做一些准备工作，例如使用哪些招聘渠道进行招聘等，这些都可以作为过程指标。一个结果指标可以分解为许多个过程指标，而这些过程指标有一个完不成，都会影响到结果指标，所以，结果指标固然很重要，但有的过程指标一样也很重要，尤其是那些需要做很多工作、很长时间才能完成的结果指标，更是应该考核一些过程类指标。

3.5.3 过程与结果的关系，概率不是必然

这里有一个问题需要说明一下，过程好，结果大概率是好的，但这个大概率不是百分之百，而是介于 0 和 1 之间的某个值，概率的问题增加了企业管理的难度。例如，某家企业各方面做得都很好，但是某段时间的业绩可能不是很好，而另一家企业各方面做得都不是很好，但某段时间的业绩却很好。这就是概率和结果的关系。

举个简单的例子，我们扔一枚硬币，硬币正面朝上的概率是 50%。但对于某次抛硬币来说，结果要么是正面朝上，要么是背面朝上。但如果扔的次数足够多，正面朝上的概率大概无限接近于 50%。

再举一个例子，假设有 3 张扑克牌，其中两张是黑牌，一张是红牌，如果抓到红牌算赢，抓到黑牌算输。你选择牌之后，还没有看颜色，所以不知道自己摸的牌是不是红牌。无论你摸的牌是红色还是黑色，剩下的两张牌中总有

第 3 章 绩效指标的提取（下）

一张是黑色。我可以看底牌，当我看完底牌后，亮出剩下的那两张牌中的黑色牌让你看，然后再给你一个机会，你可以换牌，也可以选择不换，你正确的决策是换还是不换呢？

分析一下，你第一次选择牌时赢的概率是 1/3，换句话说，如果你选择不换牌，你赢的概率是 1/3。那么更换牌后赢的概率是多少呢？

将剩下的两张牌重新洗一下，再进行选择。因为剩下的两张牌是一红一黑，所以这么操作的话，赢的概率就是 50%。

如果不洗牌，直接更换，赢的概率是多少呢？具体的计算见表 3-5。

表 3-5　扑克牌输赢概率计算

	红	黑	黑	不更换赢的概率	更换后赢的概率
第一种情况 概率 1/3	选择			1	0
第二种情况 概率 1/3		选择		0	1
第三种情况 概率 1/3			选择	0	1
综合				1/3	2/3

三张牌大概会有三种，也就是红、黑、黑其中的一种，概率各是 1/3。或者说，选择红牌的概率是 1/3，选择黑牌的概率是 2/3，赢的概率是 1/3。如果选择了更换，赢变成了输，输反而变成了赢。所以输的概率变成了赢的概率。所以，选择更换之后赢的概率变成了 2/3。正确的选择是更换。

继续思考。假设选择了更换，而你摸到牌恰恰是红牌，所以更换以后实际上是由赢牌变成了输牌，那么第二轮你会如何选择呢？正确的做法依然是更换，因为第二次更换赢的概率依然是 2/3，不更换赢的概率依然是 1/3。

但许多人却不会这么选择。失误几次之后可能会选择不更换。其实，不管上次的结果如何，理性的选择一定是更换，这也是人性导致的。

所以，如果这个游戏是持续的。我们应该理性地选择更换。只要不停地玩下去，最后我们赢的概率应该接近 2/3。

这就是概率的特点：从大数据看，结果应该等于概率，但从个别数据看结果不一定等于概率。下面试着分析以下几种情况。

- 作业完成情况和学习成绩有没有相关性？如果一个学生平时写作业非常认真，他的学习成绩大概率也是好的。
- 平时的学习成绩和高考成绩有没有相关性？如果一个学生平时的学习成绩非常好，他高考的成绩大概率也是好的。
- 学历和成就或者收入有没有相关性？如果一个学生的学历高，他的收入大概率也是高的。
- 收入和子女学习成绩的关系有没有相关性？如果一个人的收入高，其子女的学习成绩大概率也是高的（社科院的导师就研究过美国学生的高考成绩和家庭收入之间的关系，研究结果表明，家庭年收入每增加 1 万美元，学生高考成绩会增加 13 分）。
- 收入和寿命有没有相关性？如果一个人的收入高，他的寿命大概率也是高的。这个相信大家能够很好地理解。
- 企业的业绩和管理有没有相关性？如果一家企业管理做得足够好，只要时间足够长，战胜管理不善企业的概率也足够大，这个概率无限接近于 100%，因为时间足够长的话，概率将会发生作用，运气将会消失得无影无踪。

总而言之，概率是科学，运气不是科学。从总体看，概率在发生作用，从个体看，运气在发生作用。从长期看，概率在发生作用，从短期看，运气在发生作用。

3.5.4 一个过程指标：制造期效率或运营效率

制造期效率，最初是制造企业考察工作效率的一个指标，制造期效率等于加工时间除以产出时间。

加工时间是指产品在生产设备上的时间，产出时间是指产品从生产计划下达到产品交付给客户的时间，产出时间＝加工时间＋运输时间＋浪费时间。

第3章 绩效指标的提取（下）

制造期效率这个指标理论上应该小于等于1，指标数值越大，越接近于1，说明这项工作的效率越高；指标数值越小，越接近于0，说明这项工作的效率越低。我们提升管理的方法就是让这个指标越高越好，最好无限接近于1，也就是要尽量地避免浪费时间和尽量缩短运输时间，最好让浪费时间和运输时间无限接近于0。

在做管理咨询的过程中，如果任何一家企业或任何一项工作的工作效率低，我就会想到这个指标，这个指标不仅仅是制造企业的指标。

有一次我给一家银行做咨询的时候发现，这家银行给企业办理贷款的时间比较长，企业办理一次银行贷款大约需要一个月的时间，于是我用这个指标对这家银行进行考核。我把制造期效率这个指标的公式进行了一点改变，把它改成运营效率，这样即使不是制造企业也可以用这个指标了。

运营效率＝操作时间/完成时间，操作时间是银行在贷款这项工作上花费的时间，完成时间是从企业提交贷款申请开始一直到银行发放贷款所需的时间，大约一个月。完成时间现在是明确的，是一个月。我的直觉告诉我，这个时间周期有些长，于是我就问该银行负责信贷的员工。我说，我感觉贷款的周期有些长，这时间能不能缩短呢？对方告诉我，这时间操作好了，缩短一两天是有可能的，再长就不可能了。

从三十天缩短到二十八九天，对客户来说属于没有明显感觉的事情，提升不提升意义不大。我就问他们，具体操作银行贷款的流程是什么？每个流程所耗费的时间周期大概是多长？后来我发现，银行真正在企业贷款上所花费的时间仅仅需要六个小时。

有了准确的数据，我继续跟负责贷款的员工沟通。他依然说，不可能，光说领导签字就需要两天！我开玩笑地说，领导签什么字需要那么长时间？写论文都写出来了。对方说，领导需要审核，审核需要多长时间呢？大约半小时，签字呢？两分钟。我说，那为什么需要两天？对方说，有时候找不到领导啊，领导都忙。我觉着那不应该是操作的时间，那应该算是浪费的时间。

经过测算以后，我确认该银行在企业贷款上所耗费的时间只有6个小时，也就是说该银行办理企业贷款的运营效率只有 0.0083，即 6 小时／（24 小时 ×30 天），这个指标从数值上来看，明显偏低了，我希望这个指标应该接近于 1 才算合理，也就是说企业贷款的周期越接近 6 小时越好。由于我不是银行业的从业人员，银行内部的具体操作流程我不太懂，我说企业贷款应该有很大的改善空间，但银行的员工说银行的主要职责是控制风险，我实在是说服不了他们。

后来这家银行的旁边又开了另外一家银行——常熟农商行，常熟农商行一开业的广告语就是"企业贷款，两天放款"。既然常熟农商行能做到，那么这家银行肯定也是能够做得到的。

有一次，我给江苏省农村信用合作联社讲课的时候，有一个常熟农商行的行长在听课，他恰恰是当初去筹办常熟农商行的骨干之一，我咨询了他当初是怎么做到的，感谢这位行长，他在课堂上跟所有的同学分享了他们的做法。后来这家银行通过学习常熟农商行的先进流程，自己也做到了两天放款，运营效率指标从 0.0083 提高到了 0.125，提高了 15 倍。

当然这还远远没有达到我的预期，我的预期是运营效率接近 1，并且我相信，在不久的将来，银行给企业贷款的运营效率还会大幅度提升，一天内就能放款的情况，我们一定是可以见到的。

任何企业、任何单位，只要哪项工作的运营效率低，就可以用这个指标来进行考核。

3.6 常用指标的详细描述

3.6.1 员工离职率的五种算法

离职率是企业用来衡量企业内部人力资源流动状况的一个重要指标，通过对离职率的考察，可以了解企业对员工的吸引力和员工的满意度情况。离

第3章 绩效指标的提取（下）

职率过高，一般表明企业的员工情绪容易波动，劳资关系存在较严重的矛盾，企业的凝聚力下降，可能会导致人力资源成本增加（含直接成本和间接成本）、组织的效率下降。但并不是说员工的离职率越低越好。在市场竞争中，保持一定的员工流动，可以使企业利用优胜劣汰的人才竞争制度，保持企业的活力和创新意识。

有一年，我给一家企业的人力资源经理定绩效考核指标的时候，在学习成长层面有一个离职率的指标。在定这个指标的时候，我就问他，你们去年的员工离职率是多少啊？这个经理说，我算算啊。等他算完后告诉我，大概是8%。但他又不是很确定，所以跟同事确认了一下，结果那个同事告诉他，企业去年的员工离职率是15%。

同一个企业的同一个指标，两个人计算的结果差异却那么大，一个人说是8%，另一个人说是15%，到底哪个是对的？于是我问他们，你们是怎么计算的员工离职率？这才发现，他们俩对员工离职率的计算方法竟然不一样。那么，员工离职率到底有多少种算法？哪一种算法相对来说比较合理？或者说，应该如何正确地计算员工离职率呢？

目前，业界主要用以下几种方法来计算员工离职率：

方法一：员工离职率 = 当期离职人数 /[(期初人数 + 期末人数)/2]× 100%

方法二：员工离职率 = 当期离职人数 / 期初人数 ×100%

方法三：员工离职率 = 当期离职人数 / 期末人数 ×100%

方法四：员工离职率 = 当期离职人数 /(期末人数 + 当期离职人数)× 100%

方法五：员工离职率 = 当期离职人数 /(期初人数 + 当期新进人数)× 100%

究竟哪一种算法最合理呢？下面不妨列一个表格来试算一下。

假设已有六家企业某年的人员流动情况表（见表3-6），下面就来用五种计算方法计算各家企业的离职率。

表 3-6 用五种计算方法计算企业离职率

	第一家	第二家	第三家	第四家	第五家	第六家
期初人数	51 人	19 人	34 人	46 人	54 人	51 人
录用人数	2 人	34 人	19 人	12 人	0 人	2 人
离职人数	34 人	19 人	5 人	4 人	4 人	2 人
期末人数	19 人	34 人	48 人	54 人	50 人	51 人
方法一	97.14%	71.70%	12.2%	8%	7.69%	3.92%
方法二	66.67%	100.00%	14.71%	8.70%	7.41%	3.92%
方法三	178.95%	55.88%	10.42%	7.41%	8.00%	3.92%
方法四	64.15%	35.85%	9.43%	6.90%	7.41%	3.77%
方法五	64.15%	35.85%	9.43%	6.90%	7.41%	3.77%

前面分别采用五种计算方法计算了六家企业的离职率，由第一家企业的数据可知，最低的离职率约 64%，最高的离职率约 179%。由第二家企业的数据可知，最低的离职率约 35%，最高的离职率约 100%，差异近 3 倍。由第三家企业的数据可知，最低的离职率约 9%，最高的离职率约 14%。第四、五、六家企业的数据，差异不是很大。从中可以得出结论：在离职入职人数不是很多的情况下，使用这几种方法不会产生明显的差异；在离职入职人数较多的情况下，使用这几种方法便会产生较明显的差异。

从字面上来看，员工离职率应指员工离职的数量占所有员工的比率。所以，分子这部分比较明确，一般指当期离职的员工人数，但分母应该用哪部分，大家有不同的认知。一般从实操的角度来看，采用第一种和第五种方法的多一些。第一种方法是把员工人数看成是平均人数，所谓平均人数即"（期初人数＋期末人数）/2"，第五种方法是把人数看成是企业的累计人数，即"期初人数＋新进人数"。这两种方法都可以，关键是我们在使用时要采用同一种办法，这样才有可比性。

第四种和第五种计算方法，从结果上可以看出，其数据是一模一样的，其实这两种计算方法本身就是用的一种计算公式。我们都知道，期初＋入职－离职＝期末，所以期初＋入职＝期末＋离职，所以这两个公式本身就是一个公式。

许多人还有一个困惑，离职率多少合适呢？不同的行业有不同的离职率，

第3章 绩效指标的提取（下）

即使是同一行业内不同企业的差异也可能比较大。

2015年，我跟一位朋友聊天，他所在的单位是国家电网下属的一个子公司，他跟我说最近他们企业的离职率有点高，不少人已经离职或者正在考虑离职。我问他离职率是多少？他告诉我，去年企业离职了40多人。我又问企业共有多少人，他说一共有2万多人。我们可以简单地算一下，40除以20000，年离职率大约为千分之二（由于离职人数占比较少，所以无论使用哪种方法计算得出的结果都差不多）。

我们大家都知道千分之二的离职率，在大多数企业中都属于极低的离职率，而我这个朋友却觉着千分之二太高了，那是因为他们企业以前根本没有离职的。

即使是同一行业，有的企业离职率会高一些，有的企业离职率会低一些，这可能与企业的薪酬策略有关，也可能跟当地的竞争环境有关，甚至还可能跟职位相关。不同的行业离职率差异较大，即使是同一行业的不同企业，由于各自的情况不一样，离职率的差异也是不一样的。

有一家企业，由于职能部门和传统业务部门待遇相对较高，所以这类部门员工的离职率很低，接近于0。而新业务部门（主要是IT研发人员）由于会跟华为、顺丰、腾讯等大企业竞争员工，待遇相对较低，所以该部门员工的离职率较高，高达60%以上。

同一家企业不同地区的下属子公司，由于地域差异较大，离职率差异也比较大。例如，海口、成都、贵阳等地区，由于IT企业少，对员工的需求较少，竞争不激烈，所以员工的离职率相对低一些；而广州、深圳这些地区，由于IT企业多，对员工的需求也大，竞争相对激烈，所以员工的离职率也高。企业在定这个指标的时候，主要还是根据企业的历史数据，定一个比较合理的值，然后根据这个值来进行考核。

离职率应该考核谁？大多数企业都是用离职率来考核人力资源部。离职率这个指标用来考核人力资源部到底合理不合理呢？我们都知道，绩效考核有个原则叫作对等原则，所谓的对等原则就是考核的指标要和部门或者岗位的职责相关联，如果有关联就考核，否则就不应该考核。

员工的离职跟人力资源部有没有关系呢？可以说有关系，也可以说没有关系。一般来说，员工离职的原因主要跟两个因素相关：一是员工个人的原因，二是企业的原因。

关于企业的原因，我们在分析之后会知道，有些因素是跟企业的整体环境有关，如工作压力大、工资待遇低、企业氛围压抑等，而还有些因素则是部门内部的原因导致的，如员工与部门经理或者主管的关系紧张，部门经理对员工的偏好，部门管理的不公正等。关于员工个人的原因，有部分是员工自己的问题，企业很难解决，如员工生活地点从一个城市搬迁到了另一个城市，员工家里有亲人需要专人照顾等。

有些员工的离职是企业无法避免的，如出于员工自己的原因，而有些员工的离职是企业可以避免的，如出于企业方面的大多数原因。既然是这样，那么把所有问题都归结于人力资源部，只考核人力资源部是否合理呢？好像不合理，其他部门也应该担当一部分责任。在员工离职率这个指标上，一般部门经理只对自己部门的员工负责，所以他们只要负责自己部门的员工离职率就可以，而人力资源部应该对整个企业的员工负责，所以人力资源部应该考核企业离职率。

还有一个问题，部分员工的离开是企业不希望看到的，像那些因个人原因辞职的表现好的员工；而部分员工的离开则是企业主动提出的，像那些由于表现不好而被开除的员工。如果只考核离职率，可能导致企业在开除员工时畏手畏脚，这对企业来说是不利的。所以我们在考核离职率的时候，一般用的是主动离职率这个指标。

当然，国企和央企的主动离职率基本上等于员工离职率，员工被动离职率基本上等于零，可以忽略不计。考虑到大多数国企和央企实际的离职率较低，所以国企和央企也可以不考核离职率这个指标。

3.6.2 薪酬满意度的误区

有一次我给一家企业讲绩效课，该企业的领导问我："冯老师，您说我们企业如果定薪酬满意度这个指标，目标定为多少合适？是不是可以先按照历史的数据定一个标准值，之后再不断地改善提升呢？"我是这样问他的："您觉着薪酬满意度定为多少比较合理呢？"

一般我们在定一个目标的时候，都是首先看我们自己的现状是多少，然后定一个理想值，并尽量使我们的结果向理想值靠拢，这样逐步改善，最终达到效益的提升。即使我们不知道理想值究竟是多少，但至少应该知道朝哪个方向努力是合理的，比如说是提升好还是降低好。现在的问题是，薪酬满意度这个指标的理想值应该是多少？企业的薪酬满意度应该提高一点好还是降低一点好呢？这个不好说。

有一年，我给一家企业做一个咨询项目。项目结束后，该企业的一个副总问我："冯老师，您总说我们企业的薪酬体系有问题，现在呢，我们把薪酬这个生死大权交给您了，并且完全是按照您的意图来实施的，您能否告诉我，实施这个新的薪酬体系以后，员工的薪酬满意度提升了多少？或者说员工对这个结果是否满意？"

我在之前的所有咨询项目中没有碰到过类似问题。以前项目结束了，跟企业的领导以及项目负责人沟通情况后，这些当事人认可满意就代表项目圆满结束了，我从来没有考虑过员工的薪酬满意度是多少。这个副总给我出了一个难题。

我试着问了下这个副总："员工对薪酬的满意度达到多少，您才会认可呢？"这位副总说："至少要达到80%。"我说："80%是不是有点偏高？您知道之前的薪酬满意度是多少吗？"该企业做咨询项目时，由于当年的薪酬总额比上一年薪酬总额有所下降，所以大幅度提升的可能性不大。

但问题抛出来了，不接是不行的。我想了一下，根据这个副总的意思设计了如下的问卷，一共有两道题。

第一题，与之前的薪酬体系相比，您对此次薪酬绩效项目的满意度如何？（单选）选项有 5 个：非常满意、满意、没意见、不满意和非常不满意。

第二题，如果您选择了不满意或者非常不满意，您会怎么做，选项有 3 个：①尽管不满意，但依然支持本次项目的执行。②尽管不满意，但理解本次项目。③不支持。

最终的结果如下：

第一题：您对此次薪酬绩效项目的满意度如何？5 个选项分别是非常满意、满意、无意见、不满意、非常不满意。其中，选择非常满意的员工占 3.81%，选择满意的员工占 25.71%，选择无意见的员工占 35.24%，选择不满意的员工占 29.52%，选择非常不满意的员工占 5.71%。具体的调查结果如图 3-2 所示。

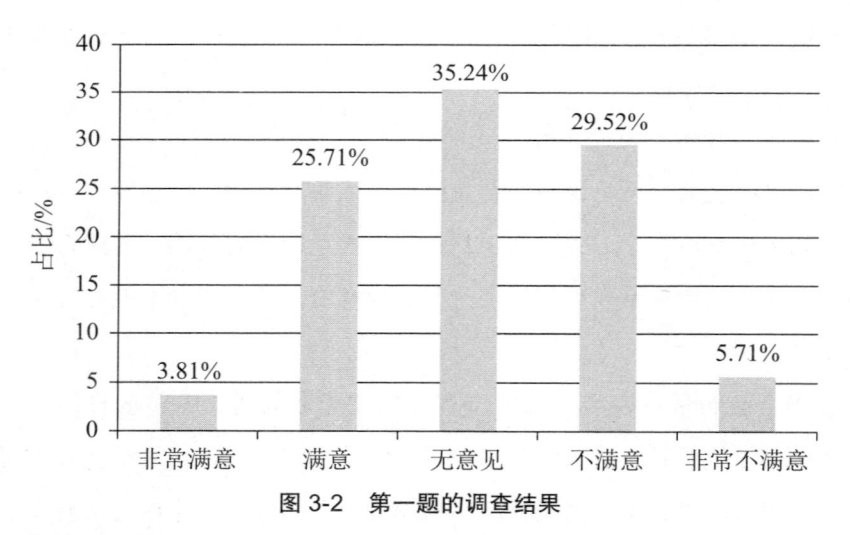

图 3-2 第一题的调查结果

从图 3-2 中可以看出不满意和非常不满意的比例和是 35.23%，这说明约有 1/3 的人对此次咨询项目有一定的看法。若是我们再设置一道开放题"您对此次咨询项目有何建议？"，即可了解员工们的看法。

第二题：针对第一题选择了不满意和非常不满意的员工，我们特意设计了第二题，第二题的 3 个选项分别是：支持、理解、不支持。其中，选择支持本次咨询结果的员工占 11.11%，选择理解本次咨询结果的员工占 61.11%，选择不支持本次咨询结果的员工占 27.78%。具体调查结果如图 3-3 所示。

/ **第3章** 绩效指标的提取（下）/

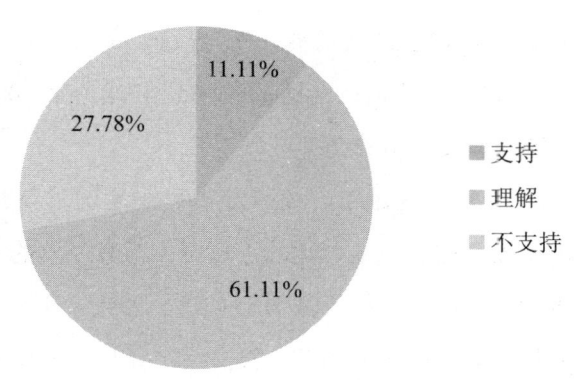

图 3-3 第二题的调查结果

也就是说，虽然有 1/3 的员工不满意本次的咨询结果，但是仍有 72.22% 的员工对此结果是支持或者理解的，这也说明了企业员工对本次咨询结果的认可。

从另一个维度分析，在本次咨询项目启动时，我也曾做过调研，对比改革前后的结果如下：非常满意和满意的比例基本上多了一倍，非常不满意的比例降低了一半，说明此次的改革成果获得了企业员工一定的认可。改革前后的调查对比如图 3-4 所示。

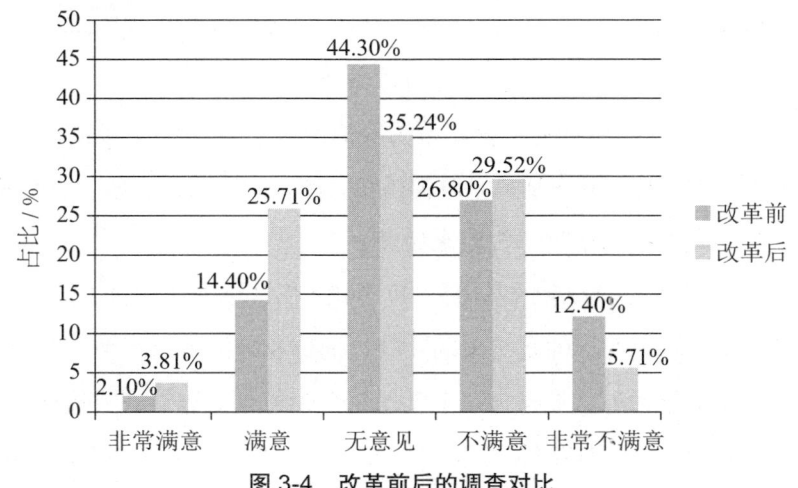

图 3-4 改革前后的调查对比

从图中可以看出，企业员工对新的薪酬体系还是比较认可的。虽然从满意度来看，非常满意和满意的比例只有 29%，但比之前的 16% 明显高不少，不满意和非常不满意的比例也从之前的 37% 降到了 35%，尤其是非常不满意的比例降幅比较大，这个成绩是在企业的薪酬总额减少了 200 多万元的情况下做到的，所以结果还是令人欣慰的。

所以，薪酬满意度是个伪命题，大家不要片面地追求薪酬满意度，因为我们不知道薪酬满意度到底多少是合适的。每个人都有不同的认知，我们甚至不知道薪酬满意度倒底是高一点好还是低一点好。太高了说明企业的人工成本较高，太低了说明员工对薪酬不太满意，没有一个合理的数值来界定，所以企业在考核时尽量不要采用薪酬满意度这个指标。

3.6.3　态度和能力指标

不少企业都考核态度和能力等指标，但大多数企业却不知道这些指标应该怎么用，更不知道应该怎么考核，最后导致这些指标的考核变成了走形式。

第一个问题，态度和能力这种指标应该不应该考核？

我问过许多 HR 和老板，有人说应该考核，有人说不应该考核。当然，认为应该考核的人更多一些。为什么应该考核？很少有人思考这个问题，只是因为他们企业一直在考核，所以就觉着应该考核。

我们都知道，绩效考核一般分为两种情况：一种是年度考核，也就是年底对员工进行的考核；另一种是平时的考核，如企业的月度考核、季度考核等。年度考核和平时考核的结果一般用来做什么？

平时考核，无论是月度考核还是季度考核，都是用来计算员工绩效工资的。所以平时考核，主要考核的是员工的业绩，简称业绩绩效。所谓业绩绩效是指与员工岗位职责相关的绩效指标，不仅仅包含销售收入等财务类指标，还包含其他岗位的业绩，如人力资源的招聘人数、培训的效果等，这些都是业绩绩效。

年度考核，一般作为年终奖发放和员工晋升晋级的依据。既然是作为员工晋升晋级的依据，那就不能仅仅考核业绩绩效，还必须加上态度和能力指标。假设有一个员工，不管由于什么原因，到年底总结时，发现业绩完成得超极好，这种人是否一定要给他晋升呢？不一定。假设有一个人的业绩绩效完成得很好，但是这个人态度恶劣，领导让他做什么，他总是跟领导对着干，这种人应该不应该晋升呢？肯定不应该晋升。假设这个人能力很差，没法做领导，那这个人应该不应该晋升呢？也不应该晋升。

所以，当企业把绩效考核结果作为员工晋升晋级的依据时，就必须加入态度和能力等指标，而不能仅仅考核业绩绩效。

第二个问题，态度和能力如何考核？

态度和能力是典型的定性指标，如何考核这种指标已是个问题。目前在态度和能力的考核上最有效的做法，就是用打分表的方式把态度和能力分成不同的级别，然后在这个分级的基础上去打分。尽管这种方式也做不到完全的量化，但比仅凭领导的主观印象打分进步了一大步。

第三个问题，态度和能力多长时间考核一次？

有的企业对态度和能力一个月一考核，这是有问题的。试想一下，您自己这个月的能力跟上个月比，有多大的进步？一般情况下两个月之间，能力的差异是不大的。既然这样，态度和能力指标的考核周期最好长一些，一般以年或者半年为单位进行考核更合理一些。

第四个问题，态度和能力指标的权重应该占多少？

态度和能力的权重应该占多少更合适一些呢？权重高了有喧宾夺主之嫌，毕竟企业还是以业绩导向为主的；但权重太低，员工可能不会太在意。态度和能力的占比一般为20%~50%比较合适，企业可以根据自己的实际情况酌情调整。

总结：

- 无论采用哪种方式，绩效的根源都是来自企业的战略和目标。
- 员工的绩效指标应该支撑部门指标，部门的指标应该支撑企业指标。
- 除了要考核结果指标之外，更多的应该考核过程指标。

思　考

1. 绩效指标如何提取？

2. 企业常用的绩效指标有哪些？

第 4 章

目标的合理设定

4.1 胆大包天还是得寸进尺

4.2 目标是固定值还是范围

4.3 大幅波动还是小幅波动

4.4 一个总目标还是若干个分目标

4.5 企业定目标还是让员工自己定目标

4.6 鞭打"快牛"还是鞭打"慢牛"

4.7 计划准确率

4.8 对领导拍脑门的看法

说到目标，我们不可避免地要讨论一个问题，企业的目标到底定为多少合适呢？不同的人有不同的见解，目前大多数人比较认可的一个原则是"跳一跳，够得着"，也就是说我们只要努努力，目标就能达成。许多老板，尤其是有魄力的老板，在定目标时恰恰不是按这个原则，他们经常会给大家制定一些不太可能完成的目标。

所以，目标定为多少合适呢？这需要大家根据自己企业的情况去具体分析和考虑，而不能一概而论，可以定增长的目标，也可以定很高的增长的目标，还可以定不增长甚至降低的目标，这些都是合理的。

在制定目标时，我的方法是先搞定那些确定性大的目标，这些目标肯定能完成，或者说大概率能完成，然后再分析那些确定性小的目标，想清楚确定性小的目标怎么完成。

在具体的目标制定与分解过程中，也有几个问题需要思考清楚。

4.1 胆大包天还是得寸进尺

不少人都有一个困惑，目标到底应该定为多少呢？是定一个努力就可以完成的目标，还是定一个很难完成的目标？

唐太宗在《帝范》中写道："取法于上，仅得为中；取法于中，故为其下。"意思是说，一个人制定了一个高目标，最后有可能只能达到中等水平；而如果他制定了一个中等的目标，最后有可能只能达到低等水平。由此可见，唐太宗提倡的是定一个很高的目标。

《从优秀到卓越》的作者吉姆·柯林斯在书中也总结道："卓越的企业之

万里星光 一如既往

绩效考核量化要点

1. 绩效指标必须量化，无量化不考核
2. 绩效考核指标应该与战略紧密衔接
3. 合理制定考核目标的原则是什么
4. 如何按岗位职责提炼绩效指标
5. 不考核的指标员工不作为怎么办
6. 制定考核周期时应该参考哪些因素
7. 掌握绩效指标提取的方法和工具
8. 学会制作、应用绩效管理系列表格

—— 出版咨询 ——

第4章　目标的合理设定

所以卓越，恰恰是因为他们制定了一个'胆大包天'的目标。"

最近几年，OKR（objectives and key results，目标和关键成果）比较火爆，OKR的理念要求大家制定一个有挑战性的目标，OKR之父约翰·杜尔提出，让大家先制定一个"胆大包天"的目标，只要完成目标的70%就是成功。

如此看来，制定一个富有挑战性的目标才是最有效的目标。许多老板也是这么想的："我心中的期望目标是1亿元，我给员工定2亿元的目标，只要他们能完成50%就达到我的预期了，如果能完成70%，岂不是赚了吗！"

他们这样想，确实有一定的道理。但是制定一个有挑战难度的目标也有副作用。

第一个副作用是员工不太容易接受，明明完不成还强迫员工接受，员工心里有想法又不敢说，所以有抵触情绪，会消极怠工，会躺平，甚至会跳槽。

第二个副作用是员工完成任务后不好处理。假设老板的期望值是员工每年完成3亿元的销售额，所以他给员工定的任务是每年6亿元，他想着员工只要能完成50%就达到他的心理预期了。年底的时候，果不其然员工完成了3亿元，达到了老板的心理预期，但没有达到老板定的任务。那么，员工完成的任务算好还是不好？应该怎么给员工的考核打分，是100分还是50分？怎么跟其他员工相权衡？

按照老板的心理预期，应该打100分，但实际上只能打50分。50分对应多少绩效工资？对应多少绩效奖金？如果还有另一个非业务部门的员工（如行政部门）的考核成绩是95分，要从两人中评选一个优秀员工应该选谁？

所以，制定一个有挑战难度的目标很容易引起了一系列其他的问题甚至是矛盾。

其实大家是歪曲了OKR的高标准。约翰·杜尔提到OKR应该分两类，一类是经营类指标，一类是运营类指标，经营类指标是要保证完成的，运营类指标是要有挑战性的，要有很大难度的，甚至可以说是"胆大包天"的。

于是我们明白了，销售类目标要定得合理，而不是"胆大包天"地乱定，运营类目标则可以"胆大包天"地制定。那么吉姆·柯林斯的话又如何解释呢？吉姆·

柯林斯其实只是总结了一个规律：卓越的企业大多都有"胆大包天"的目标。

从逻辑上来看，这说明不了太多问题，有"胆大包天"的目标既不是卓越企业的充分条件，也不是必要条件。充分条件是指，只要具备了这个条件，就能达到某个结果；必要条件是指只要有某个结果，就一定具备这个条件。

先说充分条件，许多有"胆大包天"目标的企业，最后的结局可能不是卓越，可能最后还消失了，比方说我们所熟知的乐视、现在正面临危机的恒大集团等。所以有"胆大包天"的目标不代表一定会成功。

那有"胆大包天"的目标是不是必要条件呢？我认为也不是。我研究了很多优秀企业的创业史，发现很少有企业在创业的时候就制定"胆大包天"的目标，许多企业都是懵懵懂懂地发展起来的，成长以后才学会了制定目标，并且不一定是"胆大包天"的目标。

既然"胆大包天"的目标，既不是充分条件也不是必要条件，那它是什么呢？有专家指出，它只是一个幸存者偏差的共同点而已。比方说，如果继续寻找卓越企业的共同点，我们发现除了有"胆大包天"的目标之外，还有许多其他共同点：这些企业一般都在高档写字楼里办公，员工的工资偏高，员工对企业文化比较认可，等等。

我们无法确定的是，是因为员工工资高，企业才成功，还是因为企业成功，员工工资才高？是因为企业成功，员工才认可企业文化，还是由于员工认可企业文化，企业才成功？哪个是因，哪个是果，目前还没有研究能证明。

卓越企业制定"胆大包天"的目标还有一个原因：这些目标大多是长期目标而不是短期目标。"胆大包天"的长期目标分解成短期目标后再回头看，其实并不是那么遥不可及。比方说 2022 年企业利润只有 1 亿元，30 年后我们制定的目标是 100 亿元，平均到每年增长幅度只需要保持 16.6% 即可。16.6% 的增长幅度很难达到吗？许多企业每年定的目标都是 30%、50%，甚至 100%。但如果我们能保持 16.6% 的速度增长，30 年，企业的利润就能增加到 100 倍。但现实情况是，许多老板会认为每年保持 16.6% 的目标太低，但却认为 30 年后企业利润增加 100 倍是不可能的。

第4章　目标的合理设定

《影响力》的作者罗伯特·西奥迪尼认为目标应该得寸进尺，也就是说先制定一个对方容易接受的目标，等对方授受后再提出更高的目标，这样对方更容易接受。他还举了许多研究案例来证明这一观点。

一个案例是，专家想在一些人的私有空地上树立一个巨大的公益广告牌，看大家的接受程度如何。一种方式是直接提出树立大广告牌的要求，结果可想而知，同意的人寥寥无几。另一种方式是先提出树立一个很小的公益广告牌，这个广告牌很不起眼，以至于不仔细看都发现不了，这时候大多数人都会同意。过一段时间以后，再提出树立大广告牌的要求，这时候大多数人都会同意这个要求。

另一个案例是，专家假装是某个居家协会的工作人员，并要求：进入居民的家中丈量他们的房屋，记录屋内的家具和生活用品。这个要求是极其无理的，在美国必须要有搜查令才能随意进出居民家中。但是专家发现，只要在提出这个要求之前，先提出一个比较小的、对方容易做到的要求，等对方同意之后再提出这个要求，成功的概率就会大幅度提升。

所以罗伯特·西奥迪尼的建议是在定目标时应该"得寸进尺"，也就是先定一个对方相对能达成的目标，等到对方同意并实现以后，再定一个更高的目标，这样成功的概率更高。分析了这么多，我们在企业中应该如何制定目标呢？

我的建议是：

（1）长期目标应该"胆大包天"，短期目标应该"得寸进尺"。

（2）已经养成了奋斗精神文化的企业应该"胆大包天"，否则应该"得寸进尺"。

（3）部分运营目标可以"胆大包天"，业绩目标应该相对合理。

（4）"胆大包天"的目标不设定负激励，目标只要达成了，给员工的激励也应该"胆大包天"。

华为的操作也可以给我们一点启示，华为一般会制定3个目标：保证要完成的目标、有挑战的目标、"胆大包天"的目标，这3个目标对应的分别是去年同期的标准、行业标杆的标准、老板的标准。这3个目标分别对应不同的激励标准，如果完成了老板的标准，奖励也是"胆大包天"的。

4.2 目标是固定值还是范围

在给员工制定目标时,有的企业采取了固定值的方式,如销售收入 10 亿元;有的企业给员工设定了一个范围,如销售收入 9~11 亿元。这两种方式哪个更有效呢?

这里要区分两种情况:一种是初始制定目标,一种是重新捡起以前未达成的目标。

对于初始制定目标的情况,一般来说,要把目标定得非常具体,如每月减肥 2 斤。但是对于说服自己或者说服他人重新捡起以前没有达成的目标时,恰恰适合定一个上下浮动的目标范围,如每月减肥 1~3 斤,这样会更有助于人们重新投入。

专家们在减肥俱乐部做了这个研究,他们把减肥人员分成两组,一组是单一数字组,另一组是浮动范围组。

10 周以后,研究者测量两组人员的数据:首先是减肥的效果,以减掉的体重为准;然后是继续参加后续 10 周减肥课程的意愿。从减肥效果上看,两组的区别不明显,单一数字组是 2 斤,浮动范围组是 2.4 斤,但是在是否参加后续减肥课程的意愿上,单一数字组中 50% 的人愿意参加,但浮动范围组中则有近 80% 的人愿意参加。

尽管减掉的体重差异不大,但持续参加减肥课程肯定有助于减肥。企业也是如此,企业的成功不是某一年某一时期的成功,而是持续不断的成功。

让人们实现目标的重要因素有两个:挑战性和可实现性。目标应该具有充分的挑战性,这会让实现的人有成就感,但前提是它得有实现的可能。面对单一数字的目标,人们不得不面对三种情况:相对有挑战性、相对容易达成或者介于二者之间的折中。而浮动的目标包含了这两个因素。也就是说,它结合了可实现性和挑战性两个因素。

所以,当某个目标实现的效果不是很理想时,我们可以尝试一下浮动型目标。例如，把孩子数学考试成绩的目标定为 85~95 分，而非 90 分，这样实现目标的可能性就会大大增加。

4.3 大幅波动还是小幅波动

山东德胜皮业的技术研发水平在业内较高，该企业能生产出许多竞争对手无法完成的高标准产品。但是该企业也有一个缺点，就是经常会生产出低于客户最低标准的产品。例如，客户对产品的质量要求标准是 9~11，平均值是 10，山东德胜皮业生产的产品有可能达到 15，也有可能达到 5，平均值也是 10，也就是说他们的产品有可能大幅度超过客户的质量要求，也有可能大幅度低于客户的质量要求。这种情况其实是有问题的。

从客户的角度来看，超出了质量要求固然好，客户可以生产价值含量高的产品，但低于质量要求的产品却不能用，所以会要求扣款甚至退货。更关键的一点是，客户在收到产品之前，不知道德胜皮业这次的产品是大幅超过标准的还是大幅低于标准的，所以，总是会让客户提心吊胆的。如果另一家企业生产的产品质量是 8~12，尽管也超出了客户的要求范围，但是客户提心吊胆的程度不会那么大。当然，如果是一家管理成熟的企业，生产的产品标准应该就是 9~11，甚至于最好就是 9，因为这样成本最低。

兴隆混凝土搅拌站也碰到了类似的选择难题，不过与德胜皮业不同的是，他们是作为采购商采购原料的问题。混凝土的主要原料之一是砂子，最好的砂子是河砂，好砂子的要求是其中包含的泥土的量越少越好，如北京的标准是千分之三。由于北京周边的河砂已经基本采掘殆尽，所以采砂场都是用其他砂子代替，这样砂子中含有的杂质（主要是泥）就比较多。他们采购的砂子中经常有含泥量超过千分之三的砂子，也有低于千分之一的砂子。如果砂子的含泥量较高，技术部门的处理难度就大，如果砂子的含泥量较少，技术部门的处理难度就小。

如果简单地定指标，这个指标低于千分之三就可以。但是在实际情况中这是不可能的。因为如果要保证低于千分之三的标准，需要从数百公里外运砂子，光运输的成本就有可能超过了混凝土的售价。所以我给他们定的标准是一个较窄的范围：千分之一至千分之六。

为什么定窄的范围而不是宽的范围？这么窄的范围很明显的一个缺点是不接收较高质量的砂子，如含泥量低于千分之一的，这可能与大家的认知有明显的偏差。

如果我们能持续稳定地买到含泥量低于千分之三的砂子固然好，但目前来看这种情况是不可能的，所以我们必须降低标准。如果我们收到的砂子有两种规格，第一车含泥量千分之零点五，第二车含泥量千分之九点五，两车的平均值是5，技术部门的处理难度将会特别大，两车的处理配方和要求会完全不同。同样的，一车含泥量是千分之四，另一车的含泥量是千分之六，技术部门的处理难度将会大幅度缩小，甚至于用同样的参数即可，大大提高了生产效率，节约了成本。

万科在管理中有一个规定，利润率超过25%的产品不做。这也是明显违背常识的。对一家企业来说，肯定是利润率越高越好。但为什么万科有这么一个明显不合理的规定呢？王石的解释是，如果大家都去做超过25%的产品，再回来做低利润率的产品时就会没有兴趣。因为利润率超过25%的产品不是一个常态，早晚有一天要做低利润率的产品，我们要不断地提升自己的管理能力，靠管理红利挣钱。

4.4 一个总目标还是若干个分目标

有时候我们的一个目标下面可能会有若干个分目标，我们是设计一个总目标合理还是设计若干个分目标合理呢？例如，一家企业的营销部门负责3个型号的洗衣机的销售；我们孩子要考数学、语文、英语等多门课程，这时候应

第4章 目标的合理设定

该定一个总目标还是定多个分目标呢？

一些中国的研究专家为一家有800名员工的中国企业做了一个试验。他们通过老板给员工发倡议信，号召员工参与一个募捐活动，帮助40名来自低收入家庭的学生。有320名员工响应了老板的倡议，登录了一个专门为捐款设计的网站，给一个特定账户进行了汇款。然而，他们不知道的是，一半人登录了总额数字的网页，另一半人登录了分项目标的网页。

进入总额数字页面的员工看到的信息是："请想一想这40名学生，为了这40名学生，你愿意捐多少钱？金额是_____。"

另一半人看到的信息却是这样的："在决定要帮助40名学生之前，请先假设一下，假如你只帮助一名学生，你会捐多少？金额是_____。"然后网站继续提问："如果要帮助40名学生，你会捐多少？"

结果差异非常大，总额数字组的平均捐款金额是315元，分项目标组的平均捐款金额是600元，差异近乎一倍。

这里的逻辑也很容易理解，当一下子说出要捐的总额时，我们下意识会想到有这么多人需要帮助，所以会给出自己大致能承担的额度，但当考虑一个人的时候，我们也会想一个数字，但这个数字一般会比前面的单价要高，因为太低了（前面总额数字的单人捐款金额只有不到8元）感觉作用不大，所以会提升捐款金额。

同样，我们在给员工定目标时，直接报出总额目标后，员工会觉得太高了，任务完不成，而如果针对每个业务分别定任务，却会比直接定总额目标高得多。

反过来，如果你需要跟老板要某项目的预算，如果一下子报出总额预算，会把老板吓一跳，但是如果按每一项分别报预算，老板则会认为相对合理。

在我服务过的一家企业中，某年的销售收入是3亿元，项目结束后董事长给下面3个负责业务的负责人定第二年的销售目标，他让负责人自己报目标，但在报目标时给他们提了几个小要求：

（1）仔细想一下每个客户的需求，预估一下每个客户对每一个产品的需求量。

（2）汇总每一个客户的需求量，得出总量。

在后来沟通汇报的环节中，三个业务部门的负责人共报出了 5 亿元的销售额。董事长既喜出望外，又有点担惊受怕，怕他们完不成目标，所以不断跟他们强调，这是要签军令状的，所以不能瞎报，要合理。

因为我们制定的销售负责人的薪酬是与销售业绩紧密关联的，销售额高薪酬自然高，所以三个负责人用一天的时间重新核算了可能的任务之后，还是按 5 亿元签了业绩合同。

案例　　某银行如何把目标分解到各分支行

我们在对不同的分公司、不同的部门，或者不同的员工进行绩效考核时应该考虑到他们之间的差异，用好比较优势。

举个例子，假设一位歌星和一位演员，他俩都是既唱歌又演戏。歌星歌唱得好，但是演戏一般，所以歌星唱一天歌能挣 10000 元，但是演一天戏只能挣 1000 元。演员正好跟歌星相反，由于演员的特长就是演戏，所以他擅长演戏，演戏一天能挣 10000 元，但是唱歌一般，唱歌一天只能挣 1000 元。同样两天的时间，如果他们分别唱一天歌和演一天戏，他们分别能挣 11000 元钱，两个人合计能挣 22000 元钱。如果两个人商量一下，分别发挥自己的比较优势，歌星只唱歌，演员只演戏，所以歌星可以唱两天歌，演员演两天戏，他们分别挣 20000 元，两人一共挣了 40000 元，这就是比较优势，也叫资源禀赋。

如果某一个人两方面都不如对方怎么办？假设还是这两位歌星和演员，由于歌星比较资深，是电影、音乐双栖明星，唱歌一天能挣 2 万元，演戏一天能挣 1 万元；而该演员由于入道时间短，两方面都欠缺，唱歌一天只能挣 5000 元，演戏一天只能挣 8000 元。无论是唱歌还是演戏，演员都不如歌星做得好，如果还是两天的时间，他们分别唱一天歌和演一天戏，歌星这两天能挣 3 万元，演员这两天能挣 13000 元，两个人合计能挣 4.3 万元。

在这里，我们看到，歌星尽管两方面都比演员做得好，但是明显他在唱歌方面的优势更大，演员尽管两方面都不如歌星，但是演戏的差距明显更小，

第4章　目标的合理设定

这就叫作相对比较优势。所以，歌星应该发挥自己的比较优势，只唱歌，两天能挣4万元，比唱歌和演戏各一天多挣了1万元；而演员也应该发挥自己的比较优势，只演戏，两天能挣1.6万元，比唱歌和演戏各一天多挣了3000元，这样一来两个人都比一开始既唱歌又演戏挣得多。

比较优势最早是由英国政治经济学家大卫·李嘉图提出来的：两个具有不同能力的个人，如果他们各自专注于自己的特长，他们创造出来的价值在互相交换以后合起来反而更多。这可以用1+1>2来表示。如果交换的人越多，市场越大，创造出的数量就越多。

比较优势可以帮助我们在竞争中脱颖而出，无论是小到一个人或是一个企业，还是大到一个国家，都应该用好自己的比较优势。我们在做绩效计划的时候，也要考虑各方的比较优势，根据他们的比较优势分别为他们制定不同的考核指标。

2009年我给江苏海门农商行做咨询项目的时候，这家农商行有46家支行，每家支行都要考核两个核心指标：一个是存款余额，另外一个是贷款余额。项目一开始的调研初期，在与支行长沟通时有的支行长对我说，他们支行是存款好完成，而贷款不好完成；有的支行长对我说，他们支行是贷款好完成，而存款不好完成；还有的支行是存款和贷款都好完成。

我发现，无论是存款还是贷款，各支行的差异都比较明显。以贷款为例，贷款额度最少的支行只有2000万元左右，而贷款额度最多的支行达到了7.6亿元，两者相差38倍。存款也一样，各支行之间存款额度的差异也达到了几十倍。而各支行自己行内贷款和存款的比值（存贷比）差异也比较大，最大的存贷比达到2.08，最小的存贷比只有0.17，差异为12倍。支行与支行之间，支行内部存款与贷款之间差异如此巨大。

以前的考核是各支行既要考核存款又要考核贷款，二者各占50%的权重，这样各支行管理层为了完成自己的考核指标，就必须把自己的时间和精力分摊到两个指标上，存款占50%的时间和精力，贷款占50%的时间和精力，如此一来，效率必然较低。

于是我就想到了用比较优势把这46家支行分成4类，即按照存款业务、贷款业务分别从低到高排序，把所有的支行分成4类。对那些存款和贷款本来就比较高的支行保持原来的定位不变，也就是存款和贷款各占50%的权重，而把存款和贷款本来就比较差的支行定位成以宣传和服务为主，其他两类用比较优势分别定位。

具体操作上，从总行层面考虑各支行之间的业务均衡，改变以往各个支行都是利润中心的状况，对情况不同的支行采取差异化的定位策略。高存款低贷款的支行可以采取存款为主的定位，类似总行的成本中心；而低存款高贷款的支行采取贷款为主的定位，类似总行的利润中心。并采取内部虚拟利润中心的定位策略，对资金提供方和资金需求方的支行分别制定不同的资金价格，分别计算各分支行的利润。

海门农商行的各支行定位如图4-1所示。

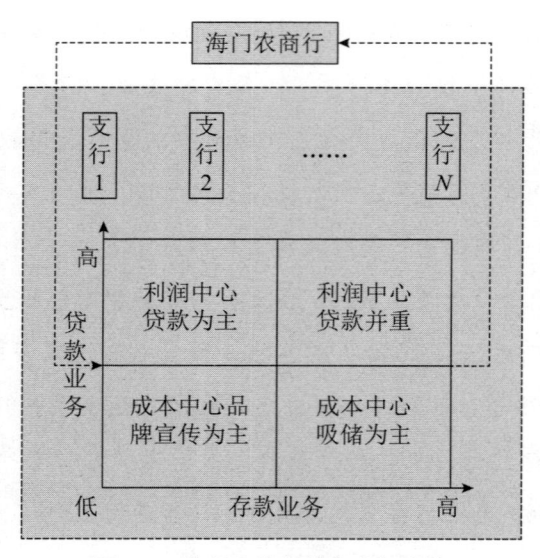

图4-1 海门农商行的各支行定位

我们可以对王浩支行和常乐支行进行分析，王浩支行存款2.5亿元，而贷款只有0.4亿元；常乐支行存款2.6亿元，贷款5.0亿元。如果这两家支行都把时间和精力平分到存款和贷款上，即50%的时间和精力用到存款上，50%的时间和精力用到贷款上，假设两者分别能提升10%的业绩，也就是最后王

/ **第4章** 目标的合理设定 /

浩支行能做到存款 2.75 亿元（2.5×110%），贷款 0.44 亿元（0.4×110%），而常乐支行存款能做到 2.86 亿元（2.6×110%），贷款能做到 5.5 亿元（5×110%），两者合计存款总额 5.61 亿元，贷款总额 5.94 亿元。

在这里，就可以用到比较优势。两家支行对比起来看，王浩支行的比较优势应该是存款，而常乐支行的比较优势是贷款。在为海门农商行设计绩效考核体系后是这样规定的：王浩支行只考核存款，只要王浩支行能把存款指标完成就是大功一件；而常乐支行更重要的任务是贷款，只要常乐支行把贷款指标完成一样是大功一件。这样一来通过绩效考核的方式把两家银行重新进行了定位，常乐支行是贷款行，王浩支行是存款行。

常乐支行要把百分之百的精力和资源放到贷款上，而王浩支行也要把百分之百的精力和资源用到存款上。因为常乐支行把百分之百的精力和资源放到了贷款上，所以按照上面的假设，贷款应该增长20%，最终的贷款额是 6 亿元，而存款额没有增长，依然是 2.6 亿元；而王浩支行是存款增长了20%，达到了 3 亿元，而贷款没有增长，依然是 0.4 亿元，两家支行最后合计的贷款额是 6.4 亿元，存款额是 5.6 亿元。

从表 4-1 中可以看出，用了比较优势之后，同样的付出，两家支行合计的存款余额只降低了 100 万元（5.61 亿元－5.6 亿元），但贷款余额却增加了 4600 万元（6.4 亿元－5.94 亿元），这就是比较优势的好处。

表 4-1　使用比较优势后两家支行的存款比较结果　　　　　单位：亿元

支行	期初存款	期初贷款	用比较优势前存款	用比较优势前贷款	用比较优势后存款	用比较优势后贷款	存款差异	贷款差异
王浩	2.5	0.4	2.75	0.44	3	0.4		
常乐	2.6	5	2.86	5.5	2.6	6		
合计	5.1	5.4	5.61	5.94	5.6	6.4	−0.01	0.46

使用比较优势后，各家支行都有了自己明确的定位，分别赋予不同的权重（见图4-2）。右上角高存款高贷款的支行存贷款的双重各占50%，左上角贷款权重占80%，右下角存款权重占80%~100%，左下角存款和贷款权重合

计不足 40%。使用比较优势后，各支行的权重及定位如图 4-2 所示。

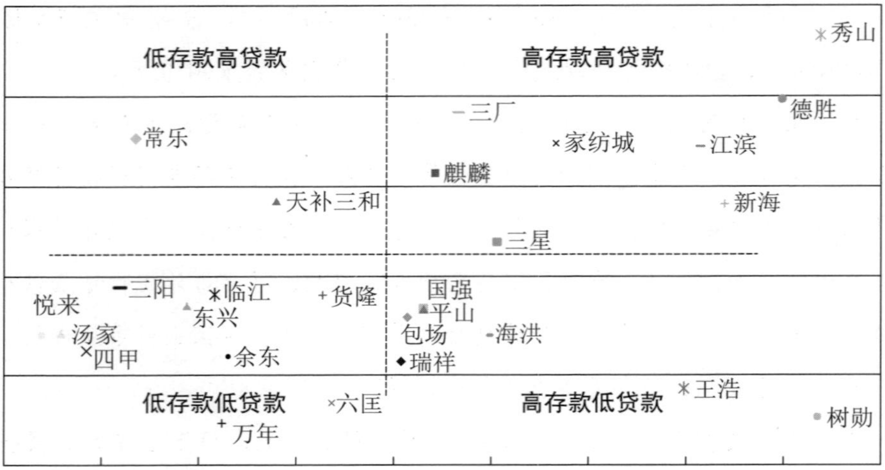

```
低存款高贷款              |              高存款高贷款                    ※秀山
                         |      —三厂                          ◆德胜
     ◆常乐               |              ×家纺城       —江滨
                         |            ■麒麟
             ▲天补三和     |                          +新海
                         |                 ■三星
    —三阳  ※临江  +货隆   |     国强
  悦来     ◆东兴          |     ◆平山
     ◆汤家               |     包场        —海洪
        ×四甲    •余东     |     ◆瑞祥
      低存款低贷款   ×六匡 |     高存款低贷款    ※王浩
              +万年       |                              ■树勋
```

图 4-2　使用比较优势后各支行的权重及定位

4.5　由企业定目标还是由员工自己定目标

这个问题也曾让许多人感到困惑，有人说应该由企业定目标，有人说应该由员工自己定目标，我们在实际的操作中应该如何处理呢？

目标管理源自管理大师彼得·德鲁克，德鲁克在经典图书《管理的实践》中强调：企业管理就是目标管理（management by objectives，MBO）。所以我们的 KPI 也应该基于目标进行分解。卡普兰的平衡计分卡（balanced score card，BSC）也是基于企业目标（战略）的分解，OKR（objectives and key results，目标和关键结果）也是目标管理的工具。所以，无论哪种管理工具，都是基于目标的管理方式。但这些工具还是有一些区别的。

MBO、BSC 强调是自上而下的分解，也就是说目标要基于企业战略，或者说由企业自上而下地定目标；OKR 强调员工的主观能动性，提倡由员工自己提出目标。这里大家依然误解了 OKR 的做法。

前面说过约翰·杜尔把 OKR 分成了两类：一类是经营类指标，一类是运营类指标。经营类指标的要求是自上而下，要保证完成的；运营类指标是自下而上，要"胆大包天"的。但自下而上不是要脱离企业的战略目标，依然要与企业的战略目标相关联，只不过是由员工自己提出而已。

所以，在这个问题上，我的建议是：

（1）经营目标必须自上而下的分解。

（2）运营目标必须承接战略，可以由员工提出，也可以由企业制定。

（3）如果企业的员工自己定目标的能力足够强，可以由员工自己制定，企业审核。

（4）如果企业领导或者负责目标分解的部门能力足够强，可以由企业制定，制定时要多与员工沟通。

（5）如果企业和员工水平较差，有绩效考核的形式即可。

4.6 鞭打"快牛"还是鞭打"慢牛"

第一个问题：鞭打"快牛"还是鞭打"慢牛"？

假设我们企业只有两个市场，对应两个团队，一个市场是"快牛"，去年全年完成800万元的任务；另一个市场是"慢牛"，去年全年只完成200万元的任务，也就是说我们企业去年全年实际完成的任务是1000万元。再假设今年我们全年的任务是1200万元，也就是说比去年增长了20%，那么这个多出的200万元应该怎么分配呢？

标准答案当然应该是依据市场的实际情况进行分配，但这属于正确的废话。因为影响两家市场的因素成千上万，每个市场都能找出一堆增长的理由，也都能找出一堆不增长甚至下降的理由，所以实际上唯一能确定的就是不确定。具体怎么分配这多出来的200万元呢，一般会有以下三种做法。

第一种是平分。就是两个市场各增长20%，"快牛"市场增长20%，960万元，"慢牛"市场增长20%，240万元，这个做法虽然简单粗暴，但大家如果都这么实施的话，下属也不会有反对的理由。

第二种是鞭打"快牛"。"快牛"多一些，超过20%，例如定为980万；"慢牛"少一些，低于20%，就负责剩下的220万。

第三种是鞭打"慢牛"。"慢牛"市场增长快一些，超过20%，定为260万；"快牛"市场增长慢一些，定为940万。

更多的企业会采取鞭打"快牛"的方式，因为鞭打"快牛"见效快，鞭打"慢牛"费力费时，效果不明显。

在具体执行的时候，不应该鞭打"快牛"，也不应该鞭打"慢牛"，当然也不能平分，应该先确定每个市场能完成多少，然后分解那些不确定的。两个市场确定性最大的应该是老市场老客户，这部分最容易预测，把这部分去掉以后，再分析相对确定性低一些的，就像要推销给老客户的新产品，这些确定性相对较低，但也不是最低的，最后分析确定性最低的，就是新市场推广。更关键的是，员工的收益要和目标相匹配。

第二个问题，个体指标和总体指标的关系是什么？

所有个体指标的和，是超过总体指标，等于总体指标，还是少于总体指标？

少于总体指标的情况很少见，但也不是没有。有一年我给一家集团的子公司做绩效咨询的时候，碰到这么一个问题，集团新推出一个产品，类似携程的代理销售酒店，里面有几项指标分解到子公司，其中一个指标是考核酒店预订的数量，评价单位是间/夜，也就是一个月要定多少房间出去。

由于这个产品是跟携程和e龙直接竞争，一开始定的目标比较大，做了大半年以后，发现跟人家不是一个量级的，尽管是行业老三，但根本没有市场，实际完成情况也就只有目标值的十分之一左右。而集团层面的这个指标还是按照一开始预订的目标值下达，下属子公司也按照这个目标去分解，这样的目标是根本不可能完成的。这样的目标分解下去一点效果没有，员工根本不会再把它当回事，因为你再怎么努力，即使把现在实际完成的任务再翻一倍，也只能完成目标的20%。对于目标完成率来说，完成10%和完成20%的区别不大。

第4章 目标的合理设定

他们领导问我这个问题应该怎么处理时，我当时给他的建议是，这个指标肯定是完不成的，所以肯定会影响到他这项指标的绩效，与其把不合适的指标分解到每个员工，还不如给员工一个合理的目标值，这样效果会更好。最后他们是按照实际的情况给每个员工下达目标，这样的结果就是个体目标的和小于企业整体目标。最后实际的结果表明，其实这种效果更好，尽管最后离集团下达的目标差距依然很大，但从完成比率来看，这家子公司的这个指标在集团所有的子公司里完成的是最高的。

个体目标的和小于总体目标的情况一般属于个例，那么其他两种情况哪种更合适呢？

大家采用更多的是个体目标之和远大于总体目标。为什么呢？大多数管理者是这么想的，领导给我的目标是100，为了我的目标能完成，我给下面的任务至少应该是120，这样即使有一两个团队给我掉链子，也能保证我自己任务的完成。有没有道理，太有道理了。

问题是你是这么想的，你的领导也是这么想的，你的领导的领导也是这么想的，你的下属也是这么想的，你的下属的下属也是这么想的，所有能把任务分解到其他人头上的人都是这么想的，结果就是业务员身上背的指标就会远远大于企业整体指标，这就是牛鞭效应，就是牛鞭的一头轻轻地一挥，牛鞭的末梢就会放大很多倍。其实领导期望的目标是100，但实际上传递到业务员身上，可能变成了150、200，甚至500，这就真的变成了不可能完成的任务。

我在北京大学光华管理学院读MBA的时候，上过一个决策模拟课程。当时模拟的是啤酒行业的全产业链，有的小组扮演生产商，有的小组扮演批发商，有的小组扮演零售商，各个环节的主要任务是根据上一个环节的需求调整自己的进货量或者生产量，零售商的进货量取决于市场，批发商的进货量取决于零售商，生产商的产量取决于批发商，当自己的库存少于需求量的时候，就造成了断货，如果库存量大于需求量，就造成了积压，但生产和流通各有两周的滞后性。

我对这个模拟课的印象特别深刻，一开始市场是均衡的，大家的操作也是相对理性的，甚至是保守的。但是市场并不是一直平稳的，有时候会有波动，由于某种原因导致市场需求有小幅度的上涨（模拟课结束后我们才知道，我们这次的模拟课假设是市场一直有小幅度的上涨，而且每次会有小幅度的波动）。

对于这种小幅度的波动比如上涨，零售商的反应一般是迟钝的，或者谨慎的，并没有加大采购量，于是批发商和生产商那里也没有反应。当零售商发现市场需求一直没有降下来的迹象时，库存已经有所下降，这时零售商的反应是加大采购量。但由于时间的滞后，两周后批发商的产品才能送到，所以在这两周的时间内，零售商的库存是继续下降的，当批发商发现零售商采购量加大的时候，也紧急向生产商加大采购量，但由于时间的滞后性，这两周内的生产商的库存也是不断下降的，生产商的库存也受到了类似的影响。

但市场的需求量还是有规律地持续增加，终于到了一个临界点，零售商、批发商、生产商所有的库存都接近于零，所有的企业加班加点以最大的产能生产产品，批发商和零售商也不断地加大采购，因为市场的需求没有得到满足，会累积到下一期，这样产品一直处于供不应求的状态，形势一片大好。

由于市场需求是稳定增长的，由于零售商前期低估了市场需求导致断货，为了弥补断货，只能加大采购量，由于供货的滞后，保守的采购量远远不能满足需求的差异，所以必须加大采购量。终于有一天采购量大于需求量了，但由于时间的滞后，即使采购量大于需求，市场环境体现的依然是供不应求，于是零售商还是继续加大采购量，批发商也加大采购量，生产商也加大生产，终于各个环节的实际到货量大于出库量，库存也终于有了补充，又到了合理的位置。

但由于采购的滞后性，后续的采购量还在源源不断地到来，而需求量的增长是稳定的，不可能消耗这些不断增加的库存，所以库存增加得特别明显，以至于所有环节的库存量明显偏高了。零售商终于决定减少采购量直至不采购商品，过几周以后批发商也不采购商品了，又过几周以后生产商也不生产商品了，即使不采购商品，我们发现由于采购的滞后性，各个环节的库存依然在增长中。正在我们感到绝望的时候，两小时的模拟时间过去了，游戏结束了。

游戏结束以后，我们激烈地讨论甚至可以说是争论却开始了，生产商埋怨批发商采购不稳定，批发商埋怨零售商采购不稳定，零售商埋怨市场不稳定。

当老师把各个时期的市场数据统计出来以后，我们发现市场数据相当有规律，尽管有波动，但一直在缓慢增长。其实市场一直没有变化，变化的是我们的决策，或者说是我们制定目标的方式有问题。大家在定目标的时候会根据自己的"经验"来判断，但这种经验有时候会放大市场的波动，每个链条都放大市场波动，最终导致整个市场的崩溃。

我们企业内的目标分解也是这样，当一线员工的承受能力不够的时候，整个企业销售目标的危机也就形成了。所以，不到万不得已，我不建议大家采取这种层层加码的目标分解的方式，实在要用这种方式，一个必要的前提是，你们企业规模不是很大，目标分解传达的层级不多。不满足这个条件，还是乖乖地用个体指标和等于总体指标的方法吧，因为有个别团队没有完成任务不要紧，还有其他团队超额完成的可能呢，从概率上来说，最后指标还是可以完成的。

第三个问题，个体指标是偏低还是偏高？这种问题不能一概而论，得根据个人情况来分析。对于新员工，由于他的自信心严重不足，给他的个人目标应该以偏低为好，这样可以增加他的自信心；对于老员工，由于他的能力远大于他的目标，这样的应该给他稍高的目标，以给他增加挑战性。

那这样是不是不公平？老员工干得多，新员工干得少。这里其实是有一个前提的，就是老员工和新员工的薪酬是否一样多呢？一般情况下，老员工的薪酬水平应该高一些，新员工的薪酬水平一般低一些，高薪酬的老员工承担高目标，低薪酬的新员工承担低目标，我觉着应该是合理的。其实还有一个原因，企业的新员工需要锻炼，需要企业对其进行培养，所以企业在新员工身上一开始肯定是付出大于回报的，所以新员工的目标可以稍低些，对老员工的培养期已经过去了，老员工应该给企业出效益了，所以老员工的目标可以稍高些。

4.7 计划准确率

许多企业每年都有编制第二年生产计划的惯例，尤其是生产类企业。编制生产计划可以有效地提前预判生产的情况，根据预测进行资源的合理分配，使企业的生产更有效。但生产计划的准确性却是一大难题，许多企业都不知道生产计划准确性如何。我的一个客户也咨询过我这个问题，他们企业的主营业务是石油勘探、打井和采油，做生产计划已经有十年历史了。

关于生产计划有3个数据，第一个是年底编制的第二年的生产计划，这个叫作初始计划；第二个数据是在工作中进行调整的计划，这个叫作调整计划，一般分为正常的每月滚动修订计划和特殊情况如疫情导致的调整计划；还有一个数据是当年的实际产量。于是我们可以根据这3个数据设计两个指标：初始计划准确率和调整后计划准确率，一般来说，初始计划准确性稍差，调整后计划准确性较高。企业具体数据的设计也应该参考历史数据。

例如，把前10年的这两个指标的数据列出来，看看历史准确性如何。很可惜，我这客户的负责做生产计划的同事从来没有想到计算一下实际达成率，也不知道历史的数据是多少，所以我们当场没有定目标值。

许多企业在指标的设计上都存在这个问题，就是没有历史数据，这个指标不仅仅限于计划准确率。例如，贵企业的人均利润是多少？产品一次合格率是多少？如果没有历史数据没关系，可以根据以往的数据计算，如果连原始记录也没有的话，就必须从现在开始做原始记录的积累了。

假设某企业近5年的数据是初始计划产量分别是600万桶、605万桶、610万桶、600万桶、580万桶，实际产量是550万桶、560万桶、640万桶、630万桶、550万桶，差额和准确率计算见表4-2。

表4-2　某企业近5年初始计划产量及实际产量的差额和准确率

时间	第一年	第二年	第三年	第四年	第五年
初始计划量/万桶	600	605	610	600	580
实际产量/万桶	550	560	640	630	350
差额/万桶	−50	−45	30	30	−230
准确率/%	91.60	92.56	95.08	95.00	60.00

初始计划量为600万桶，实际产量为550万桶，准确率为550/500=91.6%，

但如果初始计划量是 600 万桶，实际产量是 630 万桶，这样计算就会出问题，准确率不能为 105%，而应该是 95%。因为与计划产量比，实际产量无论是偏高还是偏低，都是有问题的。所以计划准确率的计算方法应该是：1− 差额的绝对值 / 计划产量，也就是说这个指标的最高值是 100%，不能高于 100%。类似的指标还有预算的准确率等。

根据上面的 5 年数据，我们发现第五年的计划和实际产量明显有问题，准确率只有 60%，而其他 4 年是 91%~95%，所以我们可以认为第五年属于特殊情况。查找原因，原来是疫情导致的。所以我们在定第二年指标的时候应该去掉这种特殊情况，只使用前四年的数据计算，（91.6+92.56+95.08+95）/4=93.74%。然后以 93.74% 这个数据为标准，设定第二年的准确率。

如果是一般性要求，可以直接用 93.74% 这个数据当作第二年的目标值，如果要求高，或者根据趋势，也可以用 95% 这个数据当作第二年的目标值，以后每年根据这个指标的实际完成情况确定第二年的目标值，也属于滚动修订。

4.8　对领导拍脑门的看法

某家石油企业，在讨论指标的时候，大家对领导拍脑门定指标的做法颇有微词，都认为目标制定的明显偏高，完不成，尤其是负责生产的部门。

由于当天老板不在，我也没有见过企业老板，不知道老板的管理风格与理念，我只能大致根据他们提供的情况来分析。

他们给我分析的情况大致是这样的，油井随着使用年限的增加，产量只会越来越低，按照经验分析，明年的产量大约只能有 450 万桶，但老板给定得任务却是 490 万桶，明显完不成。由于牵涉到具体数据，我也不知道是 450 万桶合适，还是 490 万桶合适。

于是我又提问了一个问题，你们历史数据的完成情况如何？其中一个领导说，历史上的完成情况都很好，几乎都能完成。

我引导大家继续思考，每年定任务时我们一般都说领导拍脑门，从前十年来看，领导这个脑门拍得挺准的。如果十年的历史数据证明领导拍脑门的学问挺靠谱，那么我们就应该相信领导的主观判断，因为他的经验比我们丰富。我一直也是这么认为的，对于有经验的领导来说，他们的主观判断尽管看起来比较武断，但实际上他们的主观判断里包含了他们多年的行业经验、人生阅历以及管理哲学。许多事实也证明了老板的主观判断的准确性很高，所以我们应该相信老板。既然前十年他的判断都挺准，我们有什么理由今年不相信老板的判断呢？

另一位领导紧接着又说，老板前几年都是在理性分析的基础上下的结论，跟我们的预测差不多，而今年他定的指标明显偏离了我们的预测，所以今年他定得不合理。我说，如果我是您，我会这么思考，前十年老板都非常理性，会根据科学数据作判断，今年老板的风格明显变了，这是什么原因导致的呢？

一般来说，一个人连续十年的管理风格很难突然一下子来个 180 度的大转弯。所以，这里面一定有我们不知道的原因，是不是有哪些我们不知道的因素，或者有哪些我们遗漏的数据，抑或者是我们的判断有问题。前十年老板定指标的时候也很激进，只不过是我们忘记了。当然也可能是老板今年确实定错了，没关系，只要在计划讨论会上把我们的历史数据、判断依据等跟老板说清楚，互通有无，讨论清楚即可。

遇到自己困惑的事情，应该用更深层次的思维思考问题，也就是多问几个深层次的为什么。例如，有一次我看粤港澳大桥的纪录片，我对蜿蜒曲折的大桥一下子就产生了好奇心。众所周知，粤港澳大桥建造在大海上，没有高山阻隔，但大桥却是漂亮的 S 形，不是我们认为的直线形。难道修剪成 S 的形状仅仅是为了美观吗？那成本也太高了。

如果不是为了美观，为什么不选择两点之间直线最短距离呢？紧接着我就想，专家这么修一定有他的道理，只不过是我们不知道而已。后来才知道，大桥之所以不是直线，是因为大海中的水是有暗流的，大桥与暗流之间有一定的角度，这样才能保证大桥不被暗流直接冲击，有利于保护大桥。这就是进一步思考的方式。

所以，对于老板拍脑门定指标的方式，我们应该用更深层次的逻辑思维来思考，实在找不到解决方案时再对老板提出我们的困惑，让他帮我们一起解决。

总结：

- 老板拍脑门作决策大多数是正确的。
- 模糊的正确要好于精确的错误。
- 胆大包天还是得寸进尺需要考虑具体情况。

思　　考

1. 目标应由谁来定？

2. 目标是固定值吗？

第 5 章

绩效的辅导执行

5.1 绩效执行过程中的角色分工
5.2 如何完成招聘指标
5.3 在实际操作中碰到的问题
5.4 绩效指标的调整

5.1　绩效执行过程中的角色分工

绩效计划之后，紧接着的步骤就是绩效的执行。许多人对绩效的执行不太重视，甚至没有任何的关注，这是非常不可取的。绩效管理的目的就是为了实现企业的目标，既然是为了实现企业的目标，在执行的过程中，我们就应该想方设法努力去完成制定的计划。

有一部分企业管理者的绩效考核成绩是由下属的平均成绩所决定的，他们把管理者所有下属的考核成绩作为管理者自己的考核成绩，或者至少占管理者绩效成绩的一定权重，体现的就是这种理念。这些企业认为，在绩效执行的过程中，下属成绩的好坏，很大程度上取决于管理者的辅导，管理者如果对下属的辅导良好有效，下属的成绩自然而然就高，否则下属的成绩必然较差。所以，把下属的成绩作为直接管理者的绩效也是有一定的道理的，至少下属的成绩应该占直接管理者绩效的一部分。

绩效的执行主要有三个参与者：员工、管理者、人力资源经理，三个参与者在绩效执行过程中的角色是不同的。员工是绩效的直接执行者，对绩效效果的好坏负有主要的、直接的责任。管理者负责对员工绩效进行辅导，帮助员工完成绩效目标，所以管理者对绩效效果的好坏应该担负次要的、间接的责任。人力资源经理在绩效执行的过程中主要担任专家和顾问的角色，负责在绩效执行和辅导时提供给管理者方法和工具，必要时给予一定的辅导、支持乃至培训。

5.1.1 如何确保绩效顺利达成

我儿子在上初中的时候，有一次学校举办两年一度的科技节活动，有许多项目让学生们自由选择参加，我儿子选择了设计科技节徽标。但回家以后，孩子一直闷闷不乐，因为他不知道如何设计。正好那天我看了一篇报道，说的是马斯克研发脑机的新闻。

所谓脑机，就是把人脑和计算机结合在一起，人脑和计算机实现互联互通。现在已经在猪的大脑上实验成功了，就是把微型芯片植入到实验猪的大脑中，计算机可以读取猪大脑的反应。所以，在不久的将来，我们在科幻电影中看到的改造人、机器人将可能成为现实。

我把这个故事讲给了孩子听，然后跟他说，你把这个理念表现出来的话，一定能获得老师的认可。

孩子问我："那怎么实现呢？"

我说："你想想，脑机主要是两个元素，一个是大脑，一个是机器——计算机，想到它们最核心最本质的内容，然后用最简单的图像和语言表达出它们两者之间的结合就可以了。"

我继续引导他往深层次思考："大脑属于什么？有机体。那有机体的本质或者核心是什么呢？用什么东西表述有机体，所有人一看到就能明白是有机体？"

"DNA。"孩子高兴地答道。

"对，DNA 代表有机体，所有人都能明白。"我也很高兴。

我继续引导孩子思考："那什么能代表计算机的基础呢，或者说计算机最简单、最基本的核心是什么呢？"

"01"。孩子不假思索地回答。

"好了，既然我们找到了最核心的本质，DNA 和 01，接下来就是你的任务了。"我给孩子布置了最后的任务："你自己想办法通过恰当的表述，把 DNA 和 01 融入徽标中，要求简单明了，色泽搭配协调、美观。"

布置好作业之后，孩子就专心致志地去做他的徽标了。等到正式评选的时候，孩子特高兴地告诉我，作业被评为全校特等奖，并且作为本届科技节的正式徽标对外发布，印刷在所有科技节的资料上。

我能看到孩子的高兴、兴奋、自豪、成就感，并且增加了处理新事物的自信心。

所以，员工不是不想完成自己的工作，只是他们不知道正确的方法而已。我们作为领导，作为过来人，应该把我们的经验传授给他们，教会他们方法。当然，是教方法，教思考，而不是替他们做。我们知道的是理念、方法，但是具体的技巧、作业方式，员工比我们更清楚，所以必须引导他们思考，让他们去执行。

我在为企业服务时，更喜欢教大家的是思考方法，做事的理念，而不是具体怎么做。就像巴菲特一直教大家投资的理念，而不是告诉你买什么股票。但在实际中，许多人的做法恰恰相反，大多数人的做法是，给我个股票代码（告诉我应该买哪只股票），或者告诉我应该怎么提高质量，怎么做营销活动。

到目前为止我依然不懂牛皮是怎么生产出来的，但是我能帮企业把牛皮质量改善得更好；我也不懂混凝土是怎么搅拌出来的，但是我能帮企业突破他们的极限产能；我不懂银行是怎么实施风险管控的，但我能帮助他们提高存款，更好地放贷，增加效益。

这就是企业领导、专家的核心职责：发现问题，带领大家一起思考，一起找到解决问题的方法，然后解决它，并且避免以后再发生同样的问题。

长此以往，就会"青出于蓝而胜于蓝"，一代更比一代强，我们的企业也会越来越好。

5.1.2 执行的技巧

随着智能手机的普及，大家的健身也得到了有效的管理。为了身体健康，有时候我也会去跑步，锻炼身体。当我跑步的时候，我会用华为的运动健康

第 5 章　绩效的辅导执行

App 做辅助，后来我发现了一个现象：当我的目标是五公里时，当完成第一公里时，软件会便发出友好的鼓励"您已经运动一公里"，当完成两公里时，软件继续提示"您已经运动两公里"，当跑到一半的时候，软件提示变成了"您已经完成了目标的一半"，当跑到三公里的时候，软件提示又变成了"离完成目标只剩下两公里"，当跑到四公里的时候，软件又变成了"离完成目标只剩下一公里"。我一直在想，软件为什么要这么提示？

按照正常的逻辑，提示应该是您已经完成一公里、两公里、三公里……或者离完成目标只剩下四公里、三公里、两公里……软件这样设计是不是有什么特殊的用意呢？

这里面用了两个心理学的常识：一个是即时激励，每完成一个业绩给予一个鼓励，这个好理解；第二个心理学知识是"小数字假设"，即用已经取得的微小成绩鼓励大家，而不是让他盯着没有完成的大数字。

这个实验是专家在餐厅进行的研究，他们给顾客两种积分卡，一种是每消费一次加一个印花，消费积满 10 个印花有奖励，姑且叫作进度累进组；另一种是提前印好 10 个印花，每消费一次用专业打机孔打掉一个印花，姑且叫作剩余任务组，顾客在哪种情况下更愿意消费呢？

研究发现，当顾客一开始进展很少时，进度类进组更容易继续消费；而当顾客进展较大时，剩余任务组的顾客更容易消费。

这是因为人们更容易被一些小数字所吸引，如你已经消费了 2 次，或者只剩下 2 次消费，而不是大数字。这是因为，盯着小数字，容易引起人们高效做事的愿望。如从 1 个印花到 2 个印花是增加了一倍，但从 7 个印花增加到 8 个印花只是提升了 15%；从剩余两个印花减少到一个印花是降低了 50%，而从 8 个印花降到 7 个印花只是降低了 12.5%。

如此一分析，运动健康 App 软件的提示音的作用自然就十分有效了。

所以，我们在给员工制定年度目标以后，第一个月过去后，假设任务已经完成了 10%，我们应该如何激励员工呢？我们应该跟员工说"第一个月开门红，我们已经完成了全年的 10%"。而不是说"第一个月开门红，我们只剩下 90% 的任务就完成了"。当任务进行到一半的时候，我们既可以说"我们任务已经完成了一半"，又可以说"我们还有一半就能完成全年的任务了"。当任务完成超过一半以后，假如任务已经完成了 70%，这时应该跟员工说"我们只差 30% 就完成全年的任务了"，而不是说"我们已经完成了全年的 70%"。

许多软件在让你填写完整资料时，也是这么处理的，"您已经完成了 20%"或者"您只差 20% 就完成完整信息了"。

所以，看到这一节，你只差 30% 就能学完全书了，加油。

5.1.3　损失规避原则

依然先做两个小测试：

项目符号今天获得 20 元钱和明天获得 21 元钱，只能二选一，你选哪个？

项目符号 7 天之后可以获得 20 元钱和 8 天之后获得 21 元钱，只能二选一，你选哪个？

大多数人在第一个测试中会选第一个，而在第二个测试中却会选第二个。有没有发现问题？同样是一块钱的差异，但人们的选择却不一样。第一个测试的结果是，大家愿意提前一天拿到钱而不是为了多一块钱第二天拿；第二个测试的结果是，大家愿意多等一天多拿一块钱。

所以我们在不同的情景下，对员工的激励手段也不一样。

专家依然为这个问题做过研究，专家让受试者完成一份任务，奖品是一件价值不高的小物件，被混合放在两个不同的盒子里，受试者可以任选一件。他们完成任务后，如果再选择完成一个同样难度的任务，可以再选一件。

受试者被分成了两组，一组得到的信息是，再完成任务可以从两个盒子中任意一个盒子选取；而第二组得到的信息是，两件奖品必须来自不同的盒子。

我们分析一下，第一组可以在两个盒子里任意选择，第二组必须选择不同的盒子。明显第一组的条件要优于第二组的条件，但实际上两种选择是没有区别的，因为两个盒子的礼物都是随机放置的。

但令人惊奇的是，第二组愿意继续做任务的概率是第一组的三倍。一个看起来更差的条件却获得了更好的结果！

专家认为，把产品分成两个类别，人们的感受是，如果不完成那个额外任务，就会失去某种东西，而失去东西总是让人不快的。所以，人们总是想尽各种办法尽量避免失去东西，这就是损失规避原则。

一个人在投资股票时如果亏损了，也要千方百计地等到解套时再卖，这就是典型的损失规避原则。

所以，我们在为员工设计提成政策或者奖金时，可以设计成只有完成了第一类奖励之后，才能争取第二类，而不是两个分别进行，这样效果会更好，也不会增加企业的激励成本。

年终奖一般是根据年终考核成绩分配的，而年终考核是在平时考核基础之上进行的，一般是将平时考核成绩加权平均再综合考虑员工的周边绩效如态度和能力等指标综合计算出来的，这样的分配原则也会明显地提升对员工的激励作用。所以，我们一般要把年底的激励基于平时的考核成绩之上，而不是再做一次全年的考核。

5.1.4　0 和 100 的分歧

在为某机械制造企业服务的时候，我与总经理探讨企业及员工的绩效指标问题。总经理跟我说，他们现在有一个很头疼的难题，是当机械设备运到客户现场后还会发现设备存在不少问题，这个应该杜绝。这个理念我高度认同，俗话说"家丑不可外扬"，我们应该把问题在自己家里解决，到客户现场后，提交的应该是运转顺畅、无任何故障的设备。这个问题的责任应该归属技术部门，所以，我们给技术副总定的指标中有这么一个指标——现场问题数量，目标值为0。

我们给员工定完指标后，不是自己觉着指标合理就可以直接传达了，还必须与员工达成共识，让员工认可。所以，我继续与技术副总探讨这个问题。当技术副总看到这个指标时，面无表情地说："定多少都可以，反正也完不成。"如果员工是这么认为，这个指标等于没有。

我于是与他进行沟通，为什么完不成呢？他说，0这个目标根本不可能实现，现在工期这么紧，人手这么少，技术还有缺陷，怎么可能做到0事故呢？我继续与他沟通，我们定任务就是希望大家努力后，这个任务是可以完成的，如果完不成我们找找原因，或者更改一下目标值。所以，我问他，那您认为这个目标值定多少合适，或者换句话说，定多少你们能保证完成。他思考了一会儿后说："100估计差不多吧。"

惊得我差点把刚喝到嘴里的水喷出去。这玩笑开大了，一个期望值是0，另一个的期望值是100，怎么样才能达成共识呢？站在企业的角度，零事故是毫无疑问的，哪个客户愿意买一台有问题的设备呢？但站在员工的角度，确实大家已经天天加班到9点以后了，再加上许多是之前根本没有碰到的技术难题，所以很难杜绝问题的发生。

于是，我们又把总经理叫到了会议室，我们三方一起坐下来探讨这个指标到底应该如何处理。这一讨论就更复杂了。

第一个问题，现场问题的定义是什么？边界在哪里？

到现场后设备不能正常运转肯定算现场问题。如果不是这么明显的问题，而是比较模糊甚至是一些更简单的问题算不算现场问题？例如，设备表面有一道划痕算不算现场问题？如果算的话，肉眼能看见就算还是以多长为标准？这个问题如果不提前定好规则，后续的考核一定会扯皮。

第二个问题，即使现场问题定义清楚了，现场的人手不够，大家已经加班到筋疲力尽了，怎么样才能杜绝问题的发生？

第三个问题，即使大家再继续加班，保证解决自己力所能及的问题，但超出现有能力范围的技术问题如何解决？甚至于有些问题是我们之前从来没有遇到过的，这些问题如何解决？

第 5 章　绩效的辅导执行

就这一个指标，我们沟通了大约一下午的时间。第一个问题尽管复杂，但不难解决。我们自己先定义好现场问题的定义及范围，定义现场问题的标准。这个与技术部门一起探讨，很容易就达成了共识。第二个问题就比较麻烦，人手不够，疲劳作业，很容易导致疏忽，疏忽必然带来一些失误，甚至是低级的失误，比方说忘记插电源，电线接反了等。

我对第二个问题的解决思路是，撰写标准化作业手册，提倡标准化作业（对于那些管理水平差、效率低的企业，这样做会很明显地提升效率，提高收益）。每个员工的能力不同，认知也不一样，所以操作流程千差万别。所以，所有的作业流程，如果能够做到标准化的，一定要做到流程标准化，如生产标准化、设计标准化、检测标准化、服务标准化等。

以现场检测标准化为例，我们要求每台设备必须配备《检测标准化手册》，现场检测人员无论技术水平如何，必须按照标准流程操作，一步也不许遗漏。标准化手册的要求是，任何有能力的人只要拿到《检测标准化手册》就能准确地操作下去，这样即使他们处理能力不足，也可以反馈给后台的技术专家。我对《检测标准化手册》合格的要求是，即使是像我这样的一个非专业人士，也可以按照标准化手册操作完成。这样，通过各个环节的标准化操作，最大限度地解决了疏忽导致的失误问题，并极大程度地提高了工作效率。

在具体执行时，要求员工无论技术多熟练，资历多深，都必须严格依照标准化手册执行。这是我在坐飞机时发现的小技巧。大家坐飞机时，肯定都听过空姐的广播。我发现空姐的广播都非常流利，很少说错话。因为要避免说错话，最好的方式是做到条件反射，就是肌肉记忆，不动脑筋地说出来。我现在依然能背圆周率 π 小数点后 50 位数字，这就是来源于小时候的肌肉记忆。

但是空姐要把每一次广播都做到肌肉记忆难度特别大，需要几百遍，甚至上千遍的练习。后来我发现，原来空姐在广播的时候，他们都是拿着小卡片照着上面的文字在读，无论这个广播她们播了多少遍。这样，辅助多次练习，基本上就不会读错字了。

第三个问题最复杂，首先我们把最近几年发生的所有现场问题进行了统计分析，把这些问题进行了归类：

第一类是以前算现场问题，但根据新的定义已经不算现场问题了，这类问题去掉即可；第二类是我们有能力解决的问题，主要是由于马虎导致的，这类问题是必须杜绝的；第三类是以目前的技术解决不了的问题，至少短期内解决不了，目前在研发部突破技术难关之前，只能带着问题去现场想办法。

于是这一个指标分解成为两个指标，必须杜绝的现场问题和目前技术解决不了的现场问题。必须杜绝的现场问题目标是0，技术解决不了的现场问题可根据去年的历史数据重新制定目标。

然后，我们对历史上产生的现有技术解决不了的问题又作了进一步分析，找出重复出现次数最多的一类问题，经过讨论立项后交给研发部，由研发部制定工作计划并进行考核。

所以，定一个指标很容易，只需要1分钟，要双方达成共识可能需要几小时甚至几天的时间，但如果要彻底解决问题，可能需要几天甚至几年的时间。只有双方达成共识，考核指标才能够真正落地实施，不至于走形式。只有帮助员工一起想方法，找到问题的解决思路，才能真正提升企业的效益。

5.1.5 绩效成功实施的关键要素

山东德胜皮业绩效指标制定完毕，马上要实施的时候，董事长又提出了一个问题：因为企业之前管理做得不到位，员工对企业不是十分信任，好多人可能会抱着观望的心态，这个问题应该如何处理？

这个简单，十几年前我就用过一回了，这次又排上了用场，就是商鞅立木树信的故事。我给董事长讲了商鞅的立木树信，又讲了当年我们在海门农商行的故事。董事长特高兴，马上对行政副总说，冯老师说的这个木头马上要立起来。

我们一共选择了十项改善举措，第二天，在企业全员大会上，董事长给大家宣读了这十项改进措施。会后董事长跟我说，其中有两项举措，员工长时间热烈地鼓掌。

第 5 章　绩效的辅导执行

第一项举措是，给全体员工上住房公积金，这个对员工是特大的利好，这也是董事长主动提出来的。

第二项举措是我在访谈中发现的，德胜皮业的工资是隔一个月发放，例如，员工三月份完成工作之后，一般情况下应该四月份发工资，但德胜皮业是五月才发工资。当时我问董事长为什么要隔一个月发工资。他说这样可以最大限度地保留员工。我认为这种可能性不大，隔一个月发工资，是降低了全面薪酬，员工满意度会降低。尤其是对基层员工来说，他们的收入本来就不高，家中积蓄也不是很多，晚发一个月对他们的影响会很大。

许多企业都存在这种情况，认为晚发工资或者奖金能降低离职率，我认为这种做法不仅不能降低离职率甚至会提高离职率。试想一下，晚一个月发，工资依然还是要发的，员工离职的话，这个工资不可能不给，所以对降低离职率没有一点积极的作用。但由于晚发工资，降低了全面薪酬，降低了员工的满意度，实际上会提高离职率。

许多企业在春节后的离职率最高，于是老板就想到了一种方法——年后发奖金。因为老板怕员工年前辞职，所以规定春节后发奖金。我认为这也有问题。试想一下，春节后离职和春节前离职对员工有什么区别吗？只要员工对企业不满意，他依然会离职。员工离职的原因不是什么时候发奖金，而是对企业不满意或者说有更好的选择。也就是说无论你什么时候发奖金，只要员工不满意他就早晚会离职。

春节后发奖金的效果实际上远远不如春节前发奖金。首先，春节期间是大家用钱最多的时候，所以春节前发奖金能增加大家的满意度。其次，如果某个员工春节后离职的话，企业依然要给付该员工春节期间的薪酬，这也得不偿失。

所以，我建议德胜皮业按照市场上通用的做法发工资，一般我们可以在次月的 10—20 日之间发工资，这样对员工更合理，更公平。

当这两项措施颁布以后，员工报以持续、热烈的掌声。员工的积极性以及对企业的认同感得到了大幅度的提升。

当大家对企业更认可，对企业的信心更高的时候，再推行下一步的行动，成功的概率会更高一些。这也属于得寸进尺。

所以我经常说，管理是相通的，你们企业碰到的问题，大多数是其他企业已经解决掉的问题。谁能想到在银行用过的管理技巧，在皮革制造企业能再用一遍呢？我还对一家医疗器械和一家酒精制造企业用过同样的薪酬方法。这种跨行业的管理，都是可以通用的。

5.1.6 公开承诺

在山东德胜皮业的绩效指标设定之后、执行之前，我们举办了一个隆重的签字承诺仪式。在全体员工大会上，董事长与每一名部门经理逐一签署绩效合同，然后让每个经理当着全体员工的面大声地朗读自己部门的绩效指标，最后与董事长合影留念。

好多人可能会困惑，搞这种形式主义有用吗？有用，非常有用。这在心理学上叫承诺和一致。

一个人的行为比言语更能暴露他的真实想法，所以我们有句名言叫"不要听他怎么说的，要看他是怎么做的"。行为是人们用来判断自己的信仰、价值观和态度的最主要的依据。那么，语言能否影响自己的行为呢？

从心理学上来说，当一个人作出了一个承诺，自我形象就会受到一致性原理的双重压力。一是来自内心的压力，它迫使我们的所作所为要与我们的形象保持一致；另一方面是来自外界的无形的压力，它要求我们要按照他人的看法来调整自己的形象。所以，公开承诺是非常有效的一种方式。

我们身边都有不少这样的人，有的人一年成功减肥十几次，有的人一年成功戒烟几十次，换句话说，屡次发誓屡次失败。减肥的方法，大家都知道，就是"管住嘴迈开腿"，少吃多运动。但为什么那么多人减肥不成功呢？主要是执行力的问题，执行力差的根源是毅力不够。

所以我们不能只靠自我的内部驱动，还需要外部的一个压力，这个压力就是监督。监督包括有形监督和无形监督。有形监督是指有明确的监督人，违反规定会受到相应的惩罚。无形监督是指没有明确的监督人，违反规定也不会受到任何处罚，更多是内心的自我惩罚。

公开承诺就属于一种无形监督。当我们把自己的目标公布于他人时，这些见证人就是无形的监督，即使我们没有达成目标，他们也不会对我们做出任何惩罚，但我们自己内心会不安、内疚，这就是自我惩罚。你对公开承诺的对象越重视，公开承诺的对象越多，你成功的概率就越大。

对企业全体领导及员工作出了公开承诺，尤其是在自己的下属面前作出了承诺，我们就得做出表率，否则我们在下属面前的面子何在？威严何在？这样，公开承诺就迫使我们想尽一切办法达成我们承诺的目标，这也是推动我们成功的一种有效动力。

如果你屡次戒烟都失败，或者屡次戒烟都成功；如果你屡次减肥都失败，或者屡次减肥都成功，你可以试试这种方法：把你戒烟或者减肥的目标写下来，然后告诉你所有的亲戚朋友，越重要的亲朋越要告知，告知的亲朋越多越好，尤其是你暗恋的对象，这样你成功的概率就越大。

这里必须声明一下，公开承诺这个动作是董事长自己想出来的，我只不过是推波助澜了一把。

这里再一次说明，在完成企业目标的过程中，一定不是我们咨询顾问单打独斗，而是我们整个企业所有人努力的结果。只要机制建立得好，员工的积极性就高，员工敢于发言，员工愿意提议，员工乐于参与管理，这样企业的业绩就会越来越好。

我们付薪雇佣了员工的体力，但我们更应该使用他们的脑力。可喜的是，他们也乐意企业使用他们的脑力，他们也以能为企业建言献策为荣。这也是好企业的特征。

5.1.7 从小处做起

"一屋不扫何以扫天下"，说的就是如果小事都做不好怎么可能成就大事呢？在企业中也是如此，良好的管理都是从一点一滴的小事做起的。例如改善办公室的整洁度，食堂的用餐环境，工人操作间的条件等，都是用来提升员工积极性的方法。

我服务过的一家500人左右的位于北方的生产制造企业，我们去员工食堂吃饭时发现了几个问题：

（1）饭菜种类少，口味差，食堂只有一个荤菜和两个素菜供大家选择，口味也不是很好，导致有不少员工不吃食堂的饭菜而选择了自己带饭。

（2）食堂的卫生很差，餐桌上总有一层油泥，用手一摸一手油。一些不经常使用的餐桌上落了一层厚厚的土，还经常能发现苍蝇在餐厅飞来飞去。

我跟企业相关负责人反映了这些问题，对方解释说，由于成本预算限制，加上员工吃得少，所以只能少一些品种，品种多了浪费。至于苍蝇，因为企业地处农村，农村苍蝇多很正常，也不能像大企业那样有更多的经费，这个没办法解决。

我服务的另一家在江苏的企业，也是生产制造业，也同样位于农村，企业规模也不是很大。我去他们食堂用餐时发现，他们的食堂就像大企业、外企的一样，饭菜可口、品种多、桌椅洁净整齐，关键是我在那里用了几次餐，一只苍蝇都没发现。我问过负责后勤的负责人，他们说，前几年工厂刚建成的时候，确实有不少苍蝇，他们想了许多方法，用了大约半年的时间彻底把苍蝇隔绝到门外了。所以，不是不可能，关键是我们有没有想过。

北方这家生产制造企业的负责人又提出了另一个疑问：把环境建设得整洁漂亮带来的效益和付出的成本怎么比较呢？这句话我听明白了，他的意思是我们付出那么大的成本值不值得？

有位专家在荷兰做过一个测试。在一家购物中心外的一个小巷子里，停了不少顾客的自行车，研究人员把购物中心的广告单用橡皮筋套在自行车的车把手上。他们做了两组对照，一种情况是什么也不动，另一种情况是他们往小巷的墙上喷了涂鸦。由于附近没有垃圾桶，所以面对广告单，人们有两个选择，一个是把广告单随手扔在地上，另一个是带走广告单。

结果显示,当墙上没有涂鸦的时候,33% 的人把广告单扔到了地上,而墙上有涂鸦的时候,把广告单扔在地上的比例达到了 69%,提高了一倍。

研究人员没有止于这个实验,他们做了一个更有挑战的研究,看看环境对大家的挑战。他们把一个贴了邮票、写了地址,并且明显能看出里面是放了现金的信封放在邮箱里,故意塞进一半,漏出一半,好让路人能够拿到。最后得到的结论是:当地上没有垃圾的时候,只有 13% 的路人偷走了信封,而地上如果有垃圾的时候,这一比例提高到了 25%。

由此可见,环境的改变对人们行为具有多么强大的影响力。

如果环境糟糕,不仅仅影响员工的心情,还明显会影响员工的行为。还有一个关键的因素是,改变环境比改变员工的思想更容易。

所以,我告诉他们,先从企业可以改变的环境开始,包括厂区环境、工作环境、休息环境、用餐环境、办公环境,一切向外企的标准看齐。果然如我所料,只是这么一个小小的改变,员工的积极性就得到了明显的提升,进而我们就看到了企业许多指标的改善:迟到的员工少了,产品合格率提升了,生产成本下降了,等等。

这就是所谓的小改进,大业绩。

许多管理差的企业,都可以先从小事做起,先从餐厅做起。俗话说"要留住员工的心,先留住他的胃"。

总结:

- 领导应该教会并带领下属完成指标。
- 指标必须与下属达成共识。
- 不要忽视小的改进,创新就是一个个小变化的累积。

5.2 如何完成招聘指标

5.2.1 校招、社招双向发力助德胜皮业完成招聘任务

我给山东德胜皮业服务的时候，他们企业人员奇缺，不仅仅缺乏资深的业内人员，也缺乏后备力量，尤其是有学历、有文化的员工，许多中层管理者的学历明显偏低，甚至还有初中学历的管理者。当我与董事长探讨原因的时候，董事长说我们是生产牛皮的，只要能把牛皮生产出来即可，不需要什么学历。不仅仅该企业董事长有这种认知，其实许多制造企业的领导都有这种看法。

我跟董事长说："您也是20世纪90年代的老大学生，我问您一个问题，如果您不是董事长，只是一个普通的操作工人或者是一个班组长，您生产的牛皮和没文化的员工比起来，效果是否是一样的呢？"董事长明确回答："那肯定不一样。"我问他："问什么呢？"他说："我会仔细琢磨怎么把牛皮做得更好，怎么样不断改善。"我高兴地说："对，这就是有文化和没文化的区别，所以有文化的管理者甚至员工对我们企业是有益的。"

董事长又困惑地说："我们之前有一年招过20个应届毕业的大学生，结果一个也没有留下，都走光了。"我问："那为什么走光了呢？"他说："因为企业管理不好，所以大家都走了。"接下来我们就达成了共识，企业主管以上的管理者必须是大专以上学历，以后招聘的主管以上管理者就按照这个标准执行，现在不满足条件的管理者给两年时间，如果依然不满足学历条件，不给予晋升，如果三年不满足学历条件，降低职务至员工。

定了任职资格之后，接下来就是招聘合适的员工了。

首先是去学校招聘应届生。目前全国保留有皮革相关专业的学校只有山东和陕西两所轻工大学。我们去这两所学校进行宣讲之前，董事长也有所担心。担心主要有3点：

第5章 绩效的辅导执行

第一点，我们企业的待遇是否能有足够的吸引力？

第二点，我们企业的地点比较偏远（山东一个地级市农村单独的一个厂区，交通不是很方便），好在企业有宿舍可以免费提供给员工。

第三点，现在的年轻人，尤其是95后或00后大学生，能否习惯皮革这种传统的制造企业。

当我们怀着忐忑的心情来到山东济南的大学进行宣讲后，超出我们预期的是，大学生们非常认可我们的理念和企业，本来我们只想接收10名大学生，没想到一共有40名大学生报名，招聘成功打响了第一枪。于是我们高兴地定了一个规则，以后每年至少招聘10~20名应届大学生，用3年的时间建设企业的人才梯队。

其次是社会招聘。社会招聘我们主要做了三件事：

第一件事，我们梳理了企业成立以来离职的员工，从里面挑选出我们认为有能力、表现还不错的员工，让董事长亲自给他们打电话。最后我们一共挑出了20名表现优秀的员工，当董事长打完20个前同事的电话后，一共有4名同事入职企业，这4名同事没有一人跟企业谈过待遇，都是到企业上班以后我们主动跟他沟通薪酬待遇。

第二件事，当地有一家生产皮革的竞争对手，效益很差，该企业已经好几个月没有发工资了，经营已经很难维持了。这些企业的员工也需要找工作，既然如此，我们不如主动出击。于是我们决定与他们企业的核心骨干主动联系，抛出我们的橄榄枝。

第三件事，是社会招聘要求的变化。以前企业招聘员工的思路是必须是皮革专业或者有皮革行业经验，即使非业务部门也是这个要求，这样招聘的范围肯定会过窄。我们现在改变了策略，业务类（如技术研发岗）以行业经验和皮革专业为主，如果碰到优秀的员工，即使未满足以上条件也可以择优录取；非业务类不一定非要要求行业背景和专业，更看重员工的素质和能力，这样一下子就扩大了选择范围。

有一天吃午饭的时候，综合管理部经理（这次董事长打电话叫回来的第一名以前离职的员工，后面的招聘主要是他主导的）跟我和董事长汇报说，有两名员工来面试，一名是学美术的研究生，一名是师范学院毕业的本科生，这两名员工都有一两年其他行业的工作经验，各方面看起来都不错，要的工资也很低，学美术的研究生只要3500元的月薪，但是就是不知道给他们安排什么岗位合适。

我开玩笑地说，学美术的研究生，你们要是不要的话，请推荐给我，我让她给我设计讲课的PPT也可以啊。德胜皮业负责技术的副总经理听到这里，连忙插话道："让他过来，我见一下，我们部门需要一名懂美术的员工，负责设计或检验皮革的质量。"

我们继续探讨这个问题，目前综合管理部做行政及人力资源的几名员工只有初中学历，只要给这名研究生一两个月的时间，让她熟悉一下工作，我认为她可能会比现在这些人做得更好。大家还是很困惑，为什么她要求的工资这么低呢？

我认为，在当地这种地级市，美术专业毕业生很难找到合适的工作，如果个人的绘画功底特别深厚，他们会选择去北上广深这种大城市发展，而能力稍差一些的，在地级市除了在学生辅导班当美术老师之外，我想不到还有什么工作更适合他们。

当毕业一两年以后，如果还没有找到理想的工作，员工就会不断地降低预期。当然我们也不要委屈了员工，一名研究生五六千元的薪水还是值得的，所以我建议试用期先按5000~6000元给这名员工定薪，转正以后再根据表现调整薪酬。我还强调，对于那些在职业发展生涯中缺失了信心的员工来说，我们给他一份工作没准能激起他的斗志，这也属于一种社会责任。

那名师范毕业的员工也属于类似的情况，师范毕业生在地级市找工作也不是很容易。公立学校属于事业单位，有编制限制，并不是所有师范毕业生都能去事业单位工作。如果自己找工作，也只能去培训学校。这名面试者的表达和沟通能力都不错，可以安排她负责招聘、培训、接待等相关工作。

通过校招和社招两种途径，我们短期内补充了一定数量能力和素质明显较高的员工，整个企业的面貌一下子焕然一新了。

5.2.2　三项举措让幸福药业再也不用为销售人员发愁

幸福药业是我服务的一家生产、销售医疗器械的企业。该企业的效益非常好，业务稳定，毛利润和净利润都非常高，员工收入也处于行业领先地位，员工满意度高。在给这家企业做诊断的时候，我提出了"短期靠销售，长期靠研发"的管理思想。对这家企业来说，他们只有一款主营产品，这款产品占企业销售收入的80%以上，但这款产品正面临着医药集采的威胁。

医药集采是国家为了降低百姓的医疗成本而采取的在全国或者某些区域内集中带量采购的一种采购措施，对医药和医疗器械的直接影响是销售价格的大幅降低。例如，血管支架的价格从集采前的1万元降到了集采后的700元，球囊从集采前的2万多元降到了几百元。所以医药企业的利润大幅度缩水。

幸福药业主营产品的降幅尽管没有这么大，但也面临着一定的压力，更何况今后的政策还有向紧的趋势。所以从长期来看，企业必须加大新产品的研发力度，研发出更多的产品弥补现在利润的损失以及保证未来的增长。从短期来看，企业必须保证集采工作的顺利开展，保证各个区域的投标不流标，保证企业短期的效益。这就是"短期靠销售，长期靠研发"的管理思想的由来。

幸福药业的现状是研发人员太少，只有10名左右的研发人员，与竞争对手相比差距太大。销售人员也是如此，常年缺编5人左右。

企业销售团队的架构是两个事业部各三级结构：最上层是两个事业部的负责人营销总监，中间层是区域销售经理，最底层是负责各省业务的销售经理。区域经理和销售经理都是在当地招聘的员工，一般是有经验的业内人员。销售经理基本上是一人负责一个省，一名区域销售经理负责管辖几个省的销售经理。

企业常年缺编5名左右的销售经理，甚至还缺编一部分区域经理。其中一个省的销售经理缺编1年之久，企业共面试了150多个候选人，也没有找到合适的人员。我去之前，企业解决的思路是加大招聘力度，包括多加了一名专门负责招聘的招聘经理，但依然没有解决这个关键问题。

我认为，招聘对于企业来说属于救火，只是救急，没有从根源上解决问题。如果想从根源上解决问题，还必须另辟蹊径。

首先分析了企业的离职率，企业整体离职率不是很高，但销售人员的离职率达到了33%，这部分人员的离职率明显偏高。如果我们只是解决招聘问题，但离职率偏高，依然会有较多的员工离职，这样就像一只漏水的水桶，如果不堵漏洞的话，加再多的水也没有用。

接下来就是分析为什么销售人员的离职率偏高？毕竟该企业薪酬待遇还是不错的，在行业内处于领先地位。

我认为，销售人员离职率偏高首先是行业和职业特性，销售人员在大多数行业的离职率都属于偏高的，因为他们找工作相对容易，薪酬待遇好，而医药行业的行业特性又加剧了这种趋势。

但除此之外，还有我们企业的问题，企业归属问题。因为销售人员分布在全国各地，离企业距离远，每个人都相当于是一个自己的小团体，一年只有有限的几次到企业的机会，企业归属感差。

尽管企业持续不断地举办各种团队建设活动，但是这种活动仅限于企业总部，换个维度考虑，总部这边的活动越红火，各区域的感受就会越差。所以我建议在销售部门，以大区为单位，每月举办一次小范围的团建活动。尽管这种团建的效果不如企业的大范围团建的效果好，但毕竟能弥补一点问题。

第三个问题也属于企业文化的问题，因为销售员工来自不同的企业，有从外企招聘来的，有从上市企业挖过来的，也有从私企招到的。

大家的文化背景不同，每人都有自己的做事风格，都带来了自己企业的管理理念和方法，而我们企业没有统一消化吸收，形成我们企业的做事风格和标准流程，这样导致了大家的文化冲突、理念冲突和方法冲突。所以必须建立我们自己的企业文化，形成自己企业的理念和做事流程，让大家做到文化统一、理念统一和方法统一。

第5章 绩效的辅导执行

其次分析一下该企业招人难的问题。企业招人难也是多方面原因导致的：

第一，企业的要求高，对销售人员的要求是必须有行业经验，拿来就能用，这样招聘的难度肯定会高很多。

第二，招人难是由企业的特性决定的。由于企业每个省只需要一名销售经理，而销售经理只在当地招聘，在当地招聘的范围相对就窄了不少。

第三，招人难是由员工的非流动性导致的。各个省之间的员工没有流动性，跨省调动几乎不可能。导致的结果就是，如果江苏的员工离职了，我们必须马上从江苏招聘员工，而如果在广东有一个合适的人选的话，但广东的人员还在职，也没有办法把广东的员工调到江苏。就像一个集团企业不同的下属企业的财务资金问题，如果不能实现集团统一调配，一家企业资金富裕，另一家企业资金缺乏，就形成了资金浪费。

针对以上分析，我提出的解决方案有三个措施：

第一个措施是实现跨区域轮动机制。

我认为销售经理层面目前很难实现内部轮动，但中高层管理者是可以实现跨区域轮动的，所以区域经理要实现跨区域轮动机制。也就是企业的几个区域经理要在全国范围内实现轮动，不能仅仅局限在家门口。为什么中高层管理者可以实现轮动呢？

一是他们的待遇高，觉悟高，能从企业角度考虑问题；二是他们本来就经常出差，例如一个家在杭州负责华东区的区域经理，他的活动范围除了浙江之外，还有山东、江苏、福建等地，他大部分时间都在杭州之外的城市工作。其实对于一个出差的人来说，在山东出差和在广州出差没有什么区别，近处坐高铁，远程坐飞机，无论是时间成本还是心理感受差异不大。所以对于一个负责华东区的经理让他负责华北区难度是不大的。

第二个措施是内部培养机制。

之前我们全是从外部招聘销售经理，一省一个人，这样招聘也难，调配也难。一个应届生培养大约6~12个月就能正常上岗，如果我们能实现自己培养的话，6~12个月后，这些问题都将彻底解决。

所以，我们决定在企业的正常编制之外，保留 5 名左右的销售助理编制。这些销售助理以北京总部的名义招聘，招聘全国各地的本科大学生，在北京入职。这些人在 6~12 个月内的主要职责是实习，了解熟悉企业的产品，跟销售经理一起进行销售锻炼，当能独立上岗后，分配到缺编的省份。从全国各地招聘的大学生大多数不是北京人，所以也没有常驻北京的诉求。

大学生刚参加工作，积极性高，能吃苦耐劳，尤其是那些喜欢出差的人，在全国各地出差，也是他们喜欢的事情。企业提供的待遇相对比较优渥，又负责住宿，解决了大学生的收入和生活问题。如果一个人从大学毕业就开始从事经常出差的工作，慢慢地他会适应这份工作，并且从一个城市调到另一个城市也将不是问题。

从现在开始，以北京培养的应届生为主，当然也不排斥在当地招聘到的员工。自己培养的员工还有一个最大的好处，就是他们是一张白纸，更容易接受企业的企业文化，容易按照企业的标准化流程操作，有利于统一标准化的管理。

第三个措施是内部推荐机制，也就是内部员工推荐制度。

对于研发、销售这类奇缺岗位，内部人推荐制度的效果更好，因为这些人的前同事、朋友许多也是这方面的专家。很多企业的许多员工都是由内部员工推荐的，他们推荐同事更多是靠对企业的认可，是一种自发的行为，没有任何经济上的激励措施。我们企业如果能做到这样当然更好，但我们短期内还做不到，需要一点经济激励。企业人力资源部经理说，内部员工推荐机制我们已经实施好多年了，效果不是很好。

我详细看了一下他们的推荐制度，发现一个问题，他们推荐一名销售人员或者研发工程师的推荐费是 1500 元，我认为这个额度太低了。研发人员和销售人员的月均收入在 2 万~3 万元，1500 元对这些人来说没有任何激励效果，所以要加大激励额度。重赏之下必有勇夫，说的就是这个道理。修改后的方案提交上来以后，我又发现了三个问题：

（1）新方案将激励额度提升到 5000 元，但我认为额度还是低。我的建议是给猎头多少费用，我们就给员工多少费用。毕竟自己员工推荐的质量更高，更何况同样是付报酬，为什么不付给自己员工呢？所以我建议成功推荐一名员工的最低报酬是 2 万~3 万元。

（2）新方案考虑了所有岗位的推荐激励，我认为这是错误的。企业现在只缺乏销售和研发这两个岗位的员工，其他如生产、人力资源、财务等岗位不缺人，招聘也没有一点困难，所以这些岗位不需要激励政策，当然大家能推荐更好，但不用奖励。激励政策是一种导向，是引领大家朝着我们的目标去努力，而不是大锅饭。

（3）新方案还考虑了营销总监和研发总监岗位的激励费用，我认为这是个大问题。主要是我们企业的营销总监和研发总监都在任，干得也挺好，积极性也高，没有任何想离职的迹象。如果新方案一公布，让他们看到了，他们心里会不会有别的想法？他们会不会认为："你们现在让大家推荐营销总监，是不是觉着我干得不好？"所以，这两个岗位目前也不用推荐激励。

通过跨区域轮动机制、内部培养机制、内部推荐机制三种措施共同作用，能够彻底解决企业的招聘难的问题，弥补企业人员不足的难题。

5.2.3 简单的行为帮助京腾塑胶摆脱了用工荒

浙江京腾塑胶是一家专业生产塑胶地板的企业，产品主要出口欧美等发达国家，企业效益极好。企业在人员上的不足主要是普通操作工人严重缺乏。由于地处浙江，当地人不愿意从事体力劳动，所以企业的操作工人主要来自云、贵、川等地的农村。但即使如此，企业长年也缺乏操作工人，经常缺编 200 多人，尤其是春节期间缺的人数更多。

企业业务主要是出口，欧美厂家在我国的春节期间是采购旺季，而我们国家春节期间要放长假好好犒劳一下自己，这样用工荒就会更明显。每名工人在春节期间都会面临一个全国民工面临的难题，即春运买票难的问题。为了能在除夕前回家，农民工最好的选择是早点出发，所以许多操作工每年都是春节前一个月就请假回家，这样企业的人员就更加不足了。

既然买票难回家难是主因，我们解决工人回家难的问题就可以了。

在京腾塑胶的用工荒问题上，我们采取了以下三项措施：

第一个措施，我们租赁了近20辆大巴车负责把工人送回家，春节后再负责原路接回。由于工人主要来自云贵川，地点相对比较集中，所以我们可以采取用大巴的方式把大家送回家，这样既经济又高效。员工既可以在除夕前回家，又能节省来回运费，更何况还能赚取一个月的收入，一举三得，何乐而不为？今年春运我又看到了一则消息，一家浙江的企业包火车送工人回家。当时我还不知道可以包火车，其实包火车更经济更安全。

第二个举措，企业是小年这天才放假，从浙江到云贵川至少需要一两天的路程，许多人到家以后都是腊月二十五六了。在农村过年，是必须置办年货的，而他们置办年货一般是到集市上采购，但农村并不是天天都能赶集买东西的。所以他们回家晚的话，置办年货也是一大难题。员工的困难就是企业的困难。这个难题最好解决，企业帮每一名坚持工作到小年的员工置办一份丰富的年货就是了。

第三个举措，评选优秀职工。许多企业年底都会评选优秀员工，但不少企业评选优秀员工的方式是错误的。我们评选优秀员工的标准是必须是基层员工，任何领导及领导亲属不参与优秀职工的评选。有些企业年终评选优秀员工就是一个领导的记者招待会，参加领奖的全是企业中高层领导，这种优秀职工评选还不如不评。

我们从基层员工中评选了20名优秀职工，大多数是普通操作工人。对他们的奖励除了常规的现金和物质奖励之外，我们还设计了一套意外大惊喜——把他们的亲人接到企业参加年会。除了参加年会，还带领他们进行浙江一周游。

试想一下，一个一辈子都不可能走出大山的农村妇女，由于丈夫的辛勤努力，给她赚取了浙江一周游的机会，第一次走出大山，第一次坐飞机，第一次看到西湖，第一次看到了关押白娘子的雷峰塔，第一次坐了我们小学课本中鲁迅家乡的乌篷船，她的心情会是什么样的呢？她回到家乡以后会不会把自己的美好经历告诉全村父老乡亲呢？父老乡亲们会不会好奇她老公是在一家什么样的神奇企业打工呢？企业评选出的优秀员工的心情又会是什么样子呢？

放假以后，企业员工都背着大包小包的各式年货回村。在农村，初一这天要给村里人拜年，并且借拜年之际会交流一下去年的收入状况（这个在城市白领中忌讳的话题在农村恰恰是可以公开讨论甚至是一个必备项目）。尽管这家企业操作工的工作特别辛苦，但在农村务农一般也不比工厂的活轻松，更何况企业员工的收入还是相当不错的，人均一年收入约10万元。10万元几乎相当于云、贵、川大山里一家子三四年的收入了。

这样一来，几乎每名员工村里的父老乡亲们都知道在浙江有一家神奇的企业，并且对这家企业普遍充满着向往。

等到第二年正月十五开工的时候，几乎每一名员工都带着全村的青壮年回到了企业。企业从以往的每年缺200多人，一下子变成了超编300多人。于是我们挑出最好的员工，把剩下的员工推荐给了其他工厂。

5.2.4　一项措施使广州海新离职率降低一半

广州海新是一家位于广州的IT高科技企业。与幸福药业类似，他们企业整体离职率也不高，但经过调研之后发现，他们企业技术研发人员的离职率奇高无比，每年离职人员在130多人，离职率达到60%以上，但除了技术研发人员之外，其他部门的离职率却几乎为零。许多企业都存在这种现象。一般企业如果出现了这种现象，很可能是薪酬的不公平导致的结果。

前面我们说过"该高的不高，该低的不低"就是这种情况。在我去这家企业之前，他们的应对措施有两点：一是降低用人标准，从以前只招一本的毕业生降到了大专甚至中专生都考虑；二是扩大招聘范围，以前他们只在广州招人，现在他们的招聘半径扩展到了武汉、郑州等城市。但即使这样，每年的离职人数还是有增无减，离职率居高不下。

具体分析以后，我发现他们总经理也有难处，他们依据现有的资源，根据自己的情况制定了适合自己的薪酬策略。这家企业的薪酬总额受总部控制，每年增长有限，人均薪酬相对较低。企业总经理认为，如果要在现有的薪酬范围内保证企业业务的正常运转，必须拥有一部分高水平的员工，其余大部分配置水平一般的员工即可。

所以他们的薪酬策略是，能力强、资历深的老员工收入相对较高，新招的应届毕业生收入相对合理，基本上与广州市研发工程师的薪酬水平相差无几，但应届生转正以后几乎5年后都不会涨工资，这样就导致了入职1~5年的员工的离职率奇高无比。

总经理的这种做法也是无奈之举，谁也无法做无米之炊。

即便如此，我还是认为总经理的做法是值得商榷的。员工的薪酬应该与员工的能力相匹配，否则就会出问题。如果员工的薪酬低于员工的能力，员工就会跳槽，如果员工的薪酬高于员工的能力，企业的薪酬就是浪费。

刚毕业的员工，经验少，能力差，这时候用合理的薪酬招聘是正确的，但对于优秀的企业来说，哪怕用稍低一点的薪酬也是可以的，因为新员工在优秀的企业中能学到不少知识和技能，能明显提升自己的价值。当然，如果资金足够的话，我还是认为应该给付员工合理的薪酬。但像这家企业，人均薪酬普遍不高的时候，每人略低一些我认为也是万不得已的事儿。所以，新员工的薪酬可以按广州的薪酬标准制定，也可以略低一点点。

当应届生度过了第一年从学校到社会转型期之后，也就是把理论转变成了能力后，他们的薪酬应该大幅度提升，因为刚毕业后的5年是大学生能力提升最快的时期。假设大学刚毕业时大学生的能力指数是100，第五年的能力指数很可能达到200以上，也就是能力至少翻一倍。

按照员工薪酬应该与能力相匹配的原则，5年后工资也应该翻一倍。所以，我认为入职1~5年的员工的薪酬不仅应该涨，而且从理论上来说一般涨的幅度会更大。当然我们在涨工资时，依据的是员工绩效的高低，而不是工龄。

工作年限较长的老员工，能力尽管也在增长，但增长的幅度可能要低于新员工的增幅，根据员工薪酬与能力相匹配的原则，他们的涨幅一般会慢一些。

而研发工程师之外的其他岗位员工，之所以离职率几乎为零，我认为只有一个原因，就是这些人的薪酬相对是合理甚至是偏高的。

所以我提出的措施是，制定一套合理的薪酬体系，大家在同一个体系内涨薪，包括转正后的应届生。

项目结束一年以后，该企业的人力资源负责人跟我说，新方案运作一年以后取得了相当好的效果，研发工程师的离职率从60%降到了30%，已经接近这个岗位20%的平均离职率了。我认为，如果持续改善，未来该企业研发工程师的离职率降到20%甚至15%是完全有可能的。

> **总结：**
> - 企业不同，问题也不同，解决方案自然也不同。
> - 解决问题的关键是找到根源。

5.3 在实际操作中碰到的问题

5.3.1 如何避免中层管理者在传达政策、制度的时候走样

首先是我们的政策、制度要相对合理，有利于员工接受。只有我们制定的政策、制度相对合理，员工才能从内心认可。薪酬一般来说要做到外部公平和内部公平。外部公平是跟市场比，内部公平是企业内部员工之间的差异，包括上下级之间的差异、岗位之间的差异、员工之间的差异等。外部公平取决于上级对企业的政策和企业效益，内部公平取决于企业的岗位评价。对于央企和国企来说，内部公平更重要，如果员工感觉到内部不公平，便会不满。

其次是对中层管理者进行相应的培训，让他们理解政策的初衷，甚至政策制定的过程。中层管理者的能力和对制度的理解程度是宣贯的关键，如果中层管理者自己没有理解透企业的制度，自身便会有抵触，导致在宣贯时走样。所以首先我们必须让中层管理者理解政策制定的原因、结果，对他们的困惑一

定要答疑解惑，让他们理解在现有的条件下，这种政策是最可行的方案；其次是提升他们的管理和沟通能力，甚至可以直接教会他们应该从哪些维度去跟员工传达，以及一些话术技巧（视管理者能力而定）。

政策、制度直接宣贯到员工。制定好的政策最好在职代会上进行宣贯，宣贯之后通过宣传栏、邮箱、OA等方式，把政策、制度直接传达给所有员工，让员工能直接接触到政策、制度，避免传达时的跑偏。

中层管理者在给员工传达政策、制度的时候，政策制定部门最好要在场旁听。政策制定者可以不发表意见，只有在中层管理者宣导有误或者员工的困惑他们无法解答时，予以纠正和说明，这样就能最大限度地保证政策、制度的宣贯符合真实的意图。

5.3.2　如何避免中层管理者对下属员工的偏袒

偏袒下属是大多数人的固有行为，很难从心理上解决。但可以通过制度来弥补。国资委对央企实行工资总额管控的目的就是避免各个企业只为自己牟利。其实我们也可以采取各个部门实行自己内部工资总额的办法，如有A、B、C三个部门，每个部门都有自己的工资总额，这样就能相对地对各个部门进行工资总额的控制。厦门凯亚采取的就是这种方式，研发、市场、运维、人力、财务等部门分别有自己的工资总额。

也可以采取相对强制分布的方式来解决。如果一个部门效益好，部门内优秀员工的比例可以更多；如果部门效益差，部门内优秀员工的比例相对就少。我们政策制定者需要提前定好规则，年底执行即可。

5.3.3　如何跟中层管理者沟通，以确保执行效果

首先，制度要合理，要结合企业实际情况设定制度。下面举两家企业的例子。

第5章 绩效的辅导执行

某企业的强制分布数据见表 5-1。

表 5-1 某企业的强制分布数据

员工	A（系数 1.5）	B（系数 1.2）	C（系数 1）	D（系数 0）
A	20	40	40	0
B	15	35	40	10
C	10	25	50	15
D	5	10	60	25

以下是另一家的强制分布数据：

在年度考核得分计算完成后，由组织人事部分别将部门经理和员工的考核得分由高到低进行强制排序，划分出"优"（A，占参评总人数的 20% 左右）、"良"（B，占参评总人数的 30% 左右）、"合格"（C，占参评总人数的 40% 左右）、"差"（D，占参评总人数的 10% 左右）四个等级，并将其与职级调整、人员再配置等相关制度进行对位，作为薪酬调整、人员再配置（晋升、降职、调职、淘汰）和培训等的依据之一。

从上面两家企业的数据我们可以看出，两家企业绩效对薪酬结果的应用影响完全不同，主要原因是两家企业的背景有如下不同：

（1）体量不同，做咨询项目时，第一家企业只有 110 人，第二家企业有 300 多人。

（2）领导管理风格不同，第一家领导比较强势，第二家领导的管理比较松散。

（3）员工不同，第一家的中层很少发表意见，更多是听领导的安排；第二家的中层都有自己的想法，经常与领导交换意见。

（4）未来的预期不同，第一家未来预期增长很高，员工调薪主要靠增量；第二家未来预期一般，增量很少。

所以，基于以上原因，我给两家企业设计的管理制度完全不同，一家给中层的权利相对较大，另一家给中层的权利相对较小。一家激励的员工数量较多，激励的幅度相对较大；另一家激励的员工数量较小，激励的幅度相对也较小。

其次，要做到提前沟通。

基于以上两家企业的不同情况，第一家企业没有提前跟中层管理者沟通，直接过的职代会，第二家企业先跟中层管理者沟通，双方达成共识后再过的职代会，中间有小部分制度做了微调。

在与第二家企业的中层管理者沟通时，他们提出的问题主要有两个：

（1）薪酬总额不提升的话，大家的薪酬并没有明显的提升，更多还是在员工内部调整，应该想办法提升薪酬总额。

（2）以前企业的薪酬都是普调，每人到年底都涨工资，现在有的人可能不涨工资了，这样就导致没法管员工，所以还是希望每人都涨工资。

对于第一个问题，我是这么跟大家解释的：

国资委制定的政策，任何人都改变不了，我没有办法，你们总经理也没有办法，我们必须在国资委的大框架下设计制度，任何制度离开了国资委相关制度的框架，都是错误的，这个是原则问题，必须执行，没法商量。

任何企业的薪酬总额都不是一成不变的，要想提高薪酬总额，就要有好的业绩，也就是利润不断提升。

在薪酬体系中薪酬总额必须与企业效益挂钩，但是股权激励的部分可以不纳入薪酬总额的监管，我们企业与其他央企、国企相比的优势是现在作为混改的试点，可以有一部分额外的薪酬总额，但这部分总额依然是要考核企业效益的。

如果企业效益没有提升，想增加工资收入是不可能的，国企和央企做不到，私企更做不到。

对于第二个问题，我解答如下：

企业现在的制度就是普调，只是每人调整的幅度不同而已，干得不好甚至什么都不干的人涨3%，干得最好的涨5%。这种制度是奖励了那些干得不好的员工，惩罚了表现优秀的员工，这样最难的其实是中层领导。

试想一下，一个什么都不干的人还要给他涨3%，而一个天天加班的人只能涨5%，都以后该怎么管理下属呢？领导只能靠自己的个人魅力管理下属，没有任何制度作支撑。

如果有了制度的支撑，干得好的人可以涨 10%，甚至 30%，而干得不好的人不能涨工资，甚至还有可能会被降工资（这个不是必须，视情况而定），员工是不是会更信服一些呢？其实这个制度是给大家增加了一定的权利，尤其是管理下属的权利。

最后，充分征询意见。

我们在出台任何制度的时候，都会充分征询每一名中高层管理者的意见，给大家详细解释制度设计的原则，与其他可行方案的比较，让每一名中高层充分理解政策，并表达自己的困惑。只有充分沟通、答疑，才能让大家信服，从心中认可，才能真正地愿意执行，才能执行到位。

第二家企业的中层沟通会用了一上午的时间，职代会用了一下午的时间，一共用了一整天的时间沟通表决，最后结果是 3 票弃权，没有反对票（全体职工代表大约 50 多人）；第一家企业职代会用了一下午的时间，最后结果是一票弃权，一票反对（全体职工代表大约 30 多人）。

总结：
- 是否考核人均效能取决于企业战略。
- 沟通至关重要。

5.4 绩效指标的调整

5.4.1 绩效指标的过程调整

在给企业做咨询的过程中，我发现不少企业在设计绩效指标时，采取的是一成不变的模式，几个月甚至几年都采取同样的绩效考核指标，从来没有改变过，这是非常错误的。我们知道，绩效考核指标有四种来源，第一种是基于战略的自上而下的分解，第二种是基于岗位说明书的自下而上的提炼，第三种是基于流程的横向分割，第四种是工作中需要改善的问题。

这四种来源，无论哪一种，都可能有不同的变化，例如企业战略可能会有变化，如果有变化的话，我们的考核指标一定是随着改变的，即使企业的战略没有任何变化，但在战略的指引下，今年的工作重点和明年的工作重点一定是不一样的，工作不一样了，考核指标怎么可能一样呢？

绩效考核指标的调整一般分为两种情况，一种情况是随着考核周期变化的调整，另一种情况是在考核期内的调整。

第一种情况，考核周期不同，绩效考核指标必须进行改变，这是毋庸置疑的，对于同一个人来说，这个月和下个月的工作任务是不同的，考核指标肯定不一样，以人力资源为例，这个月的主要任务是招聘，下个月的主要任务可能是培训，第三个月的主要任务可能又变成了绩效考核，即使是招聘工作，这个月可能是从招聘普通员工为主，下个月招聘高管可能又成了核心任务，再下个月工作重点可能又变成了入职培训。工作重点不同，考核指标自然应该不一样。

第二种情况是在自然考核周期内的调整，也就是说考核指标已经确认了，但也有可能需要调整。什么时候需要调整呢？一般在三种情况下需要进行明显的调整。

第一种，外围环境发生了明显的变化。

当我们企业的外围环境发生了明显的变化时，必须进行绩效指标的调整，就像宏观环境发生变化，国家政策有了明显的改变，战略方向改变等，这些能严重影响绩效指标达成的变化发生时，我们的绩效指标必须调整。

2006年我给长春皓月做咨询项目，长春皓月是全国最大的肉牛养殖企业，主要是以养牛、卖牛肉为主业。2006之前，牛肉的价格相对比较平稳。对销售任务负责的销售副总和我根据历史趋势制定了2006年全年的销售收入、销售量两个核心指标。在2006年6月份的时候，企业牛肉的销售量、销售价格都有大幅度的提升，当时销售副总在汇报中强调了自己部门的努力对销售价格和销量的影响，但我认为这个量价齐升主要的原因应该是受到全国猪肉价格大幅上涨的影响，外因应该是主要因素。

牛肉作为猪肉的替代品，猪肉价格上涨，牛肉的需求量自然应该有所上涨，所以价格自然也会跟着上涨。并且我们从市场观察中也得知，不仅仅是牛肉的价格和销量有大幅度上涨，其他的肉类如羊肉、禽类的量价都有大幅度的上涨，所以我们认定企业牛肉价格和销量的大幅度提升有市场宏观因素的影响。

2006年5月皓月企业产品销售数量与猪肉价格降幅比例关系如图5-1所示。

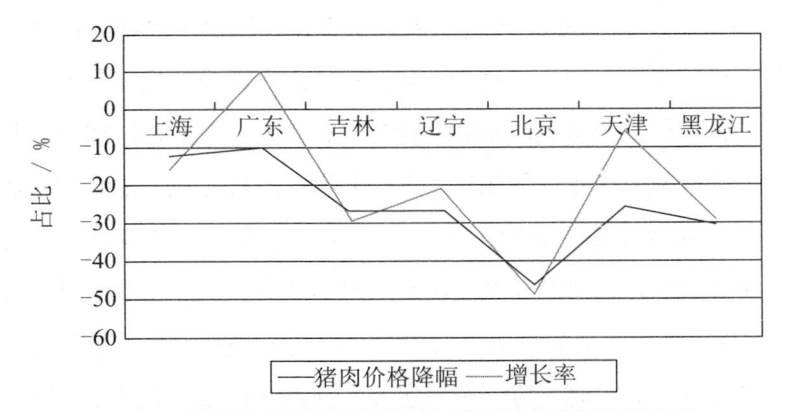

图5-1　皓月企业产品销售数量与猪肉价格降幅比例关系

为了更好地说明猪肉和皓月牛肉销量的关系，我们把当地市场猪肉价格降幅和皓月企业销量增长率两个指标结合起来进行分析。由于当时6月份的具体数据还没有出台，所以我们采取了5月份的销售数据作为参考。我们发现，在5月份，当某个地区猪肉价格降幅较大时，皓月在当地办事处的牛肉销售量也相应有大幅度的下降，二者基本上呈正相关的关系，所以我们认为皓月牛肉的销量和猪肉价格的走势有正相关的关系。

于是，我们重新调整了下半年的绩效考核指标，把牛肉销售量以及销售单价两个指标都做了大幅度的提升，结果是2016年下半年猪肉价格大幅度上涨，猪肉价格的上涨带动牛肉价格和销量也出现了大幅度的提升，当时皓月牛腩的价格从每斤13元一直上涨到年底的26元，价格足足翻了一倍，销量也相应地增长了50%多。可想而知，如果6月份我们对下半年的指标如果依然不调整，会是什么样的结果，最后就是所有业务人员坐了宏观经济的顺风车，而企业的利益将大幅度地受损。

第二种，工作人员发生了明显的调整。

当同一个岗位上的员工有调整之后，该岗位的绩效考核指标也必须进行相应的调整。这个很好理解，当某个岗位上的员工离职或者调岗等导致员工发生变化时，一开始是 A 员工进行该项工作，当 A 员工工作到一半的时候，A 员工的岗位发生了变化，B 员工接替 A 员工继续该项的工作，这时候两个员工的绩效考核指标都必须进行相应的调整。

先说 A 员工，对 A 员工来说，他属于变换了岗位，岗位变换后，绩效指标一定也要进行调整，因为当他去了新岗位之后工作内容发生了变化，我们应该根据他的新岗位重新给他制定新的绩效考核指标和目标值，然后按照两个岗位工作时间的分配赋予不同的权重，加权平均后得到 A 员工最终的考核成绩。

当然，如果 A 员工如果是离职，我们可以根据企业考核制度来判断如何计算他的考核成绩，如果企业制度没有明确的规定，一般按照该员工实际的考核时间，除以该员工本次的考核周期，用这个比例计算 A 员工最终的绩效工资。这里在绩效工资的处理时，有一个很实际的问题我们需要注意。

假设 A 员工绩效工资是 1 万元，本次的考核周期是一个月，而他实际上的工作时间只有半个月，所以我们一般认为绩效工资应该 5000 元，假设这个员工平时的绩效考核成绩一般都在 100 分，那么这半个月的绩效考核成绩应该是多少？有人说半月按照一般情况大概只能完成全月任务的 50%，所以绩效考核成绩应该是 50 分。

如果按照这种方法计算，我们发现，最终 A 员工应该拿到 2500 元（5000×50%），这肯定不合理，而即使他在新的岗位又工作了半个月，假设那个岗位的情况跟这个假设是一样的，最后他的绩效工资也只有 5000 元，整整少了一半，很明显这是不合理的。

之所以发生这样的情况，是因为我们在工作时间和绩效得分上对员工进行了双重考核，进行了双重的处理。所以在这里我们应该对员工只进行一次处理，

第 5 章　绩效的辅导执行

要么对时间进行处理，要么对考核分数进行处理。在实际的操作中，我更倾向于对时间进行加权平均，其得分不进行处理。

这样就可以对 A 员工先后的两个岗位的考核指标根据时间进行权重的分配，而在得分上重新进行指标和目标值的调整。对于 A 员工的第一份工作，判断出半个月他应该完成哪些任务，按照这个重新计算他上半月的考核得分，然后制定 A 员工下半个月的工作任务，制定他下半月的考核得分，加权平均后作为 A 员工的绩效考核最终得分。如果 A 员工属于离职的情况，工资、时间、得分上也是应该调整一个维度，一般也是调整时间即可。B 员工也一样，分别考核 B 员工上半月的任务和下半月的任务，用加权平均法处理即可。

为什么是调整时间，而不是得分呢？因为我们年底还要根据绩效得分对员工进行奖励，例如晋升晋级，如果调整得分的话，尽管不会影响员工当月的绩效工资，但会影响员工年底的绩效考核成绩，这对员二也是不公平的。

第三种，绩效指标设计有明显的错误。

我们每个人都是普通人，而不是神，只要是人就有可能犯错误，在绩效指标的设计上也是如此，发现绩效指标设计有错误不可怕，可怕的是明明是个错误的指标，还在一直使用而不知道（有不少企业的绩效拒标其实就是这样的）。

有一次，听到一个比较有意思的故事。某国的情报部门给员工定的绩效考核指标是一个月要收集邻国多少条情报。我们稍微分析一下就知道了，这个国家给他们分配了一个假的绩效考核指标。

情报数量的多少主要取决于邻国的动向，如果对方这个月什么事情都没有干，我们理论上可获得的数量就应该等于零。如果给员工制定明确情报数量的考核指标，到月底的时候，如果员工的情报数量没完成怎么办，员工也是压力的。有一个军官就根据自己对邻国的了解情况，根据自己的判断，编了不少情报汇报给了上级主管部门。

富有喜剧效果的结局是，这个军官瞎编的所有情报都得到了证实，邻国的动向和这个军官汇报的情报一模一样。结果是好的，领导更认为这个指标是有效的，于是继续用这个指标进行考核，这个军官继续在他的小说一样的特工模式中工作，每天依然编着他的小说，领导每天依然陶醉在自己完美的绩效管理体系中，领着自己军功章。更可悲的是，这个故事不是编的，而是真实的。

其实在我们身边还有许多这种类似的故事在发生，例如，对城管部门下达的指标是每月要罚款多少钱，对交警部门下达的指标是这个月要开多少罚单，等等。

我们城管的任务是什么？是要维持市容市貌的整洁有序，如果我们把城管定位为维持整洁有序的市容市貌，我们就应该引导不符合要求的商贩走上正轨，引导随机乱摆摊位的商贩搬入到固定经营场所，这样我们城管所收到的罚款肯定是大幅度减少的，而我们现在的做法却是逐年在扩大罚款金额。

交警的任务是什么？是要维护交通秩序和安全，如果我们把交警定位为维护交通秩序和安全，我们就应该引导人们严格执行交通法规，如果大家都遵守交通法规了，违法的人就少了，罚款自然而然就少了。但我们对交警的考核指标是罚款，并且是罚款越来越多，这样势必会导致钓鱼执法等事情的发生。

这么多错误的考核指标，依然在用，政府在用，企业也在用，例如研发人员 BUG 数量、编辑人员发现错误的字数等指标，都是错误的考核指标，这些错误的指标都必须要摒弃。

有一家企业负责设备维护维修的负责人问我，维修人员的指标应该怎么定？他们企业有若干个维修车间，目前的做法是哪些维修车间的维修任务重，这些车间的薪酬就高，绩效考核成绩就高。我反问了他一句，维修岗位的主要职责是什么？他觉着就是抢修。我不这么认为，我认为维修人员最主要的职责是让机器需要维修的次数越少越好。肯德基有句话说得好，"保养重于维修，维修重于购买"。也就是说设备如果维修能使用，那维修就比购买新的要有利，如果经常做保养，维修就没必要。所以，维修岗位的职责就是做好规划，做好保养，让维修的次数越少越好，而不是所有人都疲于奔命地解决问题。

同样，最好的消防人员是让火灾发生的次数越少越好，最好的警察是让犯罪的行为越少越好，最好的医生是让病人越少越好。

管理理念不同，考核指标就不同。

5.4.2 滴滴和易到绩效指标的调整

作为打车软件的佼佼者，滴滴和易到两家企业都有自己成功的独特之处，这里主要分析一下，这两家企业是如何通过绩效考核指标的设计来影响司机行为的。

我在用打车软件打车时发现一个问题，就是我每次发起去机场或者火车站这种长途的订单时，就会有许多司机同时来抢单，但如果发起去企业（起步价）这种短途的订单，一般很长时间都不会有人来接单。其实出租车司机的选择很好理解，长途的订单，给他们带来的价值更大，而短途的订单，对司机来说属于鸡肋，性价比不高。对于使用打车软件的用户来说，如果每次短途的单子都很难成功的话，用户的体验就会很差，如果竞争对手那里客户体验好，很可能用户都跑到竞争对手那里去了。所以如何解决用户的短途体验就成了打车软件的一个核心问题。

我们先来看看易到是如何解决短途打车难的问题的。我总结的易到的解决方案属于"简单粗暴"型的，当然这里的"简单粗暴"不是贬义词，至少也应该算是中义词。

易到企业对专车司机的考核是按星期进行的，以周为单位进行统一核算，给所有的司机都定义了一个统一的长途和短途的考核指标，单程超过多少公里算长途，单程低于多少公里算短途。当司机一周内长途订单数量超过标准数量后，易到企业获得的提成比例提升，而司机的提成比例则相应地降低；当司机一周内短途的数量超过标准数量后，则恰恰相反，企业的提成比例下降，司机的提成比例上升。

易到企业就是用这种"简单粗暴"型的奖励机制来影响司机的行为，当影响了司机的行为之后，司机接短途订单的积极性就相应地提升了，客户短途打车难的问题也就迎刃而解了。

有同学可能说，易到都快倒闭了，为什么还举易到的例子呢。我们应该知道，易到的问题不是绩效考核的问题，而是乐视企业战略失误导致易到企业现金流断裂的结果，毋庸置疑易到企业在短途订单问题上的解决思路是非常有效的。

与易到企业相比，我认为滴滴企业在解决短途打车难的问题上更胜一筹，可谓"一举两得"。

我们都知道，滴滴企业的平台上既有专车、快车等这些用车服务，也有传统出租车的用车服务。对于传统出租车来说，滴滴一直难以进行有效地控制。因为传统出租车属于政府的"嫡系部队"，属于有资质的正规军，所以滴滴一直没办法收取出租车司机的费用。无法收费，管理就很困难，当乘客打车时与司机产生纠纷进行投诉的时候，滴滴就很难处理，滴滴对司机最厉害的惩罚就是拉黑，不许他在平台上接单而已。

而是否在滴滴平台上接单，对于某些司机来说其实是无所谓的，到目前为止，依然有不少出租车司机其实是不愿意在滴滴平台上接单的。对于性质比较恶劣的投诉问题，企业都没有更好的手段，何况是性质不那么恶劣的短途打车（如果没接单就算不上拒载）。如何解决短途打车难的问题，滴滴企业的秘密武器是一种叫作"滴米"的虚拟货币。

由于大家都愿意接长途订单，所以长途订单供不应求，既然长途订单供不应求。那么，在抢长途订单时就要付出一点代价，这个代价就是滴米。像去机场这种长途订单一般大家是采取加价拍卖的方式，100滴米起拍，哪个司机出的滴米数最多，这个订单就归谁。司机既然要抢长途订单，就需要先获得滴米，滴米怎么获得呢？从短途订单来获得，司机接一个短途订单一般可以获得50滴米。

这就相当于计划经济的捆绑销售，想获得一个长途订单，必须相应地购买若干个短途订单。

我小的时候家里还没有电灯，都是点煤油灯，对于老百姓来说，煤油就是必需品，家家户户都需要。但当时我国对于煤油这种必需品的供给完全不能保证，每月供销社对每家都是定量供应，所以每户人家都不会浪费煤油指标，每月准时排队购买。但供销社还有一些产品是卖不出去的，就像白糖、饼干这

第 5 章 绩效的辅导执行

种奢侈品（21世纪70年代末期至80年代初期的奢侈品就是这些东西，而不是大家所熟知的哈根达斯或者LV）就没有人购买。

供销社就采取捆绑销售的模式，买一斤煤油，必须购买一斤白糖或者饼干，对于每月入不敷出的一家之主来说这肯定是坏消息，当然对于像我们这样的孩子来说是天大的好消息，所以当时我一直不理解为什么每次到该买白糖或者饼干的时候父母总是不高兴。捆绑销售固然是一种有效的销售手段，但对消费者来说有些被强迫销售的感觉，心情自然不好。

滴滴企业其实也可以采取捆绑销售的方式，他可以强制规定接一个长途订单，必须附带两个短途订单，但这样司机的抵触情绪就会加大，所以滴滴企业采取了看似柔和的处理方式——滴米，这就避免了强制销售的弊端。

滴米这个机制推出以后，总有一些司机愿意用滴米，但还是有一些司机不愿意用，例如，有些司机还是嫌接短途订单麻烦，不愿意接。滴滴企业针对这些司机又调整了滴米的机制，除了原有长短途奖励机制之外，滴滴企业对滴米的来源又采取了新的销售模式——现金购买。对于那些时间比较重要的司机来说，不愿意接短途订单没关系，不跑短途也可以获得滴米，就是用现金来购买，100滴米售价5元，这也获得了一部分司机的认可。滴滴企业不仅通过滴米解决了乘客短途打车难的问题，还实现了从出租车司机身上收费的问题，真是"一举两得"。

有同学可能还会问，即使这么好的机制，依然没有吸引那些不愿意用滴滴软件的司机来用我们的软件，是的，确实没有解决这个问题，大家一定要记住，绩效考核是有效果的，但不能解决所有问题。任何好的机制，都不能保证所有司机都来用我们的产品；任何好的考核，都不能保证所有员工都遵守企业制度；任何好的法律，都不能保证所有公民都遵守。绩效考核有一定的效果，但不是万能的。我们只能通过我们设计的管理制度，最大限度地影响员工，让大多数员工朝着我们希望的方向前进，而不是全部员工。

5.4.3 何时调整绩效指标

在做培训和咨询的过程中,经常见到一些企业的考核指标一年甚至数年都没有变化,基本上就是在一开始实施绩效管理体系,设定了绩效考核指标以后,就成了一个固定的绩效考核指标,不再做任何变化。这是错误的,绩效指标一定是调整的。

绩效指标的调整一般分成两种情况,一种是下期的调整,一种是期内的调整。

1. 下期的调整

下期的调整,就是对下一个考核周期的绩效指标进行调整,这个比较简单,本章讲过,绩效指标应该根据企业战略进行自上而下的分解,或者基于岗位职责自下而上进行提炼,或者根据流程进行横向分割,抑或者根据上期发现的问题进行改进。无论基于哪种方式,都是根据实际情况来提取的,既然是根据实际情况提取的,两个不同的周期,我们需要解决的事情很有可能就完全不一样,这时候所提取的绩效考核指标也就完全不同。

如果我们的绩效指标来源于对战略的分解,不同的周期所做的事情可能是不一样的,假设第一季度的计划可能是提高知名度,而第二季度的计划是增加销售额,那这两个季度的考核指标肯定是不一样的。基于岗位说明书的提炼也是如此,即使岗位说明书上都是负责企业的招聘工作,第一季度分解的任务可能是制定全年度的招聘计划,而第二季度应该做的是校园招聘等工作,所以考核指标也不一样。

如果是基于流程或者问题的改进提取指标,每个周期的工作一般情况下也是不一样的,一般在一项工作有明显改善的情况下,我们在下一期就不会作为企业的重点任务关注,当然也没必要继续考核,如果一个企业在这个周期的重点工作是改善员工的工作积极性,在下个周期或下下个周期的重点工作还是改善员工的工作积极性,说明我们这项工作前几个周期没做好,或者说根本没有用心做，这就不仅仅是考核的问题，而应该是责任心或者其他方面的问题了。

有些人问我，销售的岗位每个月都应该考核销售额这个指标，这个指标是不是就不用调整了呢？是的，这一个指标不用调整了，但是目标值肯定应该是要换成新的。而且销售的岗位不仅要考核销售指标，还要考核回款率、渠道拓展、新客户销售、新产品的销售、客户满意度等指标，这些指标一定也是根据战略或者问题导向来进行调整的。

2. 期内的调整

大家更关心的应该是期内的调整，期内调整在实操中的问题更多。

首先我们来讨论第一个问题，期内应不应该进行调整？一般时间过半的时候完成了一部分，应该不应该进行调整呢？这个得看具体的情况，而不是简单地回答应该或者不应该。我们一般把签署的绩效文件叫作绩效合同，既然是合同，一般没有特殊的情况，我们是不会进行调整的。

但在几种特殊的情况下，确实应该进行绩效指标的调整。这就是我们要讨论的第二个问题，什么情况下才能进行调整？

第一种情况，外围环境发生了较大的变化，导致我们绩效的完成有很大的变数。

有一年我给一家养牛企业做咨询的时候，给该企业的营销副总制定了一年的销售额任务计划，当计划运行当年 5 月份的时候，猪肉的价格发生了较大的上涨。由于牛肉和猪肉属于替代关系，所以，当猪肉价格上涨时，百姓对猪肉的需求就会降低，作为猪肉替代品的牛肉的需求量就会得到大幅度的提升，所以牛肉的价格也会出现上涨。这时候，如果不对以前既定的目标进行调整，大家普遍都会搭便车，这不是大家努力做到的，所以必须对期内剩余时间的销售任务、销售价格等指标重新调整。

如果我们是一家销售汽车的 4S 店，本来定的今年销售任务是 1000 辆，但在绩效执行的过程中，政府出台了限购政策，一般来说，限购政策出台以后，会大幅度地压缩需求。以北京为例，汽车摇号之前，每年销售量大约是 60 万辆，并且每年还以一定的幅度在增长,而实施摇号以后,一年发放的汽车牌照只有15万个,其中燃油汽车的牌照有9万个,也就是说新增销量只有以前的六分之一,汽车销售只能靠传统市场的汽车更换来实现。这种情况下如果不调整绩效考核的目标值,销售任务肯定是完不成的。

第二种情况是任务本身发生了变化。假设一名员工本期的考核指标是研发一种新产品,当实验到一半的时候,这项任务取消了。当然任务取消的原因可能比较多,有可能是企业战略发生了变化;有可能是市场上有新的产品出现了,我们已经没有研发的必要;甚至可能是企业资金链出现了问题。但不管什么原因,只要取消了,这种绩效考核指标就必须进行跟着调整,重新给员工制定后面的新的绩效考核指标。

第三种情况是从事工作的人员发生了变化。假设在期初的时候给张三制定了一项任务,这个任务完成了一部分的时候,该项工作转交给了李四去继续,这时候就需要对张三和李四的考核分别进行调整,重新制定考核指标。当然,如果张三是因为离职的原因,就没必要给张三重新制定新指标了。

接下来我们要讨论第三个问题,调整了以后怎么处理?对于绩效指标调整的处理,一般的原则是以前的绩效指标要承认事实。假设调整之前给张三本月定了1000万元的销售任务,假设张三在月中的时候完成了500万元任务后离职了,应该给张三打多少分?

一般有两种做法,一种做法是按完成量打分,50分,一种做法是按时间节点打分,一般来说时间过半,任务过半,半个月的时间大约要完成50%的任务,所以半个月的目标应该是500万,张三完成了500万,所以应该是100分。这两种做法哪个更合理?我认为是第二个。

假设张三的绩效工资是10000元,在与绩效工资的结合上,两种处理方法应该怎么做呢?第二种做法相对比较简单,由于张三的绩效成绩是100分,所以应该是10000元,但由于他只工作了半个月,所以拿半个月的绩效工资:5000元。第一种方法应该这么处理,任务完成了一半,所以绩效50分,相当于50%的绩效,拿整个月绩效工资的50%,也是5000元,这两种的处理结果是一样的，为什么第二种方法更合理呢？

这是从绩效得分的问题上来考虑的，100 分代表完成任务，说明这个员工的绩效还不错，50 分一般说明这个员工的绩效不好，很显然，对于张三来说，半个月完成 50% 的任务，应该说绩效完成得还不错，所以应该是 100 分。

还有一种情况是张三这个任务完成了一部分以后进行了调整，不是因为离职，而是因为调整了工作导致的，例如张三上半个月是华东区的经理，由于企业任命的调动，下半个月调整到华北区做经理，还以销售为例，只是销售的问题比较好量化，换成其他类型的工作也是一样的。

假设张三在华东区的销售任务是 1000 万元，半个月完成了 600 万元，然后张三被调到华北区做销售经理，由于到华北区只剩下后半个月，又是新上任，所以给张三定任务的时候应该直接定后半月的任务，假设任务是 600 万元，到月底，张三完成了 500 万元，那么张三本月的绩效考核成绩应该是多少呢？这个可以按照时间来分权重，张三的考核成绩＝华东区上半月的考核成绩×50%＋华北区下半月的考核成绩×50%。华东区上半月的考核成绩假设时间过半，任务过半，1000 万元的一半是 500 万元，张三实际完成了 600 万元，所以考核成绩应该是 120 分，华北区任务是 600 万元，实际完成了 500 万元，考核成绩应该是 83 分（500/600），二者加权平均 101 分（120×50%＋83×50%）。

所以，如果一个人在同一考核周期内参与了几次任务的分配，以时间来计算权重更加合理。

结论：

- 管理理念不同，考核指标就不同。
- 宏观经济发生变化时，绩效指标必须调整。

思 考

1. 如何确保绩效顺利达成？

2. 绩效成功实施的关键是什么？

第 6 章

绩效管理的配套制度

6.1 绩效指标库概述

6.2 绩效评价

6.3 绩效考核周期

6.4 强制分布

6.5 绩效管理制度与流程

6.1 绩效指标库概述

6.1.1 绩效指标库的作用

在为企业做咨询的过程中，我会根据所服务企业自身的情况来决定是否给这家企业建立绩效指标库，有的企业会为他们建立一个指标库，而有的企业没有给他们建立指标库，这是为什么呢？

我们先看一下绩效指标库到底有什么作用。一般来说，绩效指标库有两个用途：第一个用途，是让企业进行绩效考核的管理者在给员工定绩效指标的时候有参考，如果自己不知道考核某一项工作应该用什么指标，用什么公式，可以从绩效指标库里选择，这样就比较方便，容易一些，所以第一个作用就是参考的作用；绩效指标库的第二个作用是统一，几个部门或者几个管理者可能都在用同一个绩效指标，而不同的管理者对这个指标的认知可能会有所不同，所以，可能会出现同一个指标，不同的管理者认知不同的情况，所以考核的结果也会有所差异。

绩效指标库的作用，一是用作给绩效管理者的绩效指标参考，另一个是用来统一大家的认识，如果一家企业的管理者对绩效的知识掌握得比较透彻，大家认知比较高，能力比较强，并且大家对一些通用的绩效指标库没有认知上的偏差的话，也可以不用建立绩效指标库。

所以，一般对于那些管理水平比较高，员工认知比较统一的企业，我一般也不建议大家建立绩效指标库，从现实的角度来看，这些企业即使建立了绩效指标库，大家在操作过程中也很少用到。当然，对于大多数企业来说，绩效指标库的用处还是蛮大的。

6.1.2　绩效指标库构成要素详解

绩效指标库一般包括以下六个要素：指标名称、指标定义、计算公式、数据来源、指标类别、指标编号。

指标名称：顾名思义，就是这个指标叫什么，例如销售额、销售收入、利润率等，这个比较简单，大家在设计绩效指标名称的时候基本上不会有太大的问题。

指标定义：就是这个指标具体来说是怎么回事，这个比较重要，如果指标定义不清晰，有可能会发生比较大的歧义。

经常坐飞机出行的人有个最头疼的问题，就是飞机经常晚点，从以往的经验看，飞机晚点成为一个常态。为了解决这一问题，中国民航局出台了许多解决方案，用来提高飞机的准点率。因为我经常坐飞机，我发现一个现象，就是中国民航局统计的国内航空企业航班准点率大约在85%，而国际航空企业统计的国内航班准点率只有20%，同样是对国内航班的准点率进行统计，为什么差异这么大呢？因为这两个机构的统计标准不一样。

所以这里就有一个很重要的问题需要讨论，首先定义什么是准点率。在2011年，国内航空部门普遍以关舱门时间计算准点率和延误时间，而不是从飞机实际起飞时间计算准点率。于是就经常会遇到这种现象：乘客很早就进入机舱，但飞机迟迟不起飞，乘客一直在机舱里等待，这种感觉其实还不如在候机楼里呢。

2013年，中国民航局又出台了航班正点起飞统计新标准——撤轮档的时间，当飞机撤掉轮档后，即可启动发动机滑行，其实还没有起飞。与原来的标准相比是一个进步，不过因天空中航路拥挤，实施撤轮档新标准后，飞机滑行到跑道上时，仍有可能排队，旅客仍有可能坐在飞机上等待起飞。我有一次在去拉萨的飞机上，在跑道上又等待了1个多小时，但中国民航局却告诉你航班是准点的。

还有就是，即使飞机起飞了，也不一定能降落，也就是说，本来预计9点起飞，12点到达的航班，由于新政策的出台，只要9点撤掉轮档，哪怕下午5点到达，依然算准点。尽管大多数时间旅客是在飞机上度过的，甚至可能是一直在天空上盘旋，但是从指标考核结果上来看，飞机准点率还是非常高的。我有一次去深圳就碰到这样的情况，深圳机场近在咫尺，但是由于机场的天气状况不适合降落，于是我们的飞机就在深圳机场附近围绕着几栋楼转了40多分钟。

采取新指标有可能出现的结果是，准点率指标非常高，很好看，但是旅客依然没有正点到达。所以，这种绩效考核指标是存在问题的，对于实际解决问题的帮助不大。

由此可见，要想提升业绩必须有正确的绩效考核方式和内容，错误的绩效考核是存在严重的缺陷的。

中国民航局两次在飞机正点的考核问题上，主要是考核指标的定义出现了问题，尽管第二次的指标定义比第一次有所改善，但依然没有解决根本性问题，因为他们进行绩效考核只采取了对自己有利的指标，但没有采用真正有效的指标，这也是一种懒政。

我们企业经营中也经常会碰到这种指标，如果这些指标的定义不清晰的话，也会出现问题。就像销售收入指标，销售收入一般采取什么标准确认，每家企业是不一样的，甚至同一家企业不同业务对销售收入指标的确认也是不同的。有的企业以签合同作为销售收入的确认标准，有的企业以开发票为准，有的企业以收到款项为准，有的以产品出库为准，等等。

前面我们讲过的新产品的定义也是这种情况，什么样的产品算新产品，是出现3个月以内的产品，还是1年以内的产品算新产品？是必须有新形式、新功能的产品算，还是原来的产品发现了新功能也可以算，这些必须定义清楚，否则就会有歧义。

第 6 章　绩效管理的配套制度

计算公式：即该项指标应该用什么样的公式来计算。对于同一个绩效指标来说，同一家企业最好用同样的计算公式，我们跟竞争对手比较的时候，也应该保证计算公式是统一的，这样才有比较性。就像员工离职率，员工离职率的计算公式至少有五种，这五种公式计算出的结果是完全不一样的，应该用哪个计算公式呢？至少本企业内部应该采用统一的计算公式。离职率计算公式的详细说明见 3.7.1 节。

数据来源：即绩效考核所用到的数据从哪里来，以哪个部门的数据为准。规模稍微大点的企业，对于同一个指标两个部门统计的数据可能是完全不一样的，例如销售额，业务部门和财务部门对于销售额的统计基本上是有差异的，以哪个为准，也需要统一。

在数据来源这里也有一个小问题，就是自己部门能不能提供自己部门考核指标的数据？有的同学说如果自己部门提供自己部门的考核数据会有造假的可能，如果控制不好的话，这些部门可能会有造假的动机。

2017 年，西安市某环保局的领导为了让该地区的空气质量数据好看，局长亲自派人去堵某企业排废气的烟囱，这样在检测的时候由于排废气数量少，数据自然好看。这就是自己给自己提供数据的最大问题——造假动机。

针对数据造假这个问题我认为有两点需要考虑：

第一点，考核指标究竟应该考核谁。

对于环保这个案例来说，一个城市的空气质量的优劣应该由谁来负责，是环保部门吗？环保部门的核心职责是什么？很明显，这个城市是把当地城市空气质量交给环保局了，如果空气质量不达标的话，环保局要担责，我觉着这个是有问题的。在空气质量问题上，环保局的职责应该是监督者，如果有人违法，环保局应该执法，而不是与违法人一起来承担责任。就像警察的任务是抓小偷，而不是如果小偷违法，警察跟着一起受罚。

第二点，作为造假者的惩罚措施是什么。

如果惩罚不到位，任何人都可能会有违法的动机，如果惩罚到位，至少能杜绝绝大多数违法犯罪行为。大家对统计局的数据颇有微词，就是认为统计局好多统计数据不准确，但为什么一直以来依然没有明显的改观，主要是造假成本低，即使大家都知道数据是假的也没有什么惩罚，如果有比较严厉的惩罚，谁还敢造假。自己部门提供自己部门的数据，我认为是可以的，关键是要制定相应的警示工具，如果为了数据漂亮而提供假数据，就采取相应的惩罚措施，具体落实到人，这样的话相当于加大了犯罪人的违法成本，当事人自然也会有所顾忌。

指标类别：就是指这个指标属于哪个类别，一般来说我们会根据平衡计分卡把指标分成四大类，看看哪个指标属于哪类即可。

指标编号：一家企业跟绩效相关的表单可能有许多种，如绩效考核表、绩效指标库、绩效指标查询手册等，如果没有统一指标编号，在实际应用的时候会发现两个表单应用的指标可能有差异，这样肯定会影响绩效管理的效果，如果有了统一的指标编号，那就可以统一指标，消除指标歧义了，并且方便了用户查找指标。

6.1.3 绩效指标库的调整

绩效指标库也是需要调整的，一般在三种情况下实施调整。

第一种情况是企业战略发生变化的时候。因为企业的战略发生了变化，所以根据战略分解后要做到工作肯定要发生变化，工作变化，绩效指标自然而然也要变化，所以绩效指标库也要进行调整。

第二种情况是绩效计划完成以后。绩效管理周期一共分为四个步骤：绩效计划、绩效执行、绩效评价以及绩效结果的应用。在第一个步骤完成以后，各个管理层与下属签署了绩效合同以后，绩效指标自然而然就制定了出来，这么多管理层，必然会有一些爱思考的领导，会有一些比较有意义的想法，会制定一些比较有效的绩效考核指标，这些指标可能是我们绩效指标库里面所没有的，人力资源部应该把这些新出现的指标纳入绩效指标库里面，以丰富我们的绩效指标库。

第三种情况是随时可以调整。大家一定要记住，绩效指标库应该是随时都可以调整的，在任何时候，当有新的绩效考核指标出现的时候，都应该去随时更新绩效指标库，这样绩效指标库才能越来越完善，越来越丰满。

> **总结：**
> 绩效指标库的作用是统一和方便。

6.2 绩效评价

6.2.1 谁来进行绩效评价

谁来进行绩效评价比较合理，不同的企业也有不同的做法，我总结了一下，目前比较流行的大概有以下六种绩效评价的方式。

第一种，上级直接评价，就是领导给自己直管的下属直接评价。

上级直接给自己的下属评价是许多企业经常采用的方式。上级直接评价最大的好处有两个：第一个好处是直接领导知道下属工作的实际完成情况，会根据下属的实际完成情况结合设定的绩效目标来打分，这样可以减少考核者与被考核者之间的差异；第二个好处是通过绩效考核的方式赋予直接领导管理下属的权利，增加领导的权威性。

我们都知道，许多企业的中层对下属的管理权限有限，尤其是央企和国企的中高层，对下属的管理权限十分有限。试想一下，下属如果做得比较好，领导可以对下属有哪些有效的奖励方式？基本上没有，既不能给下属涨工资，又不能给下属多发些奖金，至于给员工升职等就更罕见了，奖励最多的是口头表扬。

如果下属做得不好，领导对下属的惩罚措施又有哪些呢？好像更少了，既不能给员工降工资，也不能扣员工一分钱，至于开除，更不可能。既然如此，作为管理层怎么样才能更好地管理下属，对下属的行为进行奖惩呢？最简单有效的方式就是绩效管理，通过赋予管理层对下属绩效考核权利的方式，既可以提高管理层的威信，又能大幅度提升企业的业绩，关键是员工的认可度比较高。

上级评价最大的缺点是个人偏见，也叫作晕轮效应。所谓个人偏见，就是由于对某人某方面的偏见或偏好导致在绩效管理上偏离客观公正，由于跟某人关系比较好，或者由于对某人一直有偏好，所以在绩效评价的时候习惯性地给这个人打高分，由于跟某人关系稍差，或者对他有不好的偏见，在绩效评价的时候习惯性地给这个人打低分，这些都是上级直接评价的缺点。从我个人的角度来看，大多数企业，尤其是国企，更适合采取上级直接评价的方式进行考核，这样能发挥企业绩效管理的最大效用。

第二种，成立评价委员会，通过评价委员会的方式给被考核者的绩效成绩打分。

所谓评价委员会，就是一个由多人组成的组织机构，可以包括被考核者的领导或者其他人员，通过评价委员会的方式统一给被考核者打分，避免出现直接领导打分的个人偏见。

但评价委员会的方式也有自身的缺点，第一个缺点就是工作量的增加，相比较上级直接评价的方式，评价委员会里面有多少个评委，工作量就放大了多少倍，因为对于同一个被考核者来说，上级直接评价，只要一个人打一次分数就可以了，而对于评价委员会来说，就需要多个人对同一个人打分，所以工作量也就放大了相应的倍数；第二个缺点是作为被考核者的非直接领导，不一定了解被考核者工作的实际完成情况，所以在打分的时候难免有主观因素起作用。不少企业是这么想的，既然非直接领导不了解被考核者工作的完成情况，可以让他通过自己述职的方式来描述自己考核期间工作的完成情况，考核者可以通过他的描述进行判断打分，以减少主观因素的影响。从某种程度上来说，这种方式有一定的效果，但依然不是最完好的方式。

因为有的员工善于表达，而有的员工不善于表达，善于表达的员工明明只做了 1 分，但经他自己一描述，好像他完成了 100 分，而不善于表达的员工，

/ **第 6 章** 绩效管理的配套制度 /

明明做了 100 分，但他一说完，好像只完成了 1 分。按照这种方式来操作的话，善于表达的员工肯定占便宜，不善于表达的员工肯定吃亏。绩效考核不是竞聘管理者，我们在通过竞聘的方式选择管理者的时候，除了希望员工能做好之外，还希望员工能有好的沟通交流，而做绩效考核呢，只要员工做得好就可以，至于表达能力，其实作用不是很大。

评价委员会里面的各个委员，可以设定同样的权重，也可以根据管理关系设定不一样的权重。

2016 年我给一家央企的子公司设定绩效考核的时候，对该企业部门经理的考核是这么规定的：中高层管理者（总监、部门经理、副经理）由总经理和副总经理直接考核，分管领导占 70% 权重，总经理占 30% 权重；如果中高层管理者归总经理直管，副总协助管理，则权重为总经理占 70%，协管领导 30%；如果只有总经理直接管理，总经理 100% 权重。

这就相当于成立了一个评价委员会，由评价委员会的成员对被考核者打分，然后按照各自的权重进行加权平均，作为该员工最终的考核成绩。如果大家采取不同权重的话，这里一般采取的原则是直接领导占较高权重，间接领导占较低权重。

但在实际的应用过程中，我也碰到另外一种情况，就是总经理因为要对企业的最终业绩负责，所以压力较大，有些总经理希望自己能拥有较高的权重，如果遇到这种情况，权重的分配可以反过来，总经理占 70% 权重，副总占 30% 权重。

同样在 2016 年，我给该央企另外的两家子公司设计绩效管理制度时就碰到了这种情况，其中一家企业老总提出了拥有较高权重的要求，因为该企业的副总经理对权利的主张不是很明显，总经理权威比较大，所以推进起来没有任何难度。

而在另外一家企业，同样的权重就遇到了副总经理的挑战，这家企业的副总经理同样比较资深，希望自己的管理有权威性，所以希望自己考核的权重要高一些。最后，经过两周多的时间，通过多轮的协商碰撞，最终总经理和副总经理各让一步，对于一级部门经理，总经理占较高的权重，对于二级部门经理和项目经理，副总经理占较高的权重，最终结果为：部门经理的考核者为总经理和该部门联系领导，总经理占70%，联系领导占30%。内设机构部门经理的考核者为其直接领导和联系领导，直接领导占70%，联系领导占30%。项目经理的考核者为分管的产品服务部经理占70%，联系领导占30%。由此可见，同样的企业，由于管理者自身的特点决定了不同的管理诉求，而即使是同样的结果，我们在咨询服务中所经历的过程也是完全不同的。

第三种，员工互评，就是有一定关联的员工之间互相评价打分。

在我接触的企业当中，不少企业也采取了这种员工互评的方式。之所以采取员工互评的方式，主要是为了体现民主的管理理念。员工互评的结果，大家稍微想一下就能知道最终的结果是什么，用一句广告词来描述就是"你好，我好，大家好，大家好才是真的好"。员工之间互评，最后肯定会流于走形式，最终的结果就是你：给我打100分，我也给你打100分，大家都打100分。这样一来，企业的绩效考核也就形同虚设了。

第四种，员工自评，就是员工给自己打分。

这种方式不少企业也长期采用。员工自评最大的问题就是员工普遍有意识或者无意识地高估自己的成绩，给自己打的分肯定高于实际完成的成绩，也明显高于领导给自己打的分数。员工自评当然也有好处，员工自评的好处有两个：一个是让员工自己给自己的绩效进行评价，自己对自己的表现有一个认知，可以知道自己做得好以及不好的地方分别有哪些；第二个好处是领导能知道自己下属的预期和偏差，可以做针对性的管理。

第五种，下级评价，也就是下级给自己的上级打分。

这种方式最大的好处是管理者能知道自己在下属心目中的位置，不断进行提升。但这种方式在国内的绝大多数企业中是不适合的，就像在上级直接评价里面我说过，许多企业尤其是国企的管理者对下属的管理权限非常有限，本来就不敢管、不能管、管不了，如果自己的绩效成绩让下属说了算，自己还怎么管理下属，所以这种评价方式一直是我极力反对的。

第6章 绩效管理的配套制度

第六种，是大家讨论最激烈、争议最大的方式，叫作360度评价。

360度评价是通过多元化的维度对员工进行考核，一般来说考核维度可以有员工自己、员工的上级、直接下级、同级同事，甚至顾客、供应商等多个角度，这种评价方法最大的好处有三个：

第一个是全员参与，企业所有的员工都参与进来，调动员工的积极性，让大家对绩效管理有个普遍的认识。

第二个是员工比较认同，或者说不得不认同，因为对每个人的评价都是海陆空立体多角度的打分，避免了某一个的打分偏见，代表了大家的意见，所以不认同也不行。

第三个好处是企业可以做一次全面的摸底，知道企业里每一个人的大致情况。

但这种方法同样也遭到强烈的反对，反对的意见主要有也有两个：

第一，工作量奇大无比，试想一下，评价委员会的方式就使企业考核的工作量增大了N倍，而360度的评价维度、评价人员又是评价委员会的N倍，所以360度评价的工作量呈几何级数的增长。

第二，从结果来看，360度评价的结果是老好人受益，而不是绩效强者的胜利。因为每个人都有自己打分的权利，每个人都有自己的好恶标准，所以大家在打分的时候，肯定会给那些与自己关系好的打高分，同样亲疏关系的，肯定会给那些和颜悦色的领导者（俗称老好人）打高分，而那些对下属要求严厉、管理严格的领导来说肯定要吃亏。目前许多国企的民主测评已经显露出了这种征兆，就是管理越严格、要求越严厉的领导，最后民主测评得分越差，而那些老好人往往能得高分。如果对纪晓岚和和珅进行360测评，你们认为这两人最终谁的成绩会更好？我认为最终的结果可能是和珅比纪晓岚的成绩好，这就是我们想要的结果吗？肯定不是。

所以一般情况下也不推荐大家使用360评价，企业可以用360度评价来作为一个民主测评工具，而不是考核工具，但一定要记住，测评结果只是作为参考，作为自己提升的一个工具，而不能作为奖惩的依据。从我最近几年跟企

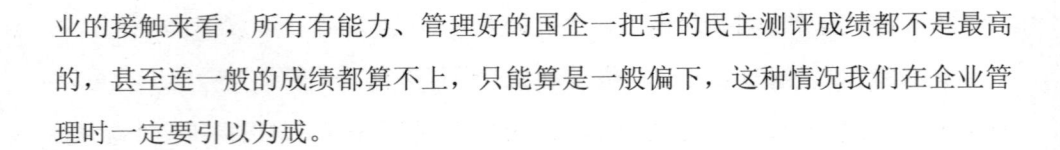

业的接触来看，所有有能力、管理好的国企一把手的民主测评成绩都不是最高的，甚至连一般的成绩都算不上，只能算是一般偏下，这种情况我们在企业管理时一定要引以为戒。

6.2.2　绩效评价的方法

不少企业对绩效评价一直有所顾忌，怕做不好引起员工的不满，很难做到公平。我经常也接到一些企业邀请我去教他们的管理层如何给员工做绩效评价，接到这样的邀请后，我一般很为难，去吧，确实不知道绩效评价为何需要讲那么长时间？因为在我的量化绩效体系里，绩效评价是最简单的，根本不需要那么复杂；但是如果不去吧，又怕大家误会，毕竟大多数人认为绩效评价是最难的，怎么给员工打分，打分高了还好一些，但是打分低了怎么解释？怎么保证员工没有情绪？怎么样才能让员工接受？

但是说真的，我的这套绩效评价体系里没有这么复杂。如果你是从头仔仔细细地看到这里的话，应该已经非常清楚了，所谓的"量化绩效"，就是在做绩效计划的时候，把所有的绩效考核指标都进行量化，并且还要提前定好评分办法，也就是说结果出来了，我们按照评分办法去计算就可以了，不用再为打多少分去绞尽脑汁。

如果量化做得好，评分办法设计得也比较清晰，最后的分数应该是计算出来的，不是打出来的，考核者和被考核者对最终绩效结果得分的认知应该是一样的。

就像前面讲过的案例，绩效考核指标是发表 3 篇文章，最终的结果是员工投稿 8 篇，最终录取了 2 篇，应该打多少分？如果没有设定评分办法，大家的认知就会有很大的偏差，所有同学都认为不应该打 100 分，因为没有完成目标，但具体打多少分大家的答案又是完全不一样的；有的说应该打 70 分，因为 100 分 3 篇，实际只完成了 2 篇，简单计算应该给 70 分；当然也有的同学直接给了 67 分，三分之二嘛；还有的同学说应该在 90 分以上，因为这个同

第 6 章　绩效管理的配套制度

学比较努力，投稿 8 篇，尽管结果不太好，但努力的程度应该加分；还有的同学说没完成任务，应该打 50 分。这就麻烦了，90 分和 50 分，差距还是挺大的，如果被考核者认为应该打 90 分，考核者认为应该打 50 分，这矛盾就大了。

如果结果不是录取了 2 篇，实际上录取了 8 篇，又应该打多少分？这差异就会更大了，有人认为应该打 100 分，有人认为应该打 120 分，也有人认为不能超过 150，还有人说不能超过 200 分，有没有人说应该打 300？所以，如果前面没有没有设定评分办法的话，这个分数怎么打都会有问题，但是，如果我们提前设定好打分标准的话，这个打分就完全没有歧义了。

在这个案例中，我提前设计好了打分标准，3 篇 100 分，少一篇扣 35 分，扣完为止，多一篇以上 120 分，任何人都可以按照这个评分办法计算，最后计算出的结果应该是一样的，不会有任何差异。如果这么计算的话，评价大约需要多长时间呢？应该用不了多久吧。

在制定评分办法的时候，要遵循一个原则，就是要穷尽所有可能，不管从实际上看，这种可能性发生的概率有多低，都要考虑到，因为概率低不代表不会发生，万一发生了怎么办？我的一个学员是一家房地产企业的 HR，他们当初给业务员制定制度的时候没有考虑特别周全，想当然地认为业务员做的业务应该不会太多，所以业务提成比例得不合理。结果，有一个刚毕业的大学生因为一个偶然因素接到一个比较大的业务，一次性的提成在 200 万以上，并且后续还有其他业务人员也有这样的项目存在，这就难办了。所以我们在制定评分办法的时候一定要穷尽所有可能，不要想当然。

当然，传统的评价方法也是有一些工具的，例如简单排序法、交替排序法、配对比较法等，这些方法应用的前提是绩效考核指标没有量化，没有明确的评分办法，但是只要有了量化宝典，这些方法自然而然就无用武之地了。

所以我认为，绩效评价最有效的方法就是按照当初设定的评分办法，对已经量化了的（过去式）指标进行计算就可以了，就这么简单。

> **总结：**
> - 绩效评价就是按照规则计算分值，是绩效考核四个步骤中最简单的一个步骤。
> - 领导打分实际上效果更好一些。

6.3 绩效考核周期

6.3.1 绩效考核周期的相关因素

绩效考核周期为多长时间，没有统一的标准，但我们可以知道，考核周期跟以下几个因素有一定的关系。

1. 奖金发放的周期

奖金发放的周期会影响绩效考核的周期，奖金的发放依据之一是绩效考核，因此奖金应该在考核之后发放，所以奖金发放的周期应该大于等于绩效考核周期，但如果考核工作还没有完成，就发放奖金肯定会导致依据不足。奖金如果是季度发放，则绩效考核必须是季度考核或者月度考核，奖金如果是月度发放，则绩效考核周期必须是月度考核或月度以下考核。

2. 工作任务的完成周期

工作任务如果没有完成，考核起来会有一定的难度，如果工作结束的话，考核起来相对会容易许多，所以工作任务的完成周期应该小于等于绩效考核周期。如果工作半个月就完成了，考核周期可以是月考核，如果工作需要两个月才能完成，一般可以设计成季度考核。当然如果工作需要两年才能完成，不能设计成两年才考核一次，需要把这么长的工作分解成若干个过程指标，找到工作的关键时间节点，然后进行考核。

3. 日常任务的管理基础

日常任务的管理基础是指企业在管理方面的水平，包括企业的管理能力、信息化程度、企业员工的素质等。如果企业的管理水平相对较低，信息化程度不高，企业员工的素质也不高的话，考核周期可以拉长，这种企业如果考核周期太短，会增加企业的考核成本，增加企业的管理负担，时间稍长，无论是管理层还是员工都会身心疲惫，最终很可能导致绩效计划的破产。

4. 绩效管理工作的操作成本

任何管理工作都是有成本的，企业之所以愿意承担管理成本，是因为管理工作能给企业带来效益，当管理为企业带来的效益大于管理成本时，企业就愿意付出管理成本，否则就认为管理是无价值的。绩效管理也一样，当绩效管理工作为企业带来的效益大于绩效管理成本时，企业就愿意实施绩效管理，否则就认为绩效是负担。

这里的问题是绩效管理所带来的收益很难立竿见影，并且是很难量化的，但绩效管理工作所付出的成本则是即时的，并且很容易计算出，用现在即时付出的并看得清的管理成本去衡量未来看不清的收益，让决策者在做决策时就会更加慎重。如果这些即时付出的并且看得清的管理成本明显较高的话，绩效管理工作的难度就会无形增大，所以最好的策略就是把考核周期拉长，这样对于同样的单位时间来说，绩效管理工作的操作成本就降低了，绩效管理的性价比也会有所提升。

5. 工作的性质

不同岗位的工作性质是不一样的，有些岗位的工作更多的是临时性任务，就像行政部门，而有些岗位的工作更多的是可预见的重复性的任务，例如出纳，这两种不同性质的工作，考核周期也应该有所不同。临时性工作由于提前预测的难度较大，所以考核周期应该短一些，时间越短，预测准确度就越高；而可预见的重复性的工作，由于可以提前准确地预测，所以考核周期可以长一些。

6. 企业实施绩效考核的时间

在考核周期的设计上，一般要求是越短越好，如果能做到按天考核，就不要按月考核，能按月考核就不要按季度考核，能按季度考核就不要按年度考核。考核周期越短，绩效的循环速度就越快，更有利于快速地发现问题，帮助企业更好地解决问题，有利于企业快速成长。但在实际的绩效管理中，除了个别初级操作岗位（如计件制的工人），很少有企业能做到按天考核，甚至按周或者按旬考核都很难，为什么？

第一个原因是考核成本的问题，按天考核的成本肯定非常高，除了标准化程度极高的岗位之外，其他岗位很难降低绩效考核成本。

第二个原因是管理层和员工的接受程度。无论是企业管理层还是基层员工，对绩效管理有一个慢慢接受的过程，任何人对于一个新生事物，尤其是还对自己有严重约束力的新生事物，有着本能的抗拒，拉长周期可以降低员工对绩效考核的抗拒力。所以，一般刚开始实施绩效考核的企业的考核周期设计应该稍长一些，等大家慢慢适应了考核的流程，绩效考核操作起来比较熟练，心理上也慢慢地接受认可了绩效管理之后，就可以考虑把考核周期缩短至一个合理的水平，让员工慢慢地从抗拒到不反感，到接受，直到离不开。

6.3.2　不同层次员工的考核周期如何设计更合理

不同层次的员工的考核周期也是不一样的。考核周期在员工层级上的考量是层级越高的领导的考核周期应该越长，而层级越低的考核周期应该越短。一般来说，企业高管（总裁、副总等）的考核周期一般以年为单位比较适合，当然也可以结合半年考核作为阶段检验，这样效果会更好。

企业中层（部门经理、副经理）的考核周期可以以半年为限，当然如果大家对绩效流程比较熟练，大家也比较认可绩效管理工作的话，也可以加快考核周期到季度考核，这两种考核周期都是可以的，可以根据企业的情况进行调整。基层员工比较适合的考核周期是季度考核或者月度考核，刚开始实施绩效工作的企业可以采取季度考核的方式，等大家对绩效比较认可以后，慢慢过渡到月度考核。

一般来说，月度考核是绩效考核周期的最小单位，尤其是对于月薪制员工来说，低于月度考核除了增加考核成本之外，还会增加员工对绩效的抵触情绪，得不偿失。当然对于个别特殊岗位，或者日薪制、周薪制员工来说，考核周期可以缩短到与薪酬计算周期相匹配的程度。

6.3.3　年考和月考的关系

大多数企业的考核一般都有两种，一种是年考，一种是月考。我这里说的月考，从逻辑的角度上有点不严谨，因为不仅仅是月考，有的企业可能是季考，有的企业可能是半年考，本节我们只是用月考这个称谓来替代所有的年度以下考核。年考和月考到底是一种什么关系？许多企业其实是没有完全想清楚的。顾名思义，年考就是一年的考核，一年考一次，月考就是每月考核一次，季考就是每季度考核一次，半年考就是半年考核一次。年考的考核成绩是简单的12个月的考核成绩加总吗？

要搞明白二者之间的关系，首先要说清楚年考和月考的作用。月考最大的作用是影响月度绩效工资，当月绩效成绩好，月度绩效工资就高；当月绩效成绩差，月度绩效工资就相应低一些。既然影响的是月度绩效工资，所以在月度绩效考核的内容上应该以业绩绩效为主。

年考的作用相对多一些，年考的作用一般有三个，第一个影响员工的年终奖金，第二个影响员工第二年工资的涨跌，第三个影响到员工岗位的晋升。既然年绩效考核成绩会影响到员工岗位的晋升，我们就不能仅仅考核业绩绩效，还要考核周边绩效，所以年度绩效成绩 =（Σ12月度绩效成绩/12）× 业绩绩效权重＋周边绩效成绩 × 周边绩效权重，其中业绩绩效权重＋周边绩效权重＝100%。

我也见过一些企业另外的一些做法，有的企业把最后一次（12月或者第四季度）考核和年考核合成一次，换句话说，就是最后一次作为年度考核，不考核月考或者季度考。这种做法有一定的道理，并且相对来说，操作也比较简单，但也存在问题。

以每年的最后一次的考核作为年考，可以有两种具体的操作方式，一种是以最后一次的周期作为全年的考核周期，这样肯定不合理，因为最后一个月（或一个季度）的表现就显得太重要了。最后一个月（或最后一个季度）的表现优秀，全年的成绩都是优秀，最后一个月（或最后一个季度）的考核成绩不好，全年的成绩都差，对员工来说明显不公平。

另外一种操作方式，就是年底考核全年的工作。年底要考核全年的工作，肯定需要在年初的时候设定全年的绩效考核指标，年底统一评价，用这个成绩作为全年的考核成绩决定全年的奖金、第二年工资的涨跌、以及岗位晋升等，一般来说没问题，但是用全年的绩效成绩来替代12月份（第四季度）的绩效成绩又有点勉为其难，因为员工12月份的绩效工资还要靠当月成绩来计算呢。所以，这两种做法都存在问题。

我个人认为采取年度绩效成绩＝(Σ12月度绩效成绩/12)× 业绩绩效权重＋周边绩效成绩 × 周边绩效权重的方式更合理一些。

总结：

- 不同层级，考核周期应该不一样。
- 高层考核周期应该长，基层考核周期应该短。

6.4 强制分布

6.4.1 强制分布的合理性问题

我服务过的不少企业中，经常会有不少人问我这个问题，就是强制分布到底合理不合理。合理不合理，或者说合适不合适，我们看看有多少企业在用强制分布就知道了。几乎所有的绩效管理做得好的企业都在用强制分布，既包括国际大型跨国集团，又包括国内大家一直羡慕的BAT。即使有些企业一开始没有设置强制分布的机制，过一段时间以后也会自动采取强制分布的方式。

大家之所以用强制分布，主要的原因是如果不用强制分布的话，领导者在给员工打分的时候会逐渐过渡到普遍打高分。企业在给员工进行绩效考核的时候，不同领导的管理风格一定是不一样的，有的打得松，有的打得严。在一开始实施绩效的过程中，各个领导都会根据自己的风格、好恶来给员工打分，这样打分松的领导给员工打分就会偏高，打分严的领导给员工的打分就会偏低。这种结果对打分低的员工肯定是不公平的时间一长，打分严的领导的下属就会有怨言，其领导也会觉着对自己的下属不公正，而如果让打分松的领导改变风格比较难，所以最好的做法是打分严的领导改变自己的打分风格，其打分的方式也慢慢地变得越来越松，向打分松的领导趋向一致，这样就能保证对所有下属的公平性。

所以，如果不采取强制分布的制度，最终的结果就是大家的打分结果都趋向一致，并且是趋向宽松的打分方式，换言之，就是打分普遍偏高。所以，不管企业愿意不愿意，要想把绩效管理做好，就必须采取强制分布的做法，没有其他方式比强制分布更好了。

当然，要想把强制分布做好，还需要将其他的一些配套的问题需要思考清楚。

（1）强制分布对于一些部门不是很实用，尤其是员工绩效高度趋同的部门。有些部门的绩效属于高度趋同的部门，如标准生产线的工人，这些人的业绩差别不大，如果采取强制分布就会有问题。

（2）强制分布更适合人多的部门而不是人少的部门。我经常看到那些采用强制分布的企业，不管部门人数的多少，一概采取强制分布，这是有问题的。对于那些员工太少的部门来说，明显不适合采取强制分布，如果采取强制分布的话，只会增加逼迫考核者采取轮流坐庄的方式。

（3）员工流动性高的企业更适合用强制分布。如果企业员工的流动性本来就比较高，采取强制分布的做法会好上加好，由于采取了强制分布，让那些业绩不太好的员工被淘汰掉，更换成能力更强的员工，何乐而不为。

（4）在使用强制分布的头几年里，效果更明显。在采取强制分布的头几年里，大家还在探索规律的过程中，效果会好一点，等到大家对规则烂熟于心的时候，可能就会演变出各种各样的应对措施，所以也需要我们人力资源管理者不断推出新的管理制度来适应变化。

6.4.2　强制分布的比例问题

我们在概率学中经常用到正态分布曲线，强制分布就是根据这个原理来的，也就是说大多数人处于中间的水平，一小部分人处在很优秀的水平，还有一小部分人处在较差的水平，许多规律都符合正态分布的规律。正态分布曲线如图6-1所示。

我建议所有的企业在做绩效考核时，都必须采取强制分布，为什么呢？因为不采用强制分布的话，最后的结果就是几乎所有人绩效的得分都是满分或者最高分，绩效管理成了走形式，这是我走过的众多企业后得出的结论，想避免这种情况的发生，就必须强采取强制分布。

当然，强制分布有他的硬伤在里面，主要是有时候会冤枉一部分好人，有时候又可能奖励了一部分不该奖励的人。如何避免这种情况的发生呢？

第 6 章　绩效管理的配套制度

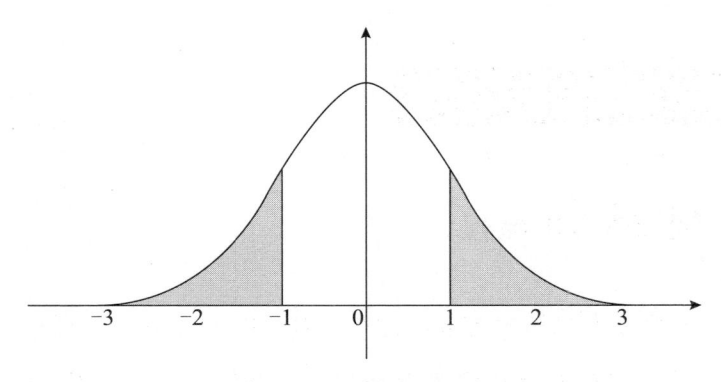

图 6-1　正态分布曲线

首先是强制分布比例的限制。我们可以参考社会结构，好的社会结构是什么样的？橄榄型的，也就是中间是大量的中间阶层，两头有极少的富裕阶层和极少的贫穷阶层，我们的社会结构是什么样的，金字塔形，有大量的社会底层人员，很少的富裕阶层和中间阶层，也有的人说我们属于倒 T 形，就是中层和富裕层都极少，所以我们政府一直在努力转变我们的社会结构。最不好的社会结构是什么？哑铃型，就是两头大，中间层很少，这种社会结构矛盾很大。

一个好的组织结构也应该是橄榄型的，所以我们在强制分布的时候也应该采取这种模式，就是让大多数人处于中间层，小部分人处于两头，比例多少合适呢？一般可以采取这种比例——10：80：10，也就是 80% 的人处于中间，两头各 10%；也可以采取另外一种比例，例如 15：80：5，15% 处于好评，5% 处于差评，两头不管哪头最大，最大的比例不能超过 20%，最少可以是 0。

即使比例合理，强制分布不可避免地也会有一些问题。也有自己的一些其他禁忌，最明显的禁忌就是人少的部门不要采取强制分布，例如，一些小企业的财务部、人力资源部，一共才三五个人，用强制分布就不合理，超过 8 个人的部门基本都可以用强制分布。

总结：

强制分布是大多数企业必须使用的一种方式。

6.5 绩效管理制度与流程

6.5.1 绩效管理的流程

许多人容易忽视绩效管理的制度和流程，但实际上经常有人在制度和流程上犯错误。一般来说，绩效管理流程就是解决在绩效管理的过程中大家之间的分工问题。绩效管理全流程中的参与人员有负责打分的绩效考核者，有绩效被考核者做事情的，当然，大多数中层既是考核者，同时又是被考核者，此外，还有人力资源的相关人员。考核者和被考核者之间的分工相对简单，比较难划分的是绩效考核者和人力资源在绩效管理过程中的分工。

绩效管理从大的方面来说，一共可以分成四个步骤——绩效计划、绩效实施、绩效评价和绩效结果的应用，下面就根据这四个步骤讨论一下绩效考核和人力资源分工。

1．绩效计划

在绩效计划阶段，考核者的主要任务是根据企业的战略进行目标的分解，把企业的战略转变成绩效考核指标，为自己的下属制定绩效考核指标、绩效目标。人力资源在绩效计划阶段的职责主要有三个：一个职责是为企业或者部门建立绩效指标库，供考核者在绩效计划阶段做参考；第二个职责是为考核者的工作做辅导和支持，帮助他们解决绩效计划中的问题，解答他们的困惑，并教会他们方法和技巧；第三个职责是对考核者与被考核者签署的绩效合同进行分析并备案，如果有明显不合理的地方应该予以纠正。

2．绩效实施

绩效实施阶段，考核者的主要职责是辅导和帮助被考核者完成既定的目标和指标，教会他们工作的方法，使他们的绩效目标能够顺利完成。人力资源在绩效实施阶段的主要职责是帮助绩效考核者完善自己的辅导技巧，实现企业的目标。

3. 绩效评价

绩效评价阶段，考核者的主要职责是根据被考核者的实际工作成果，对其进行客观公正的评价，得出下属的实际考核成绩。人力资源的主要职责有三个：一是辅导和监督，辅导考核者如何给下属打分，如何对下属进行沟通辅导，监督整个过程的实施；二是对考核结果进行分析，编写绩效考核总结报告，对今后的绩效管理工作作出指导；三是对考核结果进行备案，如果有需要，有可能会对绩效考核结果进行调整，为后续绩效结果的应用做准备。

4. 绩效结果应用

考核者在绩效结果应用阶段更多的职责是执行，即根据企业绩效管理制度的规定对下属进行调整，如薪酬的调整、培训的安排和职位的处理等。人力资源在绩效结果应用阶段中的主要职责是根据绩效管理制度的规定进行计算，得出相应的结果安排，如果有必要，可能对绩效管理制度不合理的地方进行修订。

总的来说，在绩效管理的整个流程中，人力资源的主要作用是根据实际需要制定以及修订管理制度，对考核者进行辅导，并执行绩效管理制度中规定的应该由人力资源部门实施的工作，考核者的主要职责是保障具体绩效工作的执行，如绩效计划的实施、绩效辅导的实施和绩效评价的实施等。

6.5.2 详细分析某企业的绩效管理制度

每家企业考核者的构成是不一样的，前面我们讲过，绩效评价方式有六种：上级直接评价、员工互评、成立评价委员会评价、员工自评、下级评价、360度评价，每种评价方式都有自己的优缺点，我们应该根据自己企业的实际情况选择自己的评价方式。下面这家企业对于部门经理的评价，就是采取的成立评价委员会评价的方式，既然用到评价委员会，就要提前设计好评价委员之间的权重。

一般来说，评价委员会委员之间的权重分配有三种方式：第一种是每位成员不分重要性，采取统一的权重；第二种是根据委员职位的重要性进行权重的划分，职位高的权重高，职位低的权重低；第三种是根据被考核者的管理权限进行权重的划分，作为被考核者的直接领导给予更高的权重，被考核者的间接领导的权重自然而然权重就低一些。

在我的咨询管理生涯中，经常会碰到不同的领导，不同文化的企业，有时候在设计这些权重的时候就相对容易一些，而有时候则要复杂得多。

在第一家央企子公司，企业高管由总经理和两名副总经理构成，由于总经理不想把所有的权利都放在自己那里，也想让另外两名副总经理真正一起参与管理，所有主动要求直接领导占70%权重，间接领导占30%的权重。这样的结果对所有人来说都无可厚非，毕竟如果副总经理是直接领导的话，70%的权重代表了更多的话语权，而如果总经理是直接领导的话，总经理相当于让出30%的权重，副总经理没有不接受的理由。

但现在的国企一般是总经理负责制，也就是说一家企业业绩的好坏，总经理负有不可推卸的责任，所以国企中压力最大的是总经理，相对来说副总经理的压力就小一些，如果这么分析起来，给副总经理较高的权重，总经理较低的权重似乎也有问题。所以，在某些时候，我也会采取给总经理更高的权重，给副总经理较低的权重的方式。

在第二家央企子公司，由于副总经理刚刚得到提拔到位，话语权相对较轻，所以总经理占70%的权重，副总经理占30%的权重的模式也得到了顺利通过。

但在第三家央企子公司，企业的高管由一名总经理和三名资深副总经理构成，这种模式的执行就遇到了很大的阻力。由于总经理比较强势，总经理感觉如果企业业绩不好的话，自己要承担很大的压力，所以希望给自己更大的权利，在部门经理的考核中，自己应该占较高的权重，而其中一个副总经理则认为自

第6章 绩效管理的配套制度

己才是部门经理的直接领导者,部门经理业绩的好坏,自己负有不可推卸的责任,所以自己应该占较高的权重。

两个领导就这样针尖对麦芒的处于两个对立面,我们作为中立方就要在这两个决策者之间进行调和,分析利弊,最终达成一个双方都接受的结局。当然这种接受可能是心甘情愿地接受,也可能是迫于某种压力被迫地接受。

不同层级的员工,应该采取不同的绩效考核办法。一般企业层面、部门层面的管理者,可以采取平衡计分卡的方式进行考核,基层员工层面可以采取关键任务法进行考核。尽管罗伯特·卡普兰曾说,平衡计分卡适合所有的基层员工。但我在做企业咨询的过程中发现,对于绝大多数中国企业来说,基层员工层面实现平衡计分卡还有些为时过早,大家的能力素质还没有达到,所以用关键任务法在实际操作中可能更合适,更容易让双方接受,也更容易操作。所谓的关键任务法,就是根据员工的实际工作判断出需要设定哪些任务,然后根据这些任务制定相应的绩效考核指标和目标。

1. 考核内容

考核内容一般包括三种,第一个指标是大家比较熟悉的业绩绩效,主要是指与员工的岗位职责相关的那部分指标,岗位职责规定员工应该做哪些工作,就考核哪些内容,这些内容直接支撑企业业绩的完成,所以叫业绩绩效;第二种指标也被不少企业作为考核的标准,但这些指标与员工的岗位职责无关,对企业业绩的完成起不到直接的作用,而是间接地影响企业的业绩,所以叫周边绩效,一般是指员工的态度和能力等相对定性的指标;第三种指标主要针对管理人员,指管理人员对下属的管理绩效,当然也有的企业把这类指标并入周边绩效,认为管理绩效属于管理人员的管理能力,这也是可以的。

在绩效管理制度制定中,要考虑这三种绩效之间的关系,仔细思考我们企业应不应该考核周边绩效和管理绩效,如果考核的话,采取什么样的方式进行考核,是跟业绩绩效之间采取各占一定的权重的方式,还是单独考核周边绩效和管理绩效,然后采取人才盘点九宫格(见 7.1 节)的方式进行处理。

2. 考核周期

不同层次员工的考核周期可以不同。例如某企业，中层管理人员采取半年考核和年度考核，而基层员工采取季度和年度考核。中层管理人员的半年考核除了考核任务绩效之外，还考核态度指标，但不考核能力指标；而基层员工的季度考核，既不考核态度，也不考核能力，而只考核任务绩效；而无论是中层管理人员还是基层员工，在年度考核时，都要考核态度和能力。该企业不同考核对象的考核周期及考核指标见表6-1。

表6-1 不同考核对象的考核周期及考核指标

考核对象	考核周期	绩效指标 任务绩效指标	能力指标	态度指标
中层管理人员	半年考核	√		√
	年度考核	√	√	√
基层员工	季度考核	√		
	年度考核	√	√	√

考核权重也要根据企业的实际情况进行调整，这家企业年度考核的权重中，任务绩效占60%，能力和态度各占20%；而有的企业的权重为532，即任务、能力、态度权重比例分别50%、30%、20%；还有的企业的权重为811，即任务、能力、态度权重比例分别为80%、10%、10%。具体来说，考核权重的设置主要是看企业的文化是侧重任务绩效还是态度和能力，如果侧重任务绩效，则任务绩效的权重设计多一些；如果侧重态度和能力，则把态度和能力的权重调高一些。考核权重举例见表6-2。

表6-2 考核权重举例

考核对象	考核周期	绩效指标 任务绩效指标	能力指标	态度指标
中层管理人员	半年考核	80%	——	20%
	年度考核	60%	20%	20%

续表

考核对象	考核周期	考核指标		
		绩效指标 任务绩效指标	能力指标	态度指标
基层员工	季度考核	100%	——	——
	年度考核	60%	20%	20%

3. 绩效考核得分的处理

绩效考核得分的内容比较复杂，首先是强制分布的比例问题。一般强制分布的分类大多是 A、B、C、D（即优、良、中、差）四类分法，当然不同的企业这四类的具体划分标准可能不一样，央企和国企由于改革意识不足，所以一般在 C 和 D 之间很少做出具体的比例划分，因为如果强制 D（差）的分布比例，很明显不符合国企的文化，很难执行。对于 A、B、C、D 具体各项应该占多大的比例，没有统一的标准，主要是根据企业的文化导向和薪酬总额标准来设定。

如果企业的文化是让大多数人都受益，A 和 B 占全员的比重就可以高一些；如果企业的文化是让小部分人先富起来，对其他员工起到导向的作用，A 和 B 的比例就可以低一些。

但不管采取哪种导向，最终所有员工的薪酬涨幅不能超过企业工资总额的涨幅。

对于职位的晋升，应该设置比薪级的晋升更难的标准，毕竟职位的变化不可能常有，至少得有岗位的空缺，如果有必要，可以设计补充制度。

4. 绩效调整

由于绩效量化的不彻底，或者对于一些非量化指标的评价，像态度和能力之类的指标，这些指标无论采取什么方法，都很难做到完全量化，所以需要人力资源部在评价结果出台后进行绩效得分的调整，具体的调整方式可以参考以下案例。

总的来说，绩效管理制度看似简单，但要设计好不容易，里面的许多细节需要我们仔细思考，跟管理层和员工审慎沟通，确保做到万无一失。因为制度对于企业来说就相当于企业的法律，所以在制定制度时要慎重再慎重才行。

6.5.3 各层级绩效指标多少个合适

有一次，我去给一家银行做绩效管理体系的建设，在了解他们企业的绩效情况时，我发现柜员的绩效考核指标一共是36项，这就太离谱了。绩效管理的目的是让员工完成企业的目标，如果绩效考核指标多达36项，员工怎么可能记得住这些指标呢？如果连这个月的考核指标都记不住，又怎么去实现这个指标呢？只能在月底快考核的时候，临时抱佛脚，看看还有哪些指标没有完成，抓紧时间去补一补，这样的绩效考核效果可想而知，肯定好不到哪里去。

具体多少个绩效指标合适？不同层级的员工，考核指标的数量是不一样的。

先说企业层面的绩效指标，企业层面的绩效考核指标大约是12~25个，这个不是我总结的，而是罗伯特·卡普兰先生在《平衡计分卡：化战略为行动》里提到的。有人可能会问，25个指标是不是有些多了，对于普通员工来说，25个指标确实有些多了。

普通员工的指标之所以不能有这么多，有两个原因：

第一个原因是员工的考核周期短，一般一个月或者一个季度考核一次，在这么短的周期内要完成这么多考核指标，几乎是不现实的。而在企业层面，或者说总经理层面的绩效考核周期比较长，一般是一年或者半年考核一次，一年内要追踪这些指标是完全没问题的。

第二个原因是员工的考核指标只能自己来完成，不可能再继续分解给其他人，而总经理的考核指标基本上都不需要自己去实际操作，更多的是把自己的考核指标分解给其他人（如副总经理部门经理等），这样他自己完成这么多的指标也是合理的，是可以达成的。

员工一般考核多少个指标比较合适？肯定要比总经理少得多，不同的专家给大家的建议一般也不一致。在人力资源管理领域，更多人的建议是 5~8 个，我认为这个比较靠谱。无论是月考核也好，季度考核也好，5~8 个指标基本上能涵盖员工工作的 20% 的最重要的指标。绩效管理，不是眉毛胡子一把抓，鸡毛蒜皮的指标都往上写，我见过不少企业对员工考核按时出勤、按时穿工装等这些指标，这些都不是考核的重点，我们绩效考核，一定是要考核员工最重要的 20%，二八原则。所以 5~8 个指标，基本上能概括员工那最重要的 20% 的工作，并且员工也可以记得住，所以，一般企业在员工层面上基本上都给员工设计 5~8 个考核指标。

除了企业层面，员工层面，还有企业的中层。中层一般是指部门经理、部门主管等管理干部，这些中层的主要职责就是上传下达，上面分解企业层面的考核指标，然后把考核指标分解到员工层面，从指标的数量上也是介于二者之间，大约 8~15 个比较合适。

这些指标是给大家的一些简单建议，不是硬性规定，在运营过程中，各家企业可以根据自己企业的实际情况进行调整例如，员工层面 4 个可以不可以，或者 9 个可以不可以？我认为是可以的。大家记住一个原则就好了，越往高层，绩效考核指标应该越多；越往基层，绩效考核指标应该越少。

6.5.4　不考核的指标员工不作为怎么办

不少同学经常问我这个问题，说冯老师，对于一般员工来说，既然考核指标只有 5~8 个，而我们的工作肯定不止这 5~8 项，5~8 个考核指标肯定远远不能代表员工所有的工作的，如果只考核这么少的指标，那其他工作员工就不重视了，甚至于员工都不会真正去做那些工作，这种情况怎么处理？

这里我们思考两个问题，第一个问题，许多企业尤其是中小企业，还有绝大多数国企，绝对不是从企业成立那一天就开始做绩效考核的，这些企业都是从一开始不考核慢慢过渡到有考核的。如果按照"不考核就不做"的逻辑，以前没有实施考核的时候，企业应该是没有任何人干任何事情的才对，这肯定不是事实啊。

第二个问题，我们现在是有考核了，有规范了，即使企业绩效做得再好，再完善，也不可能囊括企业里的所有工作，如果真要把企业所有员工所有的规范、所有的工作都面面俱到地列进考核表格，那将是一个非常庞大的系统，完全没必要。就像前面提到的，按时刷卡、穿工装这些工作，我们都没必要列入绩效考核指标，那么这种指标不列入考核的话，员工是不是就不会重视，甚至不执行呢？这肯定也不是事实啊。

如果不考核指标的话，员工就是不做，这种情况的发生，我们应该看到事物的本质。

第一，这种事情不考核是不是企业所有的员工都不穿工服呢？应该不是，可能是个别员工的问题。我们做企业管理，再好的制度，再好的政策，都很难保证所有人百分之百遵守，我们应该选择那些遵守我们企业制度的员工，淘汰那些不遵守制度的员工。一个国家也不能保证百分之百的公民遵守法律，否则也不会有那么多违法犯罪的坏人了。

第二，这种事情如果不考核能不能解决？不考核肯定也是可以解决的。任何一家企业，肯定不是就一个绩效管理制度，还有考勤制度和员工守则等，这些不同的制度应该有不同的用途，管不同的事情。

有一次，我给一家企业做咨询的时候，这家企业的老总专门跟我讨论过这个问题，以下是我们俩的对话：

老总：冯老师，您看我们企业也有考勤制度，但是员工就是不遵守，是不是应该在所有员工的考核指标里加上一个考核指标——按时出勤？

我：如果不考核，有没有其他办法解决呢？

老总：考勤这件事情，我追踪一年了，不管用啊？

我：考勤这种事情，根本不用老总亲自抓，交给人力资源部就好了。

老总：我亲自抓都没有效果，人力资源部怎么可能做好呢？

我：之所以没效果，可能有两个原因：一个原因是罚得不够，员工不在乎；另一个原因是根本没执行，或者没有坚持，只是在抓考勤的头几天里有三分钟的热血，这肯定不行。这事情不用您亲自抓，交给人力资源部经理就行（当时人力资源部经理就在旁边，他也是非常认可的）。

6.5.5　谁来制定员工的绩效考核指标

究竟应该由谁来制定员工的绩效考核指标，这个问题看起来简单，但在我接触过的企业中，犯错误的企业还是挺多的。

在这个问题上，一般企业的纠结是在人力资源部还是直线经理负责员工的绩效考核指标，标准答案是直线经理，或者说直接领导。在绩效计划的过程中，人力资源的角色是专家和顾问，而不是执行者。我经常见到一些企业领导要求人力资源为企业员工制定相应的绩效指标，这是错误的，员工的绩效指标和目标一定是其直接管理者根据企业战略为下属制定的，而不是人力资源制定的。为什么人力资源部不能给员工制定绩效考核指标和目标呢？有两个原因：

第一个原因，能力不够。

有一次，我有一个学员（办公室主任）接到一个任务，负责为企业的所有员工制定绩效指标，包括总经理的绩效指标，后来求助我，非要参考我以前给其他企业总经理制定的考核指标，由于私人关系一直不错而抹不开面子，最后我把一家企业总经理的考核指标给了他，等他设计完自己企业总经理的绩效指标以后，他所提取的绩效指标我怎么看都不像他们企业总经理的绩效考核指标，更像是办公室主任的绩效考核指标。

办公室主任由于自己的层级没有到达总经理的高度，眼界也没有总经理那么高，想法也没有总经理那么完善，所以不可能从总经理的角度思考问题，更多还是从办公室主任层面考虑问题，他制定的指标肯定是有问题的。人力资源专业人士除了对领导的工作不了解之外，对一些专业的工作也很难熟悉，像设计、研发、质量、生产、销售等，这些专业性较强的工作有几个HR能全面了解呢？

第二个原因，即使能力够了，也没有管理员工的权限。

有的企业认为，我们企业的绩效经理来自世界500强，绩效管理能力足够，是不是就可以给企业员工制定绩效考核指标和目标呢？我的答案依然是不行。很简单，对员工的行为和结果负责的是员工的直线经理，而不是人力资源经理。人力资源经理对员工没有直接的管理权限，这个月员工应该做哪些事情，完成哪些任务，不是人力资源经理来决定的，应该是直线经理。我见过一家4000多人的企业老板，给人力资源经理下了一个任务，让他3天内给企业所有员工制定考核绩效，简直乱弹琴。

所以，绩效指标的提取一定是领导层直接为下属来制定，而不是交给人力资源经理来制定。人力资源经理既然不负责为员工制定绩效考核指标，那在绩效计划阶段，人力资源的作用是什么呢？人力资源在绩效计划制定过程中的作用有三个：

一是做制度。一家企业是否是现代化的企业，标志之一就是是否有规范的管理制度。人力资源以及领导者的核心职能之一是建立企业的管理制度。绩效管理制度同样也是人力资源管理者的核心职能之一。

二是做辅导。人力资源的另外一个角色是专家和教练。当其他领导或者员工在人力资源管理中碰到困难的时候，人力资源应该给予辅导和支持，教给他们处理的原则和方法。

三是建设绩效指标库。很多企业都有自己的绩效指标库，建设这些绩效指标库的首要责任人是人力资源，人力资源应该组织企业的管理者一起建设企业的绩效指标库，这个职责在人力资源，而不是直线经理，直线经理的作用只是辅助功能。

总结：

- 制定制度时应该考虑到所有的细节。
- 绩效指标的数量应该精简，考核重点。
- 直接领导应该负责制定考核指标。

第 7 章

绩效结果应用

7.1 绩效结果应用在哪里

7.2 绩效申诉与改进

7.3 绩效与薪酬管理的结合

7.4 向行业挑战——整个行业的做法都是错的

7.1 绩效结果应用在哪里

根据绩效表现的好坏以及员工能力的高低，可以把员工分成若干类，这就是著名的人才盘点九宫格，如图 7-1 所示。

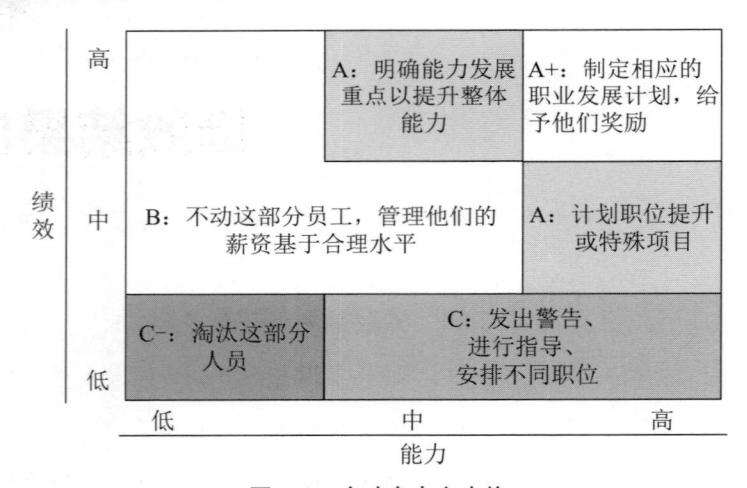

	低	中	高
高		A：明确能力发展重点以提升整体能力	A+：制定相应的职业发展计划，给予他们奖励
中		B：不动这部分员工，管理他们的薪资基于合理水平	A：计划职位提升或特殊项目
低	C-：淘汰这部分人员	C：发出警告、进行指导、安排不同职位	

绩效（纵轴）　能力（横轴）

图 7-1　人才盘点九宫格

A+ 员工表现最好、能力最强，这部分员工是所有企业都希望拥有的，可惜这类人在企业中肯定属于凤毛麟角的，对这些人应该为他们制定相应的职业发展计划，并给予奖励，久而久之，这些人会不断地晋升，有一部分可能会成为企业的领导人。

A 类员工紧挨着 A+ 员工，这些人的能力和绩效都不错，对于能力最高、绩效中等的员工可以考虑给予职位的提升，或者赋予其特殊项目，以充分发挥其才能；对于绩效最高、能力中等的员工，可以为其制定整体能力提升计划，以提升其能力。

B类员工是那些绩效表现中等，但能力不足的员工。一般是那些在岗位待得时间较长的老员工，这些员工由于资历深，所以完全能胜任本职工作，但由于能力有限，所以晋升的空间也不大，对于这类员工，最好的方式就是让他们的薪酬维持在合理的水平，提高他们的积极性。

C类员工是指那些能力不错，但由于某种原因业绩表现不佳的员工。业绩表现不佳的原因可能不同，有的员工可能是意愿不足，有的员工可能是偶然因素导致，也有的员工可能是由于岗位不匹配的问题。对于C类员工的原则是再给予一次机会，如果是意愿的问题，找到意愿不足的原因，加以辅导沟通；如果是岗位不匹配的问题，可以考虑更换更合适的岗位，如果给予一次新的机会仍然表现不佳的话，则视同C-类员工的处理方式。毕竟企业一般都是业绩导向，最终看的还是员工的业绩表现，业绩不好，能力再强也没用。

C-类员工是企业所不希望拥有的员工，这些员工的能力差，业绩也不好，所以对这类员工的处理方式就是淘汰。当然不同企业的淘汰方式是不一样的，如果激进一些简单一些，可以考虑直接解除合同；如果保守一些，可以用降职或降薪等方式来替代，至少可以做到不给涨工资吧。

绩效结果的应用，一般来说有以下五种用途。

1. 职位管理

培养计划、职位调整、职责调整等都属于职位的管理。对于A+和能力较强的A类员工，由于其能力足够，所以可以考虑付以其重任；对于能力中等的A类员工，可以考虑制定新的培养计划，以提升其能力；而对于C类员工，由于业绩表现不佳，也可以考虑给其更换一个合适的岗位或者给予其一个新的培训机会。

我给一家企业做咨询的时候，这家企业有一个员工是属于典型的态度很好，但能力稍弱类型的，对于这个员工，最好的处理方式是根据他的特长找到适合他的岗位，态度好、能力差，可以找一个不需要能力太强但需要比较好的态度的岗位，最后我给他更换了行政助理的岗位，当他更换到这个岗位以后，工作立马得心应手了，年年的考核成绩都是 A。

2. 薪酬绩效

绩效结果对薪酬的影响主要有三个方面：当月绩效工资的多少，第二年员工薪酬的调整，以及当年奖金的分配。

当月的业绩绩效结果影响当月绩效工资的多少，年底的业绩绩效成绩影响当年奖金的分配额度，如果要考虑第二年薪酬的调整，可以根据企业的具体情况，纳入周边绩效。

3. 员工培训

绩效结果明确以后，可以根据员工的实际情况赋予不同的培训。对于业绩好、能力强的员工，由于会考虑给该类员工晋升更高的岗位，所以应该赋予更高岗位新技能的培训；对于业绩好、能力稍弱的员工应该考虑对其进行能力提升方面的培训；对于业绩差、能力强的员工，应该分析业绩差的原因，给予不同的培训，例如技能的培训、意愿的培训等；而对于那些能力较差、业绩也差的员工，如果没有特殊原因，就不要浪费资源了，还是淘汰了好。

4. 新员工转正

对于新员工的绩效考核来说，一般结合态度和能力一起考核，如果员工的业绩好，能力和态度表现也优秀的话，可以给予转正的奖励，否则可以考虑再给予一次机会或者淘汰。

5. 绩效改进

绩效改进是实施绩效管理的目的之一，绩效考核的目的不是为了扣员工钱，而是为了实现企业的目标，既然要实现企业的目标，所以就需要持续地改进。不求一步迈入共产主义，但求日进一步，只要每次都能在前一次的基础上有所进步，有所改观，我们的绩效管理一定会日臻完善。通过绩效考核者与被考核者的绩效沟通，对其进行绩效辅导，并辅助其列出改进计划，根据制定的改进计划执行完善，最终企业的绩效一定能成功。

> **总结：**
>
> 绩效的用途有许多种。

7.2 绩效申诉与改进

绩效申诉，就是当员工对绩效考核的结果如果不满意的话，可以找上级领导进行申诉，一般负责申诉的部门是绩效管理委员会。如果没有绩效管理委员会的话，这个职责可以由人力资源部担任。

不少企业怕员工进行绩效申诉，所以我在讲课的时候，有的领导直接跟我说，他们不想让员工进行申诉，是不是可以不讲这部分。其实大家害怕绩效申诉大可不必，因为绩效申诉的好处远远大于绩效申诉带来的坏处。

第一，员工很少进行绩效申诉。如果我们绩效工作做得好，员工是不会申诉的，即使我们做得有问题，只要问题不是太过分，员工一般也很少申诉。试想一下，哪个员工愿意去企业层面公开申诉自己领导对自己打分不公平？一般很少。在我十多年的咨询生涯过程中，只碰到一次员工的绩效申诉。所以从概率上来说，这种事情发生的概率还是很小的。

第二，绩效申诉制度有利于保护员工的合法利益。申诉制度更大的作用是威慑，而不是惩罚。因为有了申诉制度的存在，考核者在给被考核者打分的时候就有所顾忌，避免了公报私仇、徇私舞弊等事情的发生，相对来说就会更客观公正。这跟我们国家制定法律的宗旨是一致的。

第三，绩效申诉制度更有利于保护企业的权益。绩效申诉是员工对绩效管理不满意的时候，能有效主张自己权益的最后希望，如果这个最后的希望都没有的话，员工会怎么做？

员工可能有两种选择，一种员工是属于那种很少发言的员工，当他们发现领导如果对自己不公平待遇的时候，可能直接辞职走人，连给我们改正的机会都没有了。

另一种员工对自己的权益很重视，当他们发现领导对自己不公平对待，企业内部又没有地方可以申诉，但这种人是必须要申诉的，于是他们自然而然就想到了外部申诉，于是可能采取仲裁或者向法院起诉的方式主张自己的权益，这样员工和企业的矛盾直接升级了。如果有了内部申诉通道，这些问题大多数都会在企业内部解决，避免了矛盾的进一步激化。

所以，我一直认为，申诉机制对于企业来说不是可有可无的制度，一定是必须存在的。

7.2.1　绩效申诉如何处理

我给一家央企做咨询的过程中，正好碰到了一次绩效申诉的案例。那是我第二次给这家企业服务，该企业的人力资源经理跟我说，正好有一个员工进行了绩效申诉，让我帮忙一起处理一下。

首先我跟人力资源经理了解了一下事情发生的情况，大致情况是员工认为项目经理对自己某月的绩效评分不公平，而项目经理又认为员工不听话，很难管，所以只能用绩效评分来对员工进行管理。

然后我跟该项目经理进行了沟通，该项目经理把事情的经过原原本本地说了一遍，其实两人之间没有个人恩怨，那名员工事情做得也不错，之前两人合作得还算愉快，但这次考核的起因有一个特殊的原因，当这名员工在一个项目上工作了半个月，这时企业有一个新的项目启动，由于没有人去接这个项目，就安排这名员工去接替新的项目，让他把他手里旧的项目交给了其他人，但这名员工不知道什么原因，就不愿意去接这个新的项目，所以月底考核的时候这个项目经理就给该员工打了 0 分。

最后我又跟这名员工进行了沟通，沟通之前我已经做好了最坏的打算，如果这名员工确实属于工作有问题的话，就按规章制度处理了。当我与这名员工沟通的时候，这名员工说主要是因为这次新项目距离自己家比较远，所以心里有点情绪，而项目经理直接采取了简单粗暴的方式，反而增加了这名员工的逆反心理，直接导致了矛盾的发生。并且他也认识到了自己的错误，但感觉错误也不全是自己的，项目经理自身也有问题，并且他也做好了最坏的打算，企业如果处理不公正的话，自己会辞职。

到这里，原因基本上清楚了，我认为项目经理和员工都有问题，首先是员工的问题，员工的问题在于不听从安排，领导安排的任务不接受，这个应该按照企业的规章制度来处罚；当然项目经理也有问题，这名员工这项工作做得有问题，但绩效评价不应该是 0 分，毕竟这名员工还干了半个月的其他工作。

所以，我把项目经理和那位员工都叫到了一起，大家一起协商解决这个问题。首先，我们应该调整绩效考核指标，这次的考核应该分成上半月和下半月分开处理，上半月的绩效和下半月的绩效由项目经理分别打分，各占 50% 的权重，因为该员工下半月的工作一丁点没做，所以下半月的绩效一定是 0 分，但上半月的绩效应该根据该员工工作的实际情况打分，该多少就是多少，然后加权平均。

两个人对最终的处理结果都比较满意，项目经理认识到了自己的不足，改正了自己的管理问题，员工由于自己的主张受到了企业的重视，并且自己也得到了公平客观地对待，还认识到了自己的问题，最终选择了留在企业继续工作，双方皆大欢喜。

7.2.2　绩效改进

任何企业的绩效考核指标都不可能是一成不变的，当以前的绩效考核指标不能适应企业的发展或者企业目前的绩效指标完成情况不错时，可以考虑给员工制定更高的绩效考核指标，这就是绩效改进。

表 7-1 是三种岗位考核指标的情况，左边的绩效考核标准是基本标准，是对这些岗位所要求的最基本的要求，只要完成这些基本要求就算完成了绩效指标，可以打满分；右边的绩效考核指标是卓越标准，如果我们企业各岗位都能很轻松地完成基本标准，我们就可以采取卓越标准，要求这些岗位的员工按卓越标准去执行新的考核标准。

表 7-1　不同职业绩效的基本标准和卓越标准

职业	基本标准	卓越标准
司机	按时、准确、安全地将乘客载至目的地；遵守交通规则；随时保持车辆良好的性能与卫生状况；不装载与目的地无关的乘客或货物	在几种可选择的行车路线中选择最有效率的路线；在紧急情况下能采取有效措施；在旅途中播放乘客喜欢的音乐或在车内放置乘客喜欢的报刊以消除旅途的寂寞；较高的乘客选择率
打字员	速度不低于 100 字／分钟；版式、字体等符合要求；无文字及标点符号的错误	提供美观、节省纸张的版面设置；主动纠正原文中的错别字
销售代表	正确介绍产品或服务；达成承诺的销售目标；回款及时；不收取礼品或礼金	对每位客户的偏好和个性等做详细记录和分析；为市场部门提供有效的客户需求信息；维持长期稳定户群

我平时喜欢看记录频道，有一次，我在看中央电视台的一个关于云南银饰的纪录片的时候，听到主持人说了这么一句台词："把小拇指粗的银条拉成两厘米粗的银丝。"这句话有一处明显的错误，两厘米比小拇指还粗啊，不可能越拉越粗吧，所以这里的问题是计量单位错了，厘米应该是毫米，应该是稿件写错了。

如果按照基本标准，主持人按照稿件读的，稿件写错了，主持人没有读错，所以不应该扣主持人的绩效。但是，如果按照卓越标准的要求，这属于明显的错误，主持人应该主动纠正原文中的错别字，而主持人没有发现原文中的错别字,所以应该扣主持人的绩效。

7.2.3 京东绩效指标的改进

京东第一年举办双十一活动的时候,客服部门最大的问题是电话的接起率比较低,顾客普遍反映电话打不通,京东进行统计,电话的接起率只有20%左右,这样客户的满意度肯定会大打折扣,所以京东针对电话接起率较低的问题,制定了针对客户部门的考核指标,专门考核"电话接起率",力争下一年双十一的电话接起率要从20%提升到80%。大家经过一年的努力,通过引进设备、引进信息系统、增加人手、改进流程等方式,终于完成了当年"电话接起率"的指标。

"电话接起率"指标是正常了,但京东又发现了新的问题,顾客普遍反映客服人员的种种问题,例如,语速较快,耐心不足等,这些都是因为设定电话接起率指标导致的后遗症,所以京东给客服部门又重新制定了新的指标,不考核电话接起率,而改为考核"顾客满意度"。

又过了一年,双十一以后,"顾客满意度"指标完成得也非常好,顾客普遍反映客服人员的服务态度很好,自己对客服人员的服务态度也满意,但又发现了新的问题,就是顾客反映的问题迟迟不能得到解决。有顾客反映自己反映的问题是自己购买产品都过去三天了,产品为什么还没有送到,客服人员服务态度也很好,就是解决不了实际的问题。

于是,京东又重新给客户人员定了新的考核指标——"顾客问题解决率"。当"顾客问题解决率"指标设定以后,所有客服人员的工作由以前的"顾客满意"转向了"问题解决",一切以"解决问题"为导向。

京东客服的绩效考核指标从一开始的"电话接起率"转变到"顾客满意度"再转变成"顾客问题解决率",每一次转变都代表企业服务标准的提升,代表着客服绩效的不断改善。

7.2.4　如何找到问题的根源——知道问题的根源才能解决问题

我在给山东德胜皮业做咨询时，认为质量是企业的第一要务，所以我们就要想办法解决企业的质量问题。

解决某个问题的关键是找到导致问题的根源。

德胜皮业的有一名高管告诉我，皮革行业有句话，叫作"看皮做皮"。皮革与其他标准化的产品不同，比方说生产一部手机，这是标准化的产品，原料标准化，产品也标准化，两个产品之间几乎没有差异。而牛皮是自然生长的，每头牛的生长环境不一样，自身的体质也不同，所以长出的牛皮就不一样，有的厚有的薄，有的可能还有伤痕。所以，有经验的工匠应该根据每张牛皮的特质采取不同的操作手法，这就是"看皮做皮"。

猛然一听，这种说法很有道理，但往更深的层次想一想，就会发现问题。我便问道：其他企业广义不良率也这么低吗？

他说：不是，人家没这么低。

既然竞争对手的质量没有这么低，那就说明质量低不是行业的问题，不是"看皮做皮"的问题，肯定是我们自己的问题。

规模化生产的产品，必须是标准化的产品，如果做不到标准化，就无法量产。

我在给许多企业服务的时候，都会考虑跟行业其他企业作对比，也叫作"对标"。比方说我给北京最大的一家混凝土搅拌站做咨询时，他们经常说由于行业监管严、北京要求高、材料涨价快等因素导致企业盈利差，我就会这么跟他们说，我们难，其他企业更难。恰恰因为我们是龙头，我们有规模优势，如果我们都撑不下去的话，其他企业肯定剩不下几个了。所以，我倒认为作为行业龙头，应该呼吁政府加强监管，提高标准，同时我们自身要加强管理，提高效率，降低成本，这样我们就会占据更大的市场份额，挣更多的钱。

所以，我们还得从自身找原因。

首先，我们征询生产线同事们的意见，他们说，质量低主要是因为技术

第 7 章　绩效结果应用

部门的水平差，他们不懂应该怎么做，总是出错误的标准。当我们问到技术的同事们时，他们却说尽管他们的技术水平确实有问题，但更主要的问题是生产部门不按照他们的标准操作，自己经常偷偷地修改技术参数。

高管们认为，这两方面都有原因，但具体哪方面原因占的权重大，谁也不太清楚。所以，找到质量低的原因是当务之急。

既然生产部门和技术部门都是"公说公有理，婆说婆有理，"还有一个部门可以了解情况，就是品控部。但是当看到企业的组织架构时，我发现该企业没有品控部，目前的企业品控部门属于技术部下面的一个子部门。这是一个严重的错误。

第一个措施：成立品控部。

企业技术部的职责应该是负责研发技术、改善生产工艺，品控部的职责是进行品质管理。所以我们建议把品控的职责从技术部门分离出来，单独成立品控部。有人对这个决策比较困惑，因为企业的理念一直是"谁发现问题，谁解决问题"。这个理念看起来挺不错，可以提高企业效率，但也是有问题的。

试想，如果是个简单的问题，很容易解决，某人发现并顺便解决掉，这固然好。但如果问题比较复杂，他们自己很难解决呢？如果解决不了要挨批评，那么对员工来说最好的解决途径就是装作没有发现问题。所以首先应该把品控部单独释放出来，独立于其他部门。我把品控部的职责定为两点：发现问题，制止问题。

部门确定之后就是选人。我们梳理了企业的所有人，发现有两名员工可以胜任品控部负责人，一名是技术部的负责人，另一名是技术部的一名骨干员工。我分别与这两位员工进行了面谈，听取他们的意见。技术负责人比较排斥品控的工作，他认为品控既得罪人，又没有技术含量，不值钱，所以不愿意接手。技术部的那名骨干以前曾经是这个企业品控的负责人，但由于没有做好，从企业辞职后去了其他企业，后来在外面混得不是很好，又回到了德胜皮业，但回来以后被降职成了员工，所以他更不敢接这个烫手山芋。

我分别做了二人的工作。

首先，从价值的角度考虑，品控的工作确实不如技术高。但是品控也分类型，我们现在做的工作是建立企业的品控体系，而不是品控的执行。品控体系就是制定规则，制定标准，告知品控执行人在哪个环节应该检查什么，标准是什么，检查周期等。品控执行价值确实不是很高，但是建立品控体系的价值却很高。我还给他们举个例子，就像给员工发工资这项工作不值钱，但像冯老师设计薪酬体系这件事情就很值钱。

其次，你们只要建立了品控体系，把品控部理顺，如果还是想回到技术部门，岗位、职责不变，待遇不变。再次，如果你们到品控部的话，晋升为部门经理，享受部门经理的工资待遇。最后，品控部的员工可以从企业内挑选，他们认为哪个人合适就从哪个部门调动。

在调动人员的时候，他们担心人员过多会增加成本，我给他们的原则是不要考虑成本，质量造成的浪费成本远远大于几个人的人工成本，库房里一年增加数千万的不良品，这些质量稍有改善就能完全覆盖住增加的人工成本，所以不要担心成本，要以质量为第一要务。

沟通过后，两个人都有些动心，但他们还是有些犹豫。所以，我让他们俩共同组建品控部，分别担任正副职。这也是德胜皮业唯一一个设置了正副职编制的部门。当时我是这么考虑的：第一，品控部比较重要，任务紧、责任重，设正副两个职位二人可以互相帮衬。第二，万一中途有一个人掉链子，另一个人还在，企业不至于太被动。这次品控部如果再不成功，其他人更不会接这个烫手山芋了。

果不其然，当品控部刚刚走上正轨的时候，技术的负责人还是申请调回去。他这时候离开品控部，对品控部来说就无所谓了，正好副职可以顶替他，这也属于歪打正着，当然也可以叫作未雨绸缪。

第二个措施：明确分工。

我重新明确了技术部、品控部和生产部三者之间的关系，技术部负责产品的技术研发、工艺改进等工作；生产部严格按照技术部的要求操作，不能打折扣，也不能更改任何标准和参数，如果发现标准或参数有问题，应该向技术

第7章 绩效结果应用

部门提出，由技术部门做出是否更改的指令；品控部负责发现问题并制止问题。如果品控部发现问题，并不知道应该如何操作，应该转交技术部门，由技术部门发出操作指令。

这时有人又提出了疑问：如果品控部发现了问题，自己不解决，是不是会影响效率呢？还是那个原则，对于这么严重的问题，效率与质量比起来是次要问题，只要质量提高了，牺牲一定的效率是值得的，时刻要记住质量第一。

第三个措施：严格执行。

企业目前的流程分成了若干段，前一道工序完成后再转交给下一道工序进行操作。由于皮革行业的特殊性，前一道工序生产的产品哪怕有瑕疵，下一道工序如果处理得当，也能弥补这些缺陷，把因前一道工序的失误造成的损失降到最低。由于之前企业管理不善，导致每一道工序的员工都是这么想的，更可怕的是他们也是这么做的。

前一道工序生产的产品有瑕疵，下一道工序操作的难度就会加大，然后就可能产生更大的问题，继续延续到下一道工序，加大了下一道工序的难度。因此，企业生产的最后一道工序本来的定位是验级量尺，就是检验皮革等级，测量尺寸，结果这道工序最大的职责变成了解决前面所有工序积攒的问题。如果最后这道工序依然解决不了，就把问题交给了销售部，让销售部通过各种方法去跟客户协商，看客户能不能接或者降低标准。

我当时很生气地说，这是典型的胡来。

我制定的规则是：任何一道工序交给下一道工序的产品必须是合格的，不合格的产品下一道工序有权利不接收，只要接收，就默认前道工序生产的是合格产品。有人又困惑地问道：前道工序尽管不合格，但是如果下一道工序的操作工人有经验，他们能把不合格的产品变成合格产品，如果有瑕疵就返工，会不会增加成本并降低效率？

确实，从某件特殊事件来看，会导致成本的增加和效率的下降，但如果我们在这里降低标准，所有人慢慢地又养成了依赖下一道工序的习惯，从整体上来看成本更高。如果我们每个人都能养成在自己的岗位上生产合格品的习惯，每道工序都认真负责，每道工序生产的难度会大幅度降低，我们生产出合格产品的概率也会大幅度提高。

从整体来看，这样的效率恰恰是最高的。所以，每道工序必须提交合格品，不合格品不许提交，并且不计算薪酬。之前企业是无论合格品还是非合格品，都给操作工人计算薪酬，最过分的是有一批次产品喷了 12 遍油漆，远远地超出了规定的数量。工人们无所谓，喷 12 遍漆挣 12 次收入，苦的是企业，既增加了成本，耽误了工期，又生产出了不合格的产品。

通过成立品控部找到企业质量差的原因，制止问题的持续发生；通过技术、品控、生产三个部门的重新定位，阻断了随意性操作的不良后果；通过流程的严格执行，提高了产品质量的稳定性，提高了效率。三管齐下，终于解决了企业质量低的老大难问题。

质量问题一解决，所有的问题都迎刃而解了。操作工人养成了标准化操作的习惯，以前一道工序需要多次返工的行为少了，所以效率提高了，结果是在原有设备厂房没有任何调整的基础上，没有增加一名员工，生产率却得到了大幅度的提升。

改善后的可见成绩如下：

（1）产量从每月 200 万平方英尺增长到 350 万平方英尺，提升了接近一倍。

（2）每天的工作时间从 24 小时降到了 16 小时，节省了 1/3 的时间。本人工作时间缩短了，但收入却增加了，所以员工的积极性有大幅度的提升。另外还节省了 8 小时的操作成本，例如机器的损耗、电费等成本。

（3）当月广义不良率从 32% 降到了 8%，后续又降到了 5%，一年以后降到了 3.75%。

（4）产品质量合格以后，工期有保证，销售订单能够按时交货了。产品质量提升，客户也非常满意，后序订单纷至沓来。

从此以后，企业步入了良性循环。

> **总结：**
> - 绩效申诉有利于保护企业和员工。
> - 绩效要不断改进。

7.3 绩效与薪酬管理的结合

7.3.1 绩效管理与薪酬分配体系怎样结合才能更公平

由于业务部门跟企业的业绩直接挂钩，职能部门跟企业的业绩间接挂钩，所以在企业的绩效管理中，经常会碰到一种情况，就是业务部门的绩效成绩一般比职能部门的绩效成绩低。原因有两个：

第一个原因是业务部门的绩效容易量化，职能部门的绩效不容易量化。

量化的指标在评价时很好打分，按照实际情况计算得分就可以了，不容易量化的指标在评价时更多的是凭主观印象打分，而按照主观印象打分，由于说服力不够，所以一般来说不敢也不会给员工低分，大多数是中等偏上的分数，在100分左右的较多。

职能部门一般在满分100分左右，业务部门按照实际情况来计算得分，肯定容易产生差异，这个差异主要是由业务部门产生的，而不是由职能部门产生的。这个差异有可能会高一些，也有可能会低一些。比如这两年腾讯的"王者荣耀"团队，明显就属于高绩效的表现。

业务部门的绩效有高有低，我认为是合理的。职能部门属于保障型的部门，一般情况下来说属于旱涝保收；而业务部门属于激励型的部门，业绩好的时候绩效就应该高，业绩差的时候绩效就应该低，无可厚非。当然让大家纠结的是业务部门的绩效有时候会低，而业务部门其实也很努力，甚至比职能部门更努力，这时候有些人就感觉到不合理了。如果撇除个人情感问题（业务部门绩效的高低是正常的），导致这种不合理的现象发生的原因就是第二个原因，即任务定得太高。

第二个原因是在给业务部门定任务时目标太高。

企业在给业务部门定任务时普遍偏高，很少有偏低，甚至合理的情况，这是企业管理的一个误区。当给业务部门制定的任务较高时，业务部门完成绩效的难度就高一些，而职能部门的绩效指标一般属于中等难度，相对容易完成，所以表现的结果就是职能部门的绩效偏高，业务部门的绩效偏低，又产生了不公平。

解决这种不公平有效的方式有两种：

第一种方式，是把业务部门和职能部门绩效的难易程度调成一致。这样可以把业务部门的难度降低，按照合理的任务目标给业务部门制定任务，这样大家绩效的难易程度达成了一致，相对也就公平了许多。但大多数企业不愿意降低任务，因为这样可能会导致企业年度任务完不成（不降低目标不少企业也完不成年度任务），而调高职能部门的绩效难度又很难操作，所以这种方式很少有企业采用。

第二种方式，就是通过薪酬来调节二者之间的公平。我们知道制定薪酬是基于岗位价值评估而来的，给业务人员制定薪酬的时候相对麻烦，因为业务人员的薪酬工资更多取决于浮动部分而不是固定部分，这样就导致了岗位价值评估准确度的失真。而评估人员在给业务人员进行价值评估的时候，一般只会考虑完成合理任务的情况下的岗位价值，而不是完成较高任务的情况下的岗位价值，所以想通过给业务人员调高薪酬的方式解决绩效设计中产生的难易程度差异的方式是不可行的，或者说更难实现。

既然第二种方式更难实现，为什么再去试试第一种方式呢？

7.3.2 绩效结果与薪酬涨跌的结合

绩效结果出来以后，一定要和薪酬相关联，这样才能有效地发挥绩效的激励作用。一般来说，绩效结果至少从三个方面影响薪酬：

1. 影响绩效工资

我们知道，薪酬一般包括基本工资和绩效工资两部分，基本工资是指每月根据岗位价值固定发放的那部分收入，绩效工资是根据当月的绩效（或者季度绩效等）完成情况发放的收入，当月业绩完成得好，绩效工资发得就多，如果当月的绩效完成得不好，当月的绩效发得就少，以做到对员工的奖罚激励。

假设一个员工的工资构成是"基本工资3000元＋绩效工资2000元"，如果该员工当月的绩效考核成绩是120分，则该员工的绩效工资是2000×120%=2400元，所以该员工当月的工资发放应该是3000+2400=5400元，比标准工资多400元；如果该员工当月绩效考核不理想，考核成绩只有80分，则该员工的绩效工资是2000×80%=1600元，则该员工的当月的工资发放是3000+1800=4600元，比标准工资少400元，这样就起到了一定的奖惩作用。

从这里的结果我们也得出两个结论。

第一个结论，绩效工资不会增加企业的工资成本。

合理的薪酬绩效体系一般会有奖励也会有惩罚，奖励的那部分薪酬来源于绩效差的那部分员工扣除的绩效，所以二者应该是相当的，不会对企业薪酬产生较大的差异。当然，这个差异也不是完全没有，只是差异不大而已，差异多少取决于两个因素。

第一个因素，奖励人员的数量和绩效差人员的数量。如果奖励人员的数量和绩效差人员的数量大体相当，奖励的薪酬和绩效差的薪酬规模一般差异也不会太大。但是企业管理者在实际的操作中普遍愿意给下属奖励，不愿或者不敢（我认为是不敢）给下属更多的惩罚，即使有惩罚也是蜻蜓点水，浅尝辄止，所以经常会产生奖励过多，惩罚过少的情况。所以，企业层面应该提前设定奖惩的比例，严格按照奖惩比例执行，这样能有效地避免工资总额超的问题发生。

第二个因素，奖励人员的平均工资和绩效差人员的平均工资。理论上来说，奖励人员与绩效差人员在薪酬收入上不应该有明显的差异，但在企业中经常会出现的情况是，受奖励的人员一般是企业里面比较资深的员工，绩效差的员工一般是企业中比较资浅的员工，这种结果是由于对绩效管理的理解不深刻，错误操作导致的，我们第 1 章已经解释过了。如果大家都按照正确的绩效管理理念来设计和操作，绩效好坏就不会有明显的资深和资浅之分，这样在薪酬上也不会有明显的差异。

当然，我们在设计奖励人员和绩差人员的比例时，不是说一定要让奖励人员和绩效差人员的比例相等，二者之间可以有偏差，毕竟我们企业的人均工资每年都应该有一定幅度的上涨，这些上涨是可以完全覆盖这些差异的。

第二个结论，绩效工资尽管能对员工的业绩起到一定的奖惩作用，但从比例上来看实际的影响不大。

大多数情况下干得好的与干得一般的绩效差异大约只有 8%（400/5000），表现最好的员工和最糟糕的员工之间的差异大约也只有 16% 的差异，所以从数据上来看影响有限。尽管我们在考核的过程中，允许给员工打低于 80 的得分，但实际操作中低于 80 分的员工可以说几乎是看不到的，所以考虑到实际工作中得高分 120 的员工比例和得低分 80 的员工比例会更小，对员工收入上的奖惩影响会更低一些。

为了给大家更直观的表现，我设计了如表 7-2 所示的模拟表格，供大家参考。这里的假设工资只由基本工资和绩效工资两部分构成，工资总额为 10000 元，表格工资构成列中的 8020 表示工资由 80% 的基本工资和 20% 的绩效工资构成，也就是 8000 元的基本工资 +2000 元的绩效工资，其他工资构成数据类似。

表 7-2 模拟表格

绩效得分 工资构成	80	85	90	95	100	105	110	115	120
9010	9800	9850	9900	9950	10000	10050	10100	10150	10200
8020	9600	9700	9800	9900	10000	10100	10200	10300	10400
7030	9400	9550	9700	9850	10000	10150	10300	10450	10600

续表

绩效得分 工资构成	80	85	90	95	100	105	110	115	120
6040	9200	9400	9600	9800	10000	10200	10400	10600	10800
5050	9000	9250	9500	9750	10000	10250	10500	10750	11000
4060	8800	9100	9400	9700	10000	10300	10600	10900	11200
3070	8600	8950	9300	9650	10000	10350	10700	11050	11400
2080	8400	8800	9200	9600	10000	10400	10800	11200	11600
1090	8200	8650	9100	9550	10000	10450	10900	11350	11800

尽管绩效成绩的高低对工资总额的影响不大，但是绩效考核成绩依然对员工有很大的奖惩作用，原因有两个：一是大多数人会过分看重自己的收入，对自己应得的收入比较在意，所以尽管收入没有差太多，但大家还是希望从经济上能多一点；二是大多数人会有荣辱感，绩效成绩高就认为是对自己工作的认可，绩效成绩低就看成自己工作需要改善。所以绩效工资从一定程度上可以影响员工的行为。

2. 影响奖金的分配

奖金一般是指年底或者半年底，企业根据当年效益好坏而发放的激励，如果企业制度里面没有提前规定的话，奖金可以发放也可以不发放，这个不违法。如果我们要发放奖金，就需要确定每个人发放多少。

这里每个人发放奖金的金额受两个因素影响：一个因素是员工的职级（或者薪酬），职级越高，薪酬就越高，所以奖金就应该越高；另一个因素是绩效考核成绩，如果职级（或者薪酬）一样的话，考核成绩越高的员工获得的奖金就应该越高。

在奖金分配设计上，一般有两种方法：一种是与员工的工资相关联；一种是与员工的岗位职级相关联。

2016年，我给一家央企子公司制定奖金分配制度，设计的奖金计算公式为：个人奖金＝该员工月标准工资×（该员工调整后的绩效考核评分/100）×

部门考核系数，这里关联了两个指标，一个指标是部门考核系数，部门考核系数可以参考部门经理的业绩考核成绩；另一个指标是个人调整后的绩效考核成绩（见 6.2 节）。这个计算公式比较简单，每个人都可以根据自己的工资标准和考核成绩以及部门的考核成绩计算出自己的年终奖金。

同一年，我给另一家央企子公司制定的奖金分配制度与上面这家企业却有一些区别，该企业的奖金计算公式为：员工个人奖金 =（该员工岗位基分 × 该员工调整后的绩效考核评分 × 部门考核系数）/ $\sum$（岗位基分 × 年底调整后绩效考核评分 × 部门考核系数）× 年终奖总额。这个公式中有一个新的概念"岗位基分"，所谓岗位基分也叫岗位差异系数，就是不同的岗位之间的差异，各岗位基分表见表 7-3。

表 7-3　各岗位基分表　　　　　　　　　　　　单位：万元

职　　级	基　　分
1	1
2	1.33
3	1.74
4	2.38
5	3.07
6	3.99
7	4.8

这里假设职级为 1 的员工年终奖金是 1 万元的话，获得同样绩效成绩的 7 级员工的奖金就是 4.8 万元。岗位基分的设计可以采用各职级的中位值，以最低级岗位的中位值作为基数 1，其他各岗位与最低级中位值的比值就是该岗位的基分。

用员工的工资和岗位基分作为奖金的分配参考，二者是有区别的。假设一家企业的某一职级上的薪级有 9 级，薪级 1 的工资是 3000 元，薪级 9 的工资是 6000，中位值 4500。再假设两个员工都处于同一个职级，但一个是资深员工，处于薪级 9，另一个员工是新晋员工，处于薪级 1，假如他们年底的绩效考核成绩都是 100 分，如果按照第一种以工资作为分配标准计算的话，资深员工年底的奖金应该是 6000 元，新晋员工的奖金应该是 3000 元；而如果按照第二种岗位基分作为分配标准计算，则他们俩的奖金是一样的，都是 4500。

初步看起来，好像第一种更合理，毕竟资深的员工拿的奖金多，资历浅的员工拿的奖金少，好像说得通。但如果我们仔细分析的话，好像第二种也有一定的道理。

我们设计薪酬体系时，职级和薪级的激励作用是不同的，职级是为了鼓励大家多学本领，尽量能承担更高岗位上的工作，但由于并不是每个员工每年都有晋升岗位的机会，所以为了激励那些能力稍差但又不能晋升岗位的员工，也给他们涨薪的机会，这就是设计薪级的作用。

一般来说，处于高薪级的员工是在该岗位上干了多年的资深员工，这些员工一般属于岗位资深但晋升能力不足的，所以我个人认为在分配奖金时对他们有一些"偏见"也可以理解，就是促使大家尽量提升自身的能力，加速自己的成长，以担当更高的职责，这就是我们设计岗位差异系数的作用。

至于企业应该采用哪种方法，还是要看企业的激励文化，看看企业的绩效管理是激励大家不断进步，还是激励大家仅做好本职工作。如果希望员工不断地进步，不断地晋升，可以采取基于岗位基分的方法；如果仅仅是激励大家做好本职工作，可以采取基于员工工资的方法。

3. 影响第二年薪酬的涨跌

绩效成绩的高低对员工最大的影响应该是员工第二年收入的高低。绩效工资和奖金的多少对员工来说属于一次性收入，绩效对绩效工资和奖金的影响属于一次性影响，当月的绩效工资高不代表下个月的绩效工资也高，当年的奖金高也不意味着下一年的奖金高，所以绩效工资和奖金的影响是一次性激励，也就是说，员工如果想要更好的绩效工资，每月都需要努力，如果要更多的奖金，每年都必须努力，但从新一个周期开始之后，以前的成绩都归零了，以前的成绩不影响后期的成绩，所以对那些表现好的员工就不公平。如果想让员工有更好的积极性和公平感，就需要永久性的激励，而不是一次性的激励，也就是涨薪。

许多企业在面临涨薪的问题时，比较头疼的是如何确定涨薪的人员以及涨薪的比例。这里介绍一个我经常采用的方法，这个方法既简单又有效。这个方法就是根据企业的工资总额的承受能力以及薪级的涨幅，设计出需要涨薪的比例，在具体执行时只需要根据制度的规定进行简单的计算就可以了。

2016年，我给一家央企子公司设计的绩效管理制度里是这么规定的：在年度考核得分计算完成后，由人力资源部分别将基层员工的考核得分由高到低进行强制排序，划分出"优"（A，占参评总人数的20%）、"良"（B，占参评总人数的50%）、"合格"C和"差"D（C和D，合计占参评总人数的30%）四个等级，并将其与职级调整、人员再配置等相关制度进行对应，作为职级升降、人员再配置（晋升、降职、调职、淘汰）和培训等的依据之一。

其中年底考核得分为A的员工可以晋升薪级两级，得分为B的员工晋升薪级一级，得分C的员工不晋升，得分为D的员工直接进入人力资源池，并且不参加当年的奖金分配，累计两次得分为D的员工按照劳动关系条例执行。假设该企业一共有100名员工，绩效成绩排名前20的可以晋升两级工资，中间的50名可以晋升一级工资，最后30名员工如果都是C的话，既不涨工资也不降工资。

这里在设计分配比例的时候应该考虑两个因素，一是企业能承受的工资总额的涨幅，二是每个薪级的涨幅。上述那家企业是央企，我在《全面薪酬体系设计"6+1"》一书中讲过，央企的工资总额是受国资委控制的，每年的涨幅跟利润的涨幅有一定的关系，国资委目前给这家央企的新政策是工资总额的增长比例不能超过6%，所以在设计薪酬涨幅的时候一定不能超过6%的限制，否则这个薪酬制度的设计就是失败的。

因为我们在具体实施的过程中不可能预估得丝毫不差，可能会有一定的偏差，所以在设计制度时一般工资涨幅会稍低于6%。这家企业的涨薪幅度大约是5%，也就是员工如果涨一级工资，大约会有5%的涨幅，因此我们可以大致计算出上述的工资涨幅比例大约是4.5%（5%×2×20%＋5%×50%＝

4.5%），略低于6%，没有超出国资委的规定，因此是有效的。

所以大家在设计绩效管理制度的时候，不要简单地抄袭别人的制度，因为不同企业的工资涨幅、薪级涨幅都是不一样的，不同的薪酬体系必然对应着不同的比例关系。

练习题一：假设该央企子公司员工考核后，A、B、C、D各级员工的结构比例不变，但该企业的工资涨幅如果是10%，那么工资涨幅为多少才能满足制度的要求？

计算结果为：10%×2×20%+10%×50%=9%。

练习题二：如果该企业的工资总额涨幅不能超过10%，ABCD比例变成2∶3∶5∶0，得分为A的员工当年升一级，得分为B的员工两年升一级，得分为C的员工不升也不降，那么工资涨幅为多少才能满足制度的要求？

计算结果为：10%×20%+10%/2×30%=3.5%。

7.3.3　结果公平和机会公平

人类就本性而言，情感上追求结果公平，理性上追求机会公平，也叫程序公平。对结果公平的追求使得人类文明的任何进步都会最终传播到地球的每一个角落；建立了提供机会公平制度的社会都会繁荣进步、长治久安。

好的企业制度给每个人提供了真正的平等机会，让所有人都有机会实现自己的才华，获得自己的经济果实，这种体制叫作"经济贤能制"。所以我们应该尽量保证机会公平。为了保证公平，有时候需要人力资源进行一些处理。

人力资源在绩效管理过程需要对绩效进行两个处理，第一个处理是在绩效计划的过程中，第二个处理是绩效评价结束以后。

1. 绩效计划后的处理

在直线经理们给员工做绩效计划，也就是提取绩效指标、设定目标值的过程中，每个经理对员工的要求是不一样的，有的给下属定的任务重，有的给下属定的任务轻，这样对于员工来说肯定是不公平的。所以，人力资源部就需要在经理们制定任务之前先给他们做统一的培训，让他们达成一致的共识，用统一的尺度给员工设定指标和目标值，最大限度地保证公平。

即使这样，不同的经理在制定目标时依然会有一定的差异，为了做到差异更少，做到更加公平，人力资源就应该在大家制定计划以后进行一个统一的调整。

假设有两个部门经理，各分到了100万的销售任务，他们分别都有两个下属，其中一个下属是资深的业务经理，另一个下属是新晋的业务经理。如果两个部门经理的管理风格是一样的，他们给下属安排的任务也应该是一样的。

但实际情况是，一个经理是严厉型的，他认为100万对自己的下属来说太低了，喜欢给员工加码；另一个经理是宽容型的，他认为100万对自己的下属来说太高了，喜欢给员工减负，所以这两个经理给下属制定的目标也不一样。

严厉型经理给下属下达了合计120万的销售目标，资深的业务经理背负了80万的任务，新晋的业务经理背负了40万的任务。而宽容型经理只给下属下达了80万的任务，资深的业务经理背负了50万的任务，新晋的业务经理则只背负了30万的任务。这样对于不同部门的业务经理来说肯定不合理，因为按照这个计划，假设两位资深经理都完成了60万的销售，两位新晋经理都完成了30万的任务。对于严厉型经理领导下的资深经理和新晋经理来说，属于没有完成任务，只能得75分（60/80，30/40）；而宽容型经理领导下的资深经理和新晋经理，则分别得分120（60/50）分和100分（30/30），显然这太不合理了，这时候人力资源经理就应该上场了。

绩效管理的标准流程是直线经理制定考核指标和目标值以后，应该提交人力资源部审查备案，人力资源部对直线经理提交的绩效合同应该判断其是否合理，如果发现问题，应该对直线经理进行沟通辅导，敦促其改进目标。所以对于上述两个经理的做法，人力资源部应该分别跟两位经理谈话，敦促其修订绩效目标，使其在目标的设定上基本上做到没有偏差，这样就比较合理了。

第7章 绩效结果应用

2. 绩效评价后的处理

绩效计划如果做得足够细致，打分标准做得比较明确，在绩效评估的过程中差异就会小。但依然有一些经理很难做到公平，所以在绩效评估打分的过程中会有打分的认知差异，尤其对一些相对来说量化程度不够的指标，例如：态度和能力指标。如何解决绩效评价过程中产生的管理偏差问题，这时候就需要人力资源部门对最后的打分结果进行综合处理。

依然是上述的两个经理，一个严厉型经理和一个宽容型经理，下属也是一模一样，各有一个优秀员工和一般员工，再假设严厉型经理属下的优秀员工和宽容型经理属下的优秀员工完成的业绩是一模一样的，而严厉型经理和宽容型经理属下的一般员工完成的业绩也是一模一样的。如果评价规则一致的，很显然，两位优秀员工的成绩应该是一致的，假设都是110分，两个一般员工的成绩也应该一致，假设都是90分。但由于严厉型经理对员工要求严格，所以他打分就比较严，员工的得分相对偏低，假设优秀员工和一般员工的最终得分分别是100分和80分；而宽容型经理对员工要求宽松，所以他打分就相对偏高，假设优秀员工和一般员工的最终得分分别是120分和100分，这就造成两个部门之间的不公平，对员工来说肯定也不公平。

这时，人力资源部门就应该对两个部门员工最终的成绩进行调整，调整的方式是分别用两个部门的平均成绩作为标准分100分，然后对优秀员工和一般员工进行最终成绩的确认。严厉型经理两个下属的平均成绩是90分，所以以90分作为满分进行调整，该部门优秀员工调整后的得分是111分（100/90×100），一般员工调整后的得分是89分（80/90×100）；宽容型经理两个下属的平均成绩是110分，所以以110分作为满分进行调整，该部门优秀员工调整后的得分是109分（120/110×100），一般员工调整后的得分是91分。处理后的结果与我们模拟的评价规则一致下的得分基本一致，当然由于计算四舍五入的问题，得会有一点差异，这个差异是允许的。具体调整见表7-4。

表 7-4　具体调整

领导风格	严厉型经理		宽容型经理	
下属类型	优秀	一般	优秀	一般
评价规则一致下的打分	110	90	110	90
不同评价规则下的打分	100	80	120	100
人力资源部门的调整	111	89	109	91

总结：

- 绩效影响薪酬的三个方面：绩效工资、奖金的分配和第二年薪酬的涨跌。
- 机会公平更能激发员工积极性。

7.4　向行业挑战——整个行业的做法都是错的

7.4.1　混凝土行业绩效工资的误区

混凝土业务是一个非常简单的加工业态，就是把水泥、石子、砂子混合水搅拌，变成混凝土，浇筑到工地上即可。

我曾经服务的一家企业是北京最大的混凝土搅拌企业，这家企业所有人的薪酬构成都是一样的，基本工资＋方量提成，每个人的基本工资不同，方量提成可能也不一样。例如有的人工资是 3000 基本工资加上 0.06 元的方量提成，有人可能是 6000 基本工资加上 0.05 元的方量提成。方量是指混凝土的体积单位，是指立方米。这个行业的薪酬体系都是这么设计的。

行业外的人力资源一下子就能看出问题，例如出纳、财务、人力资源、门卫等职能岗位，他们的收入不应该与方量挂钩，因为他们的薪酬与企业业绩

第 7 章　绩效结果应用

关联度不高。该企业的所有人却不这么认为，他们认为如果方量高，不仅仅是生产相关的人工作量大，门卫的管理难度、工作量也加大了，财务、出纳、人力资源相关部门的工作量都加大了，所以多劳多得是合理的。何况自这个行业成立以来，他们的薪酬体系一直都是这种模式。

确实，企业的产量多了，门卫要登记、管理车辆，工作量会增大；出纳、财务要开票，工作量会增大，人力资源要招聘，工作量会增大。但是，这些岗位工作量的增加与收入不应该成明显的比例关系。举个例子，业务不好的时候，出纳需要开 100 张单据，收付 100 次款项，工资收入 5000；当业务增加的时候，出纳需要开 200 张单据，收付 200 次款项，即使业务量翻倍了，工资收入也不应该是 10000 万元，我认为有 6000 元应该足够了。更何况当企业业务很差的时候，如每年的春节前后，这时候的方量接近于 0，是不是员工的收入就应该是 0 元呢？这明显违反了常理。

所以，我建议把企业所有员工分成四类：

（1）与跟企业业绩相关的员工典型的岗位是高管岗位，如总经理、副总经理、生产负责人、技术负责人等。这些人的收入应该取决于整个企业的业绩，所以与企业业绩（不仅仅是方量）挂钩。

（2）按业绩提成的员工，指经营部经理（企业负责销售的负责人，考核部门业绩）、业务员、罐车司机，这些是典型的业务类员工，提成方式比较成熟，也相对合理。

（3）按班次完成情况提成的员工，包括实验室主任、设备部经理、调度长、调度班长、调度员、铲车班长、操作班长、操作工、铲车司机、质检班长、内检员、外检员、试块工等，这些人之前是按企业方量提成，明显两个班次的方量可能不一样，所以不应该按企业方量提成，应该按自己的班次提成。

（4）相对固定类的岗位员工，包括经营统计员、调度、内勤、资料员、库管员、会计、出纳、人力资源等职能部门的员工。这类岗位所有行业都有，所以参考其他行业采用基本工资、绩效工资和奖金的工资结构。

变化最大的是相对固定岗位的员工和按班次提成的员工。

相对固定岗位员工的工资构成采用基本工资、绩效工资和奖金的工资结构，基本工资起保障作用，即使企业某个月没有任何业绩，也能保证大家基本的生活；绩效工资跟个人的业绩挂钩，工作做得越好，绩效工资就越高，否则就越低；奖金取决于企业全年的方量，年底一次性发放，即企业全年效益较好，这些人的年终奖就高，否则就较低。

按班次提成的员工，他们之前的模式是按企业方量提成，如果当月完成了10万方量，假设他们的基本工资是3000元，方量提成是0.06元每方，所以当月该员工的工资是3000+6000=9000元。这样不管他们干得好坏，所有人都是9000元的工资。我认为这不利于内部竞争，企业内部容易滋生滥竽充数的习气。所以建议他们改成按班次计算提成的方式，也就是员工提成的基数不是企业方量，而是自己班次的方量。具体设计的内容是，基本工资3000元保持不变，按班次方量提成，提成比例翻倍变成0.12元每方。这样企业付出的成本没有变化，但员工的收入可能会有所改变。

在我为这家企业咨询之前，这家企业历史最高月产量是13万方量。这个最高产量是所有机器24小时不停歇、机器不保养不检修的情况下做出来的，甚至于传送皮带冒烟了也带病坚持工作抢出来的最大产量。

新的方案实施的当月，总经理给我发微信说，当月（3月26日到4月25日）的产量破了历史记录，达到了15万方量，而且当月还属于行业的淡季。

企业一共是两个班次，两个班次的结果差异也很大，一个班次的产量是8万方量，每人收入1.26万，另一个班次是7万方量，每人收入1.14万。这也属于双赢的结局。

但是在当月工作中也出现了两个小问题：

第一个问题是两个班次为了在自己当班的时候多生产，经常会在临近下班的时候多抢出一部分产量，这样工地上会有若干积压，而下一个班次相对就要少生产一部分，导致两个班次产生矛盾。

第二个问题比较可笑，产量低的那个班次的个别员工因为自己的收入比

第7章 绩效结果应用

另一个班次低，心里不平衡，建议回到以前的薪酬计算方式。

第一个问题很好解决，我们打了一个小补丁，我们测算了一下，一般情况下工地（包括正在路上跑的）有三辆水泥车排队比较合理，所以我们规定，已经搅拌出厂的三辆水泥车算当班的产量，如果超过三辆，多出的部分算下一个班次的产量。如此这个问题就迎刃而解了。这个是我借鉴出租车交接班的方式演变的。

第二个问题是典型的"不患寡而患不均"，以前他们月收入很少超过1万元，而采用新的计薪方式，在淡季的时候员工最少也拿到了1.14万元的收入，明显比以前多不少，但为什么会有人不满意呢？因为别人拿得更多，导致自己心里不平衡。这就是宁可不要自己的1000，你也甭想拿走9000。对这些人，我的解决方案很简单，如果对这种体系不满意，我建议他们换一家吃大锅饭的企业，对这些人来说那样看起来更公平。

7.4.2 号外：出租车如何交接班

我坐出租车的时候，喜欢与出租车司机聊他们行业内的事情。北京的出租车一般都是两班倒，一个班12小时或者24小时，一个人上满一个班，另一个人再上一个班，如此循环往复。这样的好处是能节省份子钱（就是每月给出租车企业的租金），但交接班时车是否干净？油箱的油是否是满的？能否准点交车？

许多倒班的司机都会在这种小事儿上闹矛盾。这次你交班的时候晚10分钟，下次交班又晚了15分钟，接班的肯定心里不痛快，时间一长双方必然闹别扭。所以两个司机同时开一辆车，很少有干得好还不闹矛盾的，除非两人是两口子，因为两口子里外都是一家子。车是否干净这个好办，约定交车前洗车即可；油箱也容易，规定交车前加油的标准；交车准点定好时间，按时交车就是了。

但有的司机会这么想，交车前半小时接到一个大活儿，如果送这个乘客，会耽误 10 分钟，但不接的话心里觉着亏。这个事情可以这么解决：按时间计算。假设一个司机一个月的纯收入是 6000 元，平均每天工作 10 小时，折算成每小时大约是 20 元，每分钟 0.33 元。考虑到收入的高峰与低谷，可以按每分钟 0.5 元计算。任何人交班时晚交一分钟付给对方 0.5 元，1 小时 40 元。这样这个问题就可以解决了。

前班司机自己会算账，如果他认为付给后班司机费用以后，自己依然还能有合适的盈利，可以继续开车；如果认为不合适，那么就应该准点交车。后班司机也不吃亏，因为自己什么也没干，拿到了自己正常的收入，何乐而不为？

所以薪酬绩效的逻辑，适合任何行业。

7.4.3 汽车 4S 店绩效工资的误区

有一家全国排名前 30 的汽车 4S 店，他们在全国各地都有自己的 4S 专卖店，有宝马、奔驰、大众等各类汽车。他们维修工的薪酬是这么安排的，底薪约 1500 元，外加一定比例的营业收入提成。例如，某宝马车主维修保养花费 10000 元，该维修工的提成工资就等于这 10000 元的一定比例。

看起来好像没毛病，但是我们进一步思考就会发现问题所在。我们都知道，一般客户刚买新车时，厂商会送车主一定期限的免费服务，这个费用有可能是汽车厂商负担，但也有可能是 4S 店自己搞促销活动的推广。如果是汽车厂商负担费用，同样的服务，费用可能比 10000 元略低，假设是 7000 元；如果是 4S 店自己的推广活动，客户不需要缴费。

但 4S 店给维修人员的提成都是一样的，假设是 1%。也就是说，如果是客户自费维修，维修工可以拿到提成 100 元；如果是厂商付费，维修工的提成是 70 元；如果是免费维修，维修工一分钱也拿不到。问题是维修工在这三个维修服务上的付出是一模一样的，维修工同样的付出，得到的回报差异却很大，这是不合理的。

我们换位思考一下，假设你是那名维修工，你会怎么做？人的趋利本性

第 7 章　绩效结果应用

让我们倾向于接那些赚钱多的业务，而规避那些赚钱少的业务。所以，结果一定是，收费高的活大家抢着干，收费低的活大家不愿意干，免费维修的活大家躲着跑。

企业也不傻，企业也会采取相应的措施来调节。一般来说，企业采取的方式有以下两种：

第一种方式是大家排队进行随机分配，例如，A 员工负责第一辆车，B 员工负责第二辆车，C 员工负责第三辆车，依此类推。当所有员工排完以后，再按顺序来一遍。这种方法相对来说比较公平，每个人靠运气接单，类似机场排队的出租车司机。这种方法不会有大问题。

第二种方式是企业按照维修金额情况有选择地分配例如，金额高的工作的和金额低的工作互相搭配。这种方式看起来公平，实际上会导致许多人为的因素在里面。例如，如果领导跟某个下属关系好，就会尽量把价值高的工作交给他；如果领导对某人有偏见，会尽量安排价值低的工作。这样肯定会产生寻租现象，导致不公平。所以第二种方式不可取。

而第一种方式尽管没有大问题，但依然没有解决员工趋利避害的问题，所以不能从根本上解决问题。

当我跟客户沟通时，他们说，所有的 4S 店都采取的另一种方式。我认为这也是整个行业都错了。这也是我在做薪酬绩效咨询的生涯中，第二次发出的这种声音。

我的解决方案是，维修工应该根据自己的工作获得报酬，同样的付出获得同样的报酬，至于收费不收费那是企业的事情。这种方式看起来的问题是，企业有可能接了免费的维修工单，但付给了员工报酬，寻致这笔工单亏损，这也是"心理账户"问题。企业层面考虑的应该是企业的整体盈亏，而不是个别业务的盈亏。某个工单甚至某些工单亏损没有问题，只要整体能盈利即可。

往更深层次思考一下，为什么会有免费的维修保养业务呢？主要是当初为了汽车更好卖，厂商做的一种促销手段而已。换句话说，维修保养费我们在卖车时已经收了，无非是作为打包收费或者赠送的方式收取的费用而已。

该企业总经理又抛出了一个疑问：按您的思路，如果我们企业更多的是免费的业务，我们岂不是亏大了吗？

这种情况从概率上来说几乎不可能。从概率统计的角度分析，只要样本足够大，去掉自己店卖的车，免费保养的客户到每家店的比例应该差不多，这符合随机分布的情况。只是某一段时间可能免费保养的车辆多，某一段时间免费保养的车辆少。但从长周期来看，只要超过一个月，到店的车辆的费用情况应该符合大数法则。其实最简单的方式就是看看历史数据，从超过一个月甚至一年的周期来看，有哪家店的免费维修记录明显地超过均值呢？这是小概率事件。

假设真有一家店由于车卖得好（假设承诺5年的免费保养），所以长期接到的大多数维修单都是免费的，按这家企业现在的分配体系，维修工的收入就只有底薪了。一个维修工如果长期只拿1500元收入的话，这家企业是留不住维修工的。如果这家4S店想维持下去，要么提高维修工的基本工资，要么改变计价方式。

所以，我的解决方案是根据历史收费数据测算员工提成费用，然后根据员工的实际工作进行标准工时的测算，然后再进行分配。

假设一家4S店一个月平均有3000辆车的服务，其中自费维修车辆2000辆，平均客单价3000元，厂家付费车辆500辆，平均客单价2000元，免费维修车辆500辆，这个月4S店的维修总收入是700万元，按之前给员工的1%的提成比例计算大约是7万元。假设一家4S店有10名维修工，每位维修工的提成为70000元，每位维修工的收入是1500+7000=8500元，企业维修工的月人工成本是8.5万元。

调整后的薪酬体系可以根据标准工时来计价，假设平均维修一辆车的标准工时是2.3小时，一个月3000辆车的标准工时就是7000小时，7万元的提成平均分摊到7000工时上，大约是一个标准工时10元钱。

新的薪酬体系的成本测算：

基本工资：10×1500=1.5万元。

第 7 章 绩效结果应用

提成工资：10×7000=7 万元。

合计：8.5 万元。

维修工的月人工成本与薪酬设计之前是一样的，没有增加一分钱的成本。

新的薪酬体系实施后有什么样的效果呢？由于员工是按标准工时获得报酬的，与车辆是否收费无关，所以员工挑工作的情况消失了。由于能力和经验不同，有的员工效率高，有的员工效率低，效率高的员工做一个标准工时的工作量所用的实际时间更少，所以同样一天 8 小时的工作时间，挣得会更多；而效率低的员工做一个标准工时的工作量用的实际时间更多，所以挣得更少。

这样就实现了多劳多得，更公平合理。效率低的员工如果想挣得更多，要么想办法提高自己的技能，提高效率，要么跳槽去其他没有进行薪酬改革的 4S 店。而效率高的员工恰恰会愿意到我们已经改革的 4S 店，这样就实现了优胜劣汰。

总结：

- 大家习以为常的事情不一定就是对的。
- 有时候一个小改变能出大业绩。

附录 A 绩效评价相关表格

表 A-1　基层员工月度绩效考核表

单位	部门	考核者		被考核者		签字日期	考核周期
		职位	签字	职位	签字		

序号	重点工作	目标	权重	评分办法	考核者评价
1					
2					
3					
4					
5					
最终得分					

表 A-2　中层管理人员绩效评价表

单位	部门	考核者		被考核者		考核周期	考核者签字及日期
		职位	姓名	职位	姓名		

指标类别	指标编号	考核指标	目标	权重	实际值	评分
1. 财务类						
2. 客户与运营类						
3. 组织发展类						
最终得分						

附录 A 绩效评价相关表格

表 A-3 中层管理人员年度绩效评价表

单位	部门	考核者			考核周期	考核者签字及日期
		职位	姓名	姓名		
考核指标						
指标类别	指标编号	考核指标		权重	实际值	评分
1.绩效评价		绩效				
2.个人能力素质评价		能力				
3.个人态度评价		态度				
最终得分						

表 A-4 基层员工年度绩效评价表

单位	部门	考核者			考核周期	考核者签字及日期
		职位	姓名	姓名		
考核指标						
指标类别	指标编号	考核指标		权重	实际值	评分
1.绩效评价		绩效				
2.个人能力素质评价		能力				
3.个人态度评价		态度				
最终得分						

附录B 态度、能力指标类相关表格

表 B-1 态度考核打分表

考核期间：　　年　　月至　　年　　月

姓　名			岗　位	
态度	序号	指标	权重	评分
	1	积极性	%	
	2	协作性	%	
	3	责任心	%	
	4	纪律性	%	
	加权合计			
考核者	签字：　　　　　　　　　　　　　　年　　月　　日			

表 B-2 态度评价量表

评价标准	优秀 1.2分	良好 1.0分	一般 0.8分	较差 0.5分	差 0分
积极性（考虑其是否能够自我驱动，贡献于工作的主动程度，在完成工作中是否需要其他人督促，以及对于额外工作的态度）	对于本职工作很积极主动地完成；长期坚持学习业务知识；对于额外工作任务能主动请求并且能高质量完成；工作中善于发现问题，并经常提出新思路和建议	对于本职工作积极主动地完成；较为主动学习业务知识；较为主动承担额外工作任务；工作中有时能够主动提出新的思路和建议	对于本职工作能够按部就班地完成；学习业务知识主动性一般；主动承担一般的工作额外任务；在别人的督促下，能够提出一些新的思路和建议	完成本职工作积极性较差，偶尔拖沓或降低质量；偶尔主动学习业务知识；很少主动承担一般额外工作任务；在别人的督促下，能提出个别的新思路和建议	完成本职工作积极性很差，经常拖沓或降低质量；基本上不主动学习业务知识；不主动请求承担一般的额外任务；在别人的督促下，也不能提出新思路和建议

附录 B 态度、能力指标类相关表格

续表

评价标准	优秀	良好	一般	较差	差
协作性（考虑其对工作和同事之间的服务、合作意识）	1.2 主动协助同事出色地完成工作	1.0 能够与同事保持良好的合作关系，协助完成工作	0.8 根据同事的请求能够提供一般性协助	0.5 不能积极响应同事的请求或者协作任务的完成质量较差	0 对同事的协助请求不响应或者协作任务的完成质量差
责任心（考虑其完成工作的敬业精神）	1.2 工作有强烈的责任心	1.0 工作有较强的责任心	0.8 工作的责任心一般	0.5 工作责任心较差	0 工作责任心极差
纪律性（考虑其遵守企业制度和听从上级安排的态度）	1.2 能够长期严格遵守规章制度以及相关本职的工作规定与标准，有非常强的自觉性和纪律性	1.0 能够遵守规章制度以及相关本职的工作规定和标准，有较强的自觉性和纪律性	0.8 基本能够遵守规章制度和相关职的工作规定和标准，基本能够遵守纪律，但有时出现自我要求不严的情况	0.5 遵守工规章制度以及相关本职的工作规定和标准的态度较差，时有发生违规情况，自觉性和纪律性较差	0 不能遵守工规章制度以及相关本职的工作规定和标准，经常发生违规情况，自觉性和纪律性差

表 B-3 中层管理人员能力指标考核打分表

姓名			岗位		
能力评价	序号	指标	权重	评分	
	1	决策能力	%		
	2	组织能力	%		
	3	人员开发能力	%		
	4	计划和执行能力	%		
	5	控制能力	%		
	6	沟通能力	%		
	7	指导能力	%		
	8	创新能力	%		
	9	协调能力	%		
	10	专业能力	%		
	加权合计				
考核者	签字：			年　月　日	

表 B-4　管理人员能力评价量表

	优秀	良好	一般	较差	差
	1.2 分	1.0 分	0.8 分	0.5 分	0 分
决策能力（在自己职权范围内，迅速而准确地对多种备选行动方案进行评价，并做出最终决定的能力，以及决策的可接受程度）	围绕自己的工作目标，前瞻性地认识和分析各种情景，制定多种行动方案；综合分析各种信息和现有的资源，准确地做出采取何种方案决定；所完成的决策的可接受程度高	围绕自己的工作目标，较为前瞻性地认识和分析各种情景，制定多种行动方案；综合分析各种信息和现有的资源，较为准确地决定采取何种方案；所完成的决策的可接受程度较高	围绕自己的工作目标，一般性地认识和分析各种情景，制定较少行动方案；综合分析各种信息和现有的资源，一般性地做出采取何种方案决定；所完成的决策的可接受程度一般	围绕自己的工作目标，较少认识和分析各种情景，偶尔制定多种行动方案；综合分析各种信息和现有的资源，难以准确做出采取何种方案决定；所完成的决策的可接受程度较低	面对自己的工作目标，对各种情景认识不清楚，不制定行动方案；所完成的决策的可接受程度低
组织能力（组织各种活动以达到预定的目标、进行授权、完成人员配置，以及利用各种可能资源的能力）	配合企业的整体发展战略，能有效组织下属实现部门的目标，激励下属使其工作富有进取心，所主管的部门工作业绩好	配合企业的整体发展战略，能较为有效组织下属实现部门的目标，激励下属使其工作富有进取心，所主管的部门工作业绩较好	配合企业的整体发展战略，一般能组织下属实现部门的目标，激励下属使其工作富有进取心，所主管的部门工作业绩一般	组织的有效较差，下属的工作积极性不高，工作的任务的完成不够理想，缺乏斗志，各自为营，工作成绩较差	组织的有效差，造成实际工作远远滞后于预期的计划，下属的士气低落，工作涣散，工作成绩差

附录 B 态度、能力指标类相关表格

续表

	优秀	良好	一般	较差	差
人员开发能力（评价人员的工作绩效和潜力的能力，提供培训和技能开发的能力，以及协助解决人事方面问题的能力）	能主动对人员的工作绩效和发展潜力进行客观、公正的评价，人员培训、指导能力强，将合适的人用到合适的岗位，最大限度地发挥人力资源的价值，适时甄选人才，工作效果好	对人员的工作绩效和发展潜力评价是客观、公正的，人员培训、指导能力较强，将较合适的人用到较合适的岗位，较大限度地发挥人力资源的价值，适时甄选人才，工作效果较好	对人员的工作绩效和发展潜力评价较为客观、公正的，人员培训、指导能力一般，人力资源的利用能力一般，适时甄选人才，工作效果一般	对人员的工作绩效和发展潜力进行客观、公正的评价的能力较差，缺乏培训、指导和人力资源开发的能力，工作效果较差	对人员的工作绩效和发展潜力进行客观、公正的评价的能力差，没有培训、指导和人力资源开发的能力，工作效果差
计划和执行能力（制定部门或个人的工作目标、工作计划的能力，以及履行计划的能力和可接受的程度）	结合企业的工作计划和战略目标，搜集和分析内外部信息资源，制定明确的部门或个人的工作目标和切实可行的工作计划，监督计划的履行，结果的可接受程度高	结合企业的工作计划和战略目标，搜集和分析内外部信息资源，制定较明确的部门或个人的工作目标和较为可行的工作计划，监督计划的履行，结果的可接受程度较高	结合企业的工作计划和战略目标，搜集和分析内外部信息资源，制定部门或个人的工作目标和工作计划，监督计划的履行，结果的可接受程度一般	有部门或个人的工作计划和工作目标，但同集团企业或部门的配合度不高，能根据企业或部门的要求，对计划进行一定程度的调整，计划履行情况不佳，结果的可接受程度较差	部门或个人的工作目标和工作计划模糊，制定不及时，对企业发展变化反映较为迟钝，部门或个人的计划调整不及时，计划的履行情况差，结果的可接受程度差

续表

	优秀	良好	一般	较差	差
控制能力（调动人员的积极性和主动性，采取适当的行动构成有效团队的能力）	围绕工作目标，有的放矢，采取适当行动的能力强，下属的积极性和主动性高，团队的作用和影响力大	围绕工作目标，有的放矢，采取适当行动的能力较强，下属的积极性和主动性较高，团队的作用和影响力较大	围绕工作目标，采取适当行动的能力一般，下属的积极性和主动性一般，团队的作用和影响力一般	围绕工作目标，采取适当行动的能力较差，下属的积极性和主动性较低，团队的作用和影响力较小	围绕工作目标，采取适当行动的能力差，下属的积极性和主动性低，团队的作用和影响力小
沟通能力（以各种方式进行上下级沟通，以达到预定目标的能力）	与上司的沟通能力强，正确领会企业的发展战略，企业的目标落实和方针贯彻的可接受程度高，与下属的沟通能力强，受到下属的普遍拥护，部门或个人的目标和工作的计划可实现性强	与上司的沟通能力较强，领会企业的发展战略，企业的目标落实和方针贯彻的可接受程度较高，与下属的沟通能力较强，受到大多数下属的拥护，部门或个人的目标和工作的计划可实现性较强	与上司的沟通能力一般，了解领会企业的发展战略，企业的目标落实和方针贯彻的可接受程度一般，与下属的沟通能力一般，受到近半数下属的拥护，部门或个人的目标和工作的计划可实现性一般	与上司的沟通能力较差，简单了解企业的发展战略，大多数下属不拥护，目标和任务的可实现性较差	与上司的沟通能力差，不关心企业的发展战略，只得到少数下属拥护，目标和任务的可实现性差
指导能力（指挥和监督的能力，以及指导他人与企业共同成长的能力）	规划下属的职业生涯的能力强，采取有效的激励措施，指挥和监督下属履行职责的可接受程度高	规划下属的职业生涯的能力较强，采取较为有效的激励措施，指挥和监督下属履行职责的可接受程度较高	规划下属的职业生涯的能力一般，采取一般的激励措施，指挥和监督下属履行职责的可接受程度一般	规划下属的职业生涯的能力较差，采取较少的激励措施，指挥和监督下属履行职责的可接受程度较低	规划下属的职业生涯的能力差，很少采取激励措施，指挥和监督下属履行职责的可接受程度低

附录 B　态度、能力指标类相关表格

续表

	优秀	良好	一般	较差	差
创新能力（结合企业的战略方向，利用现有的内外部资源进行技术/管理创新的能力）	针对企业内外所拥有的技术或管理资源，结合企业的发展方向，在工作中能不断提出新想法、新措施，善于学习，注意规避风险，锐意求新，创新工作显示度高	针对企业内外所拥有的技术或管理资源，较为结合企业的发展方向，工作中能够努力学习，提出新想法、新措施与新的工作方法并有风险意识，创新工作显示度较高	针对企业内外所拥有的技术或管理资源，在别人的启发下能提出一些新想法、新措施与新的工作方法，创新工作显示度一般	按部就班，很少提出新想法、新措施与新的工作方法，创新工作显示度较低	因循守旧，墨守成规，创新的工作显示度低
协调能力（协调各部门之间的关系、建立相互信任与协作关系的能力）	在维护企业的利益的基础上，与其他部门（其他人员）建立相互信任、相互协作关系的能力强，企业内的信任度和可接受程度高	在维护企业的利益的基础上，与其他部门（其他人员）建立相互信任、相互协作关系的能力较强，企业内的信任度和可接受程度较高	在维护企业的利益的基础上，与其他部门（其他人员）建立相互信任、相互协作关系的能力一般，企业内的信任度和可接受程度一般	在维护企业的利益的基础上，与其他部门（其他人员）建立相互信任、相互协作关系的能力较差，企业内的信任度和可接受程度较低	在维护企业的利益的基础上，与其他部门（其他人员）建立相互信任、相互协作关系的能力差，企业内的信任度和可接受程度低
专业能力（运用所掌握专业理论、专业知识或者专业技能解决工作中问题的能力）	系统全面掌握本专业理论、知识和技能，对多数问题有独立见解，是本专业或一方面的行家，解决专业问题得心应手	较为全面掌握本专业理论、知识和技能，对某些问题有较为深入见解，在本专业内的知识较为精通，解决专业问题相对熟练	一般地掌握本专业的理论、知识和技能，能够基本满足工作要求，在别人的启示下，对一些问题能提出自己的见解	对本专业的理论、知识和技能的掌握较差，需要进一步培训和学习才能满足工作要求	对本专业知识仅有粗浅的了解，属于刚刚入门的初学者，工作需要在别人的详细指导下才能完成，需经过长时间的学习和磨练才能独立工作

表 B-5 基层员工能力指标考核打分表

姓　　名			岗　　位	
能力评价	序号	指标	权重	评分
	1	专业能力	%	
	2	沟通协调能力	%	
	3	学习能力	%	
	4	工作质量	%	
	5	效率	%	
	加权合计			
考核者　签字：				年　月　日

表 B-6 基层员工能力评价量表

	优秀 1.2 分	良好 1.0 分	一般 0.8 分	较差 0.5 分	差 0 分
专业能力	系统全面掌握本专业理论、知识和技能，对多数问题有独立见解，是本专业或一方面的行家，解决专业问题得心应手	较为全面掌握本专业理论、知识和技能，对某些问题有较为深入见解，在本专业内的知识较为精通，解决专业问题相对熟练	一般地掌握本专业的理论、知识和技能，能够基本满足工作要求，在别人的启示下，对一些问题能提出自己的见解	对本专业的理论、知识和技能的掌握较差，需要进一步培训和学习才能满足工作要求	对本专业知识仅有粗浅的了解，属于刚刚入门的初学者，工作需要在别人的详细指导下才能完成，需经过长时间的学习和磨练才能独立工作
沟通协调能力（指与同事或外部人士沟通协调、建立相互信任与协作关系的能力）	沟通协调能力很强，能建立非常好的信任与协作关系	沟通协调能力很强，能建立很好的信任与协作关系	沟通协调能力较强，能建立较好的信任与协作关系	沟通协调能力较差，信任与协作关系一般	沟通协调能力很差，不能建立好的信任与协作关系，甚至产生负向作用，影响工作
学习能力（指对于新知识、新技能的掌握速度）	学习能力非常强，能非常快速准确地掌握新知识新技能并熟练应用	学习能力很强，能快速掌握新知识新技能并应用	学习能力较强，能较快地掌握新知识新技能并应用	学习能力较差，通过较长时间的学习、指导能够掌握新知识新技能	学习能力差，长时间学习也无法掌握新知识新技能

附录 B 态度、能力指标类相关表格

续表

	优秀	良好	一般	较差	差
工作质量（指所提交工作成果的质量）	工作质量高于预期，不需上司指导	工作质量达到预期，不需上司指导	工作质量经上司指导修正能达到预期	工作质量低于预期，指导后能及时修正	工作质量低于预期，指导后能仍不能达到要求
效率（指完成工作任务的速度）	工作高效，超过预期	工作效率符合要求	在上司督促下能按期达成目标	工作目标达成进度稍有延迟	工作严重延期

附录 C 申诉类相关表格

表 C-1 员工绩效考核申诉表

申诉人姓名		所在部门		岗位	
申诉事项					
申诉事由					
接待人			申诉日期		

表 C-2 员工绩效考核申诉处理记录表

申诉人姓名		部门		职位	
申诉事项					
申诉原因摘要					
面谈时间				接待人	
处理记录	问题简要描述： 调查情况： 建议解决方案： 协调结果：				
经办人：					
备 注：					

附录 D　书中自有黄金屋

以下是近年来我看过的一部分书籍，我认为这些书籍能有效地提升管理者的自身素养，并直接提升企业的管理水平，所以将之推荐给读者阅读。

1. 科学、哲学、人类发展史类书籍

（1）《国富国穷》

（2）《枪炮、细菌与钢铁》

（3）《自私的基因》

（4）《神的历史》

（5）《西方将主宰多久》

（6）《注定一战：中美能避免修昔底德陷阱吗？》

（7）《宇宙简史》

（8）《城市的胜利》

（9）《今日简史》

（10）《人类简史》

（11）《未来简史》

（12）《失去的二十年》

（13）《全球通史》

（14）《世界是平的》

（15）《文明、现代化、价值投资与中国》

（16）《中国哲学简史》

（17）《中国人史纲》

（18）《易中天品三国》

（19）《于丹论语心得》

（20）《李叔同说佛》

（21）《历代经济变革得失》

（22）《浩荡两千年》

（23）《跌荡一百年》

（24）《激荡十年》

（25）《明朝那些事儿》

（26）《大败局》

（27）《激荡三十年》

（28）《万历十五年》

（29）《中国文明、历史、文化》

（30）《中华文化十二讲》

2. 经济、管理与投资类书籍

（31）《跳着踢踏舞去上班》

（32）《聪明的投资者》

（33）《巴菲特的护城河》

（34）《周期》

（35）《价值之道》

（36）《这就是OKR》

（37）《击败庄家：21点的有利策略》

（38）《原则》

（39）《黑天鹅》

（40）《贫穷的本质》

（41）《理性乐观派》

（42）《管理十诫》

（43）《价值：我对投资的思考》

（44）《伟大的中国工业革命》

（45）《OKR 工作法》

（46）《投资中最简单的事》

（47）《赌神数学家》

（48）《定位》

（49）《管理的实践》

（50）《卓有成效的管理者》

（51）《基业长青》

（52）《谁能成为领导羊》

（53）《马云创业思维》

（54）《马云内部讲话》

（55）《理想丰满》

（56）《野蛮生长》

（57）《行在宽处》

（58）《海底捞你学不会》

（59）《解读中国经济》

（60）《赢》

（61）《商业的本质》

（62）《平衡计分卡：化战略为行动》

（63）《战略地图：化无形资产为有形成果》

（64）《战略中心型组织》

（65）《组织协同：运用平衡计分卡创造企业合力》

（66）《平衡计分卡战略实践》

（67）《稻盛和夫阿米巴经营》

（68）《麦肯锡本色》

（69）《国富论》

（70）《企业理财》

（71）《战略管理》

（72）《新结构经济学》

（73）《沃顿商学院最受欢迎的谈判课》

（74）《重新定义团队》

（75）《以奋斗者为本》

（76）《毛泽东选集》

（77）《竞争优势》

（78）《从优秀到卓越》

（79）《超级用户》

（80）《市场营销》

（81）《像格雷厄姆一样读财报》

3. 心理学类书籍

（82）《思考，快与慢》

（83）《怪诞行为学》

（84）《影响力》

（85）《大癫狂：非同寻常的大众幻想》

（86）《细节：如何轻松影响他人》

（87）《说服：如何赢得他人的信任与认同》

（88）《执行：如何完成任务的学问》

4. 文学小说类书籍

（89）《康熙大帝》

（90）《雍正皇帝》

（91）《乾隆皇帝》

（92）《胡雪岩》

（93）《胜算》

（94）《亮剑》

（95）《浮沉》

（96）《一九八四》

5. 个人传记类书籍

（97）《邓小平时代》

（98）《富兰克林传》

（99）《洛克菲勒传》

（100）《列奥纳多·达·芬奇传》

（101）《爱因斯坦传》

（102）《杰克韦尔奇自传》

（103）《3G 资本帝国（Dream Big）》

（104）《李光耀回忆录：我一生的挑战，新加坡双语之路》

（105）《查理·芒格传》

（106）《富甲美国》

（107）《可口可乐帝国》

（108）《无止之境：中国平安成长之路》

（109）《腾讯传》

（110）《吴敬琏传》

（111）《大道当然》

（112）《道路与梦想》

（113）《我的改变》

（114）《沃伦·巴菲特的 CEO 们》

（115）《巴菲特传》

（116）《战胜一切市场的人》

（117）《李光耀观天下》

（118）《滚雪球》

（119）《绝望锻炼了我》

（120）《周鸿祎自述》

（121）《马云全传》

（122）《麦肯锡传奇》

（123）《快递之王：顺丰掌门人王卫》

（124）《史玉柱自传》

（125）《董明珠：让世界爱上中国造》

（126）《星巴克攻略》

6. 自我提升类书籍

（127）《格局》

（128）《穷查理宝典》

（129）《第二曲线创新》

（130）《第二曲线》

（131）《宽心》

（132）《跃迁》

（133）《态度》

（134）《见识》

（135）《包容的智慧》

（136）《金字塔原理》

（137）《被赋能的高效对话》

（138）《高效演讲》

（139）《唤醒沉睡的天才》

（140）《高效能人士的七个习惯》

（141）《看见》

（142）《君子之道》

（143）《世风日上》

后记　小改善，大变化

电影《肖申克的救赎》中有一段话，是关于制度的。摩根·弗里曼看着监狱里的围墙说了一段经典的台词：制度就像监狱里的围墙，你刚进来的时候，讨厌它，厌恶它，恨不得推倒它，但慢慢地，你就适应了，你觉着好像也无所谓，时间再长以后，你就会发现你离不开它了，你不愿意离开这个该死的围墙，因为它成了你生活中不可或缺的一部分。

绩效管理也是如此，一开始，大家可能会认为绩效管理增加了我们的工作量，有些排斥绩效管理，但慢慢地就适应了，最后还会觉着企业不可能离开绩效管理，离开绩效管理的企业是一个不完整的企业。

绩效管理本身看起来不难，实际上绩效管理做得好的企业并不是很多，究其原因，一是没有方法，二是没有坚持。方法前面章节已经说得很清楚了，坚持就需要大家在操作中去执行。当然坚持说起来容易，做起来却没有那么简单，有的企业一开始实行绩效管理的时候，发现效果好像不明显，或者发现一开始的设计并不规范，就停止使用绩效管理，这些都是错误的。我们应该在实际操作过程中积累经验，并不断改进，三五年甚至十几年坚持下来，效果一定会很显现的。

胡润的百富榜目前是中国境内富豪排行榜中较为知名的一个排行榜，仅排行榜一个产品的冠名收入就高达8位数，人们在羡慕胡润的时候，似乎忘了胡润的百富榜刚推出时的尴尬处境。1999年，胡润推出了一份财富排行榜单，这份榜单是胡润在上海图书馆里花费若干时间完成的。据说当时的胡润看到报纸上谁跟美国总统克林顿握了手，就圈定谁上榜。

《中国企业家》杂志的原总编牛文文曾提及，有一次他看到香港《信报》登出"内地民企指数"榜单，正好胡润打电话说自己在赶制当年的百富榜（1998

年是50强），让他帮忙推荐，于是牛文文随口读了《信报》评的几家企业名字，结果，这些名字竟然都被胡润列入了榜单，许多竟然还进入了前十名。由此可见百富榜刚推出时的水平。但即使是这么一个问题重重、争议颇多的富豪榜，发展到了今天，却成为中国一个相当有影响力的排行榜产品。

你可以回忆一下自己企业的第一款产品，大概是什么样子的，用现在的审美观来看，基本上都是"惨不忍睹"，但发展到今天，绝大多数企业都是靠这"惨不忍睹"的产品获得了意想不到的辉煌。人类的第一代蒸汽机，是个鲸吞能源的浪费大户，浪费的煤炭极多，产出却不高，以至于只能建在煤厂附近，当时有多少人说蒸汽机能有那么大的作用？

我还清晰地记得北京公交车上出现的第一批移动电视，屏幕全是花的，人物都是扭曲的，根本没法看，当时我的想法就是这种移动电视能有未来吗？谁想到发展到今天移动电视如此普及，画面如此清晰。这些产品都是在不断地改进，不断地升级，慢慢地提升自己的性能，不断迭代，最终才有了自己现在产品完善。可见，任何事情都不是一蹴而就的。

如果实在不知道从哪里改起，就从改善自己周边的环境开始做起。

在为一家管理很差的企业服务时，我给所有人的建议是，从自我做起，从身边的小事改善开始，我提了一个口号，叫作"小改善，大变化"。

具体来说，主要做到三个区域的小改善：第一个区域是办公区，我们作为管理者、行政人员，先把自己周边的环境做好，然后才能要求别人，如果自己都做不好，凭什么要求下属做好。第二个区域是生活区，主要是厂房和食堂，我去食堂吃饭时，发现食堂的桌子上全是油泥，边角上经常没人用餐的地方全是灰尘，可以用手在桌子上画画，食堂经常会发现苍蝇、蚊子等。所以我要求行政人员想办法解决食堂的卫生问题，包括食品卫生和环境卫生，要做到定期消杀，食堂没有一只苍蝇，没有一只蚊子（食品管理条例上就是这么要求的），桌椅板凳必须比家里的还干净，给员工一个健康、整洁、美观的用餐环境。第三个区域才是作业区，其他区域都整洁了，工人们都能感受到整个企业环境的变化，大家的心情会明显好起来，自己也想做些改变。这时候，企业再提出适

后记　小改善，大变化

当改善的要求，就会得到员工的积极响应。

大家献计献策，制定各种环境标准、作业标准，一通百通。就像一个如果已经习惯了随地吐痰的人，他走到哪里都习惯性地随地吐痰，除了他个人素质的原因之外，还有就是环境的问题。周边的环境一团糟，让他觉着随地吐痰顺理成章。但是如果让他融入了整洁的环境中，如五星级酒店的大堂，他一定不会在大堂里随地吐痰的。这就是环境改变人，改变人的精神，改变人的气质，并且会改变人的行为。

改变人的思想很难，改变人的行为更难，但是改变周边的环境却很容易。所以，我们先从周边环境改起，间接地就会改变人的行为和思想。

我们的绩效管理也是如此，第一期做绩效可能有 100 个问题，第二期我们会在第一期的基础上进行调整、提高，问题可能就从 100 个下降到 90 个，第三期继续在第二期的基础上进行调整、提高，问题可能就从 90 个下降到 80 个，若干期以后，你会突然发现，企业的绩效管理水平在行业内、甚至在企业界已经处于领先水平了。

每天进步 10%，一年以后 1 将变成 37.8，这就是神奇的复利。绩效管理如果做得好，就是在不断地进行复利增长。

在绩效管理过程中，不管出现了多少问题，不管碰到了多少困难，不管遇到了多少挫折，坚持下去，我们就会成功。借用马云最著名的那句话结束整本书："今天很残酷，明天更残酷，后天很美好，但绝大多数人死在明天的晚上，见不到后天的太阳。"我不希望任何一家企业在绩效的操作中死在明天的晚上，今天的晚上也不行，我们应该坚持下去，都要看到后天的太阳。